FÁTIMA
MILAGRE OU CONSTRUÇÃO?

FÁTIMA
MILAGRE OU CONSTRUÇÃO?

PATRÍCIA CARVALHO

1ª edição

BERTRAND BRASIL
RIO DE JANEIRO, 2017

© 2017, Patrícia Carvalho, Ideias de Ler e Porto Editora, S.A.

Fátima – Milagre ou construção?
Patrícia Carvalho

Editoração: Futura

Texto revisado segundo o novo
Acordo Ortográfico da Língua Portuguesa

As citações foram mantidas em seu formato original.

2017
Impresso no Brasil
Printed in Brazil

Cip-Brasil. Catalogação na publicação.
Sindicato Nacional dos Editores de Livros, RJ.

C327f

Carvalho, Patrícia
  Fátima: milagre ou construção? / Patrícia Carvalho. — 1. ed. — Rio de Janeiro: Bertrand Brasil, 2017.
  il. ; 23 cm.

  Inclui bibliografia
  ISBN: 978-85-286-2203-4

  1. Vida cristã. 2. Deus. 3. Religião. I. Título.

17-40296
CDD: 248.4
CDU: 27-584

Todos os direitos reservados pela:
EDITORA BERTRAND BRASIL LTDA.
Rua Argentina, 171 — 2º andar — São Cristóvão
20921-380 — Rio de Janeiro — RJ
Tel.: (0xx21) 2585-2076 — Fax: (0xx21) 2585-2084

Não é permitida a reprodução total ou parcial desta obra, por quaisquer meios, sem a prévia autorização por escrito da Editora.

Atendimento e venda direta ao leitor:
mdireto@record.com.br ou (0xx21) 2585-2002

Sumário

Introdução 7

O início de tudo 11

O Portugal das aparições 15
   Em Aljustrel 18
   Na casa de Lúcia 20

1917 25
   Julho 28
   Agosto 36
   Setembro 48
   Chega o Dr. Formigão 55
   Outubro 59
   Novembro e dezembro 84

A construção de Fátima: entra o bispo, saem os pastorinhos 91
   1920 99

Criando um centro de peregrinação 107
   1921 110
   1922 115
   1923–1930 124

As outras aparições 145

Lúcia e a nova Fátima 159

As críticas 177

Cem anos depois 185

Bibliografia 189

Periódicos 193

Notas 195

Créditos fotográficos 207

Introdução

Lembro-me de Fátima desde muito cedo. Era uma coisa presente, mas ao mesmo tempo distante, que entrava casa adentro, por meio da tela da televisão, a cada 13 de maio. A televisão ficava ligada enquanto se cuidava dos afazeres do dia — limpar isto e aquilo, preparar o almoço. Chegava da escola e lá estava aquela imensidão de gente despedindo-se de uma figura em um andor, lenços brancos sendo agitados no ar, e minha mãe, muitas vezes, enxugando os olhos perante aquele espetáculo emocionante.

Durante toda a minha infância e adolescência, Fátima foi isto. Uma ideia vaga de emoção, em algum lugar no centro do país, onde se dizia que três pastorinhos tinham visto Nossa Senhora. Nunca quis saber mais, nunca tive vontade de ir conhecer o local, saber se aquelas lágrimas podiam ser minhas.

Entretanto, fui a Fátima duas vezes, sempre a trabalho, no dia 13 de maio, uma das quais, no ano 2000, quando da visita do papa João Paulo II e da beatificação de Jacinta e Francisco. Não tive qualquer epifania. Não compreendia (nunca compreendera) aquele se arrastar pelo chão, aquele percurso doloroso feito de joelhos. Eu me pegava me perguntando a que Deus rezavam aquelas pessoas para pensarem que ele só olhava para elas mediante a promessa de sacrifícios.

Contudo, ir a Fátima permitiu-me entender todos aqueles que regressavam de lá dizendo que se sentiam melhor, que havia uma emoção no ar. Ela era bem palpável quando centenas de milhares de pessoas, em uníssono, se despediam da imagem na procissão do adeus, ou no silêncio que tomava a esplanada durante as cerimônias religiosas; nos grupos que cantavam para enfrentar a noite ao relento ou nas lágrimas que embargavam as vozes na procissão das velas. Aquelas pessoas acreditavam, e isso era suficiente para que a emoção fosse algo em que quase se podia tocar.

Não voltei a Fátima nem procurei saber mais sobre ela até ter surgido a oportunidade de escrever sobre sua história. Surpreendentemente, até para mim mesma, não hesitei um segundo antes de aceitar. Nunca me ocorrera passar meses imersa em uma papelada sobre esse tema, mas o entusiasmo foi crescendo a partir do primeiro contato com os jornais da época e com os documentos originais compilados na *Documentação Crítica de Fátima*. Finalmente, aquele lugar remoto feito de lenços brancos e lágrimas que eu via na televisão começou a fazer sentido, a desvendar-se, aos poucos, permitindo que eu entendesse como nascera, como crescera e como chegara ao que é hoje.

Poder contar o que está registrado nos documentos escritos pelos protagonistas de Fátima (pelo menos os que já são conhecidos, porque alguns haverá, ainda, por revelar) foi um trabalho entusiasmante e, espero, com um resultado esclarecedor para quem quiser entender um pouco mais sobre esse fenômeno. A história de Fátima, tal como a fiquei conhecendo, é o que os leitores vão encontrar nestas páginas, livres do caráter tantas vezes apologético dado às "aparições" por figuras da Igreja e do ataque e das acusações gratuitas que marcaram os primeiros trabalhos jornalísticos da imprensa republicana quando Fátima começou a se impor.

A informação que aqui vão encontrar é, julgo, suficientemente rica e clara para que cada um possa tirar as suas próprias conclusões sobre Fátima. E, para evitar que a mensagem tardia de Fátima, baseada exclusivamente nas palavras da Irmã Lúcia, tomasse conta de tudo, optei por imprimir ao texto uma ordem cronológica, que tornará muito mais fácil ver o quanto tudo mudou desde os primeiros interrogatórios do padre de Fátima, em 1917, até o que hoje se associa à mensagem da Cova da Iria.

O que escrevi aqui não teria sido possível sem o apoio inestimável de várias pessoas, com destaque para Manuel Carvalho, Amílcar Correia, Luís Miguel Queirós, José Francisco Morgado e António Rodrigues. Os meus agradecimentos a eles e também ao pessoal da Biblioteca Pública Municipal do Porto e do Arquivo e Biblioteca do Santuário de Fátima, em particular ao dr. André Melícias, que atenderam com a maior gentileza a todos os meus pedidos.

INTRODUÇÃO

Pelo tempo roubado da família e dos amigos, que sempre compreenderam as minhas ausências, o meu muito obrigada também.

E, claro, um agradecimento final à Editora, sem a qual não teria embarcado nesta aventura que me ajudou a conhecer muito melhor o país em que vivo.

O INÍCIO DE TUDO

Uma mulher e uma criança deixam sua casa, na aldeia de Aljustrel, e seguem pelo caminho de dois quilômetros que as levará a Fátima. O pároco da freguesia mandou chamá-las.[1] A mulher, Maria Rosa, 48 anos, vai preocupada com aquela chamada. Sabe que o padre Manuel Marques Ferreira quer falar com a filha que agora a acompanha, Lúcia, de apenas 10 anos, por causa do que corre na aldeia há cerca de 15 dias e que desde então começou a se espalhar pelos lugares em volta. A menina, rosto fechado, nada bonito, e os dois primos, Francisco, de 9 anos, e Jacinta, de 7, irmãos que vivem a poucos metros da casa de Maria Rosa, garantem que viram uma coisa estranha enquanto cuidavam das ovelhas no terreno inóspito da Cova da Iria, no dia 13 de maio anterior. Uma senhora, uma "mulherzinha", que apareceu para eles sobre uma azinheira. A mais nova a chama de "Nossa Senhora". Disse à mãe, Olímpia de Jesus, que Nossa Senhora apareceu para ela, e foi assim que a história começou a se espalhar.

Maria Rosa está preocupada. Não acredita naquilo, teme as consequências para as crianças e para o restante da família. Percorre o caminho até a casa do pároco, uma moradia com alpendre de pedra, junto à igreja paroquial, na expectativa de que ele será capaz de colocar juízo na cabeça da filha mais nova, obrigando-a a fazer o que, até aquele momento, ela ainda não conseguiu — admitir que tudo não passa de uma invenção de crianças.

O padre, um homem ainda novo, mas rígido, que desaconselhara os paroquianos de bailar, por considerar que isso não lhes podia fazer bem à alma, vai saber pôr fim a tudo isso, espera Maria Rosa, que, pelo caminho, não deixa de incentivar a filha a admitir a mentira rapidamente. No relatório sobre esse primeiro encontro, que vai seguir para Lisboa quase dois anos depois, o padre escreve: "Vem a mãe com a filha, mas toda lastimosa por julgar, diz ela, que tudo é mentira; manda à filha que desdiga o que havia dito, que será um grande mal tal mentira. Ameaça e diz já ter ameaçado a filha com muitas coisas que lhe hão de acontecer se ela continuar a dizer que viu Nossa Senhora e mentir. Diz que só estas coisas lhe estavam reservadas para ela, etc... etc..."[2] Também Lúcia, a causadora da tanta preocupação materna, irá escrever, 18 anos mais tarde, na primeira das suas Memórias, sobre esses últimos dias de maio de 1917: "Minha mãe afligia-se cada vez mais com o progresso dos acontecimentos. Empregou, por isso, mais um esforço para me obrigar a confessar que tinha mentido. Um dia, pela manhã, chama-me e diz que me vai levar a casa do Senhor Prior: — Quando lá chegares, pões-te de joelhos, dizes-lhe que mentiste e pedes-lhe perdão."[3]

É esse, portanto, o estado de espírito de Maria Rosa quando chega, finalmente, com a filha à casa do padre. Os sobrinhos também tinham sido convocados. Mas, para sua angústia, é Lúcia quem conta, de novo, a história. É Lúcia quem dá pormenores e não se contradiz. As duas crianças mais novas pouco acrescentam. Quando ficar provado que tudo não passa de uma mentira — e a mãe está e continuará convencida disso —, será certamente sua filha quem vai pagar mais caro pela ousadia.

E o que conta ela? Os apontamentos originais do padre Manuel Marques Ferreira perderam-se, mas um outro clérigo, o padre José Ferreira de Lacerda, vai copiar para os seus cadernos o resultado dos interrogatórios a que o colega de Fátima submeteu Lúcia e os primos, e é por meio dessa cópia que se sabe que a criança diz ter visto "um relâmpago", seguido de um segundo. "Depois viram uma mulher em cima duma carrasqueira, vestida de branco, nos pés meias brancas, saia branca dourada, casaco branco, manto branco, que trazia pela cabeça, o manto não era dourado e a saia era toda dourada a atravessar, trazia um cordão d'ouro e umas arrecadas muito pequeninas, tinha as mãos erguidas e quando falava alargava os braços e mãos abertas",[4] transcreveu o padre Lacerda do documento original.

A mulher disse às crianças que não tivessem medo, "que não lhes fazia mal", e Lúcia, desembaraçada, conta ao padre que começara a interrogar a misteriosa figura. Pergunta-lhe de onde é — "O meu lugar é o céu", escreveu o padre como resposta — e por que ela tinha vindo "ao mundo". A resposta pouco adianta: "Venho cá para te dizer que venhas cá todos os meses até fazer seis meses e no fim de seis meses te direi o que quero." A criança daquele lugarejo remoto de Portugal pergunta então à mulher se a Primeira Guerra Mundial (1914-18) — essa guerra imensa que já levara um irmão de Francisco e Jacinta para longe e que ameaçava levar também o irmão de Lúcia — "ainda dura muito ou se acaba em breve". A mulher de saia branca dourada, casaco branco e argolas nas orelhas, respondeu-lhe, segundo os apontamentos descobertos em 1982: "Não te posso dizer ainda enquanto te não disser também o que quero." E então a menina pergunta-lhe o que, àquela altura, naquele Portugal rural e profundamente católico, era o objetivo mais desejado por todos: se ia para o céu. "Tu vais." E a prima? "Também vai." E o Francisco? "Esse ainda há de rezar as continhas dele." Terminado esse curto diálogo, a mulher "abalou pelo ar acima",[5] escreveu o padre.

Pode-se apenas imaginar a aflição de Maria Rosa ao ouvir a filha repetir essas palavras diante do pároco, ser o centro das atenções, a protagonista da história, porque sobre Jacinta e Francisco o pároco pouco escreveu. Limitou-se a apontar, depois de questioná-los, que "todos viam uma mulher", para em seguida precisar que "o Francisco só a viu quando ela partiu". E, no fim desses apontamentos, resumiu o resultado das perguntas que fez a eles a uma breve constatação: "Os outros dois ouviram as perguntas e as respostas, mas não fizeram perguntas."[6]

No relatório sobre as "aparições" que seguirá para Lisboa em 28 de abril de 1919, o padre acrescenta, sobre esse primeiro interrogatório, que Lúcia lhe contara ter sentido "muito medo" com o primeiro relâmpago. Sobre a "visão", Manuel Marques Ferreira sintetiza:

A saia era branca e dourada aos cordõezinhos ao comprido e a atravessar, e era curta, isto é, não descia até aos pés. O casaco era branco não dourado. Manto branco, que da cabeça descia até a orla da saia, dourado aos cordõezinhos de alto a baixo e a atravessar; nas orlas o ouro era mais junto. O casaco tinha dois ou três cordõezinhos dourados nos punhos. Não tinha cinto, fita ou faixa à cintura. Tinha as mãos postas, um pouco acima da cintura, e delas pendia um terço branco. (...) Tinha os olhos pretos, e era tão linda no rosto como nunca tinha visto Senhora alguma. (...) Parecia-lhe que tinha meias brancas, não douradas, mas que não dava a certeza porque para pouco mais olhava do que para o rosto. Até mesmo em uma ocasião na minha presença, estando também a Jacinta, ela volta-se para esta e pergunta-lhe se Ela trazia meias, porque não tinha reparado.[7]

FÁTIMA: MILAGRE OU CONSTRUÇÃO?

Não será fácil encontrar nessa descrição a imagem que, entretanto, ficou perpetuada como sendo a de Nossa Senhora de Fátima. Mas foi essa a "Senhora" que as crianças disseram ter visto, no primeiro interrogatório a que foram submetidas, provavelmente ainda no fim do mês de maio de 1917. Uma mulher de saia curta e casaco, com argolas nas orelhas e provavelmente meias brancas nos pés. O passar do tempo e a cuidadosa reformulação da história de Fátima tratariam de dar um aspecto mais adequado à imagem.

Quanto a Maria Rosa, não poderia ter saído da casa do pároco mais sossegada ou satisfeita do que entrara. O próprio Manuel Marques Ferreira descreve, no relatório de 1918, os conselhos que deu à mulher:

> Procuro serenar a aflita mãe, dizendo-lhe que se for verdade o que dizem, é uma grande glória para ela e sua família. Oh!... se for verdade... mas se for mentira?!... exclama a duvidosa mãe. Aconselho-a a ter pela filha os mesmos cuidados que até ali tem tido; que na ocasião em que, por ventura, a filha haja de ir para o local da Aparição a não mande nem a estorve, e que a traga à minha presença sempre, e só, após o dia da Aparição, caso ela diga que continua a ter a graça de ver Nossa Senhora; o que tudo prometeu fazer, oferecendo-se até a vir, na véspera ou na antevéspera, com a filha à minha presença para eu lhe indicar qualquer coisa que a filha houvesse de fazer ou dizer na ocasião da Aparição. Disso a dissuadi para evitar algum mau conceito que a impiedade ou os mal-intencionados pudessem fazer, como ainda assim fizeram.[8]

Para entender esse texto do padre Manuel Marques Ferreira, é preciso compreender como era Portugal em 1917. E isso também é essencial para entender como nasceu Fátima e como ela se expandiu. O processo estava em marcha e seria, como hoje sabemos, impossível de conter.

O PORTUGAL DAS APARIÇÕES

Aljustrel continua a ser hoje um pequeno povoado, mas se assemelha quase a uma terra de faz de conta, que vive à sombra do passado e economicamente muito dependente dele. O Santuário de Fátima adquiriu ali casas e terrenos e mantém em funcionamento, para os milhares de visitantes que para lá se deslocam vindos da Cova da Iria, espaços que pretendem recriar a vida em 1917. A casa onde viveram Lúcia e sua família ainda está lá, de portas abertas, para que todos possam ver como era o quarto que ela partilhava com uma das irmãs ou percorrer o trajeto até o poço onde, muitos anos depois das "visões" da "Senhora" vestida de branco e dourado, a menina diria ter visto um anjo, em uma das ocasiões em que este teria aparecido para ela e para os primos. Também está de portas abertas, no início da aldeia, no extremo oposto à casa de Lúcia, a habitação onde nasceram Jacinta e Francisco e onde este último morreu, bem como, na porta quase em frente, a casa onde os pais das duas crianças viveram os últimos anos de vida. Há ainda uma casa-museu que pretende recriar o modo de vida por aqueles lados no ano das "aparições", e o resto são lojas e cafés, cheios de imagens das crianças e da versão final da "senhora" que elas diziam ter visto.

Hoje, os ônibus de turismo têm um espaço para estacionar no centro de Aljustrel, e a rua pavimentada facilita a visita. Apesar de tudo, do mobiliário e dos utensílios antigos, das almofadas brancas bordadas, dos colchões altos e fofos e da ovelha que é mantida em um dos currais, a Aljustrel de 2016 está, de fato, a um século de distância daquela de 1917, quando Portugal ainda aprendia a viver com a República que chegara sete anos antes, trazendo consigo uma aversão militante à Igreja, que para muitos portugueses, sobretudo no meio rural, continuava a ser o principal pilar orientador de sua existência. Foi no meio dessa verdadeira guerra religiosa que Fátima surgiu. E foi, em grande parte, graças a ela que cresceu.

Quando a República se impôs, em 5 de outubro de 1910, a questão religiosa não era nova; vinha, pelo menos, do tempo do Marquês de Pombal, com a expulsão dos jesuítas e das congregações religiosas do país, e continuou mais ou menos latente durante o restante do regime monárquico. A chegada da República trouxe, contudo, uma vertente mais incisiva para essa questão, com a imposição de novas medidas legislativas que acabariam por exacerbar o conflito religioso, transformando-o em uma verdadeira guerra. Por isso, parece legítimo afirmar, como fez a pesquisadora Maria Lúcia de Brito Moura, que "o 5 de Outubro é, assim, um 'ponto de chegada', constituindo igualmente um ponto de partida para uma nova realidade, onde a 'guerra religiosa' conhecerá embates muito mais violentos que no passado".[9]

Logo em 8 de outubro são reinstituídas as leis pombalinas de expulsão dos jesuítas (1759) e a lei de Joaquim António de Aguiar, de extinção das ordens religiosas (1834).[10] Dez dias depois é abolido o juramento de caráter religioso, e no dia 22 é publicado um decreto que suprime o ensino da doutrina cristã nas escolas primárias e normais. No dia 23 é extinta a Faculdade de Teologia e abolido o juramento de docentes, alunos e pessoal da Universidade de Coimbra, e no dia 26 passam a ser considerados dias normais de trabalho todos os que haviam sido santificados pela Igreja, com exceção do domingo. Na profusão de legislação relacionada com a questão religiosa nesses primeiros dias do regime, surge, a 3 de novembro, a Lei do Divórcio, e a 25 de dezembro, as Leis da Família, nas quais o casamento é identificado como "um contrato" e são reconhecidos direitos aos filhos concebidos fora do matrimônio, bem como a suas mães.[11] A 18 de fevereiro de 1911 é instituído o registo civil obrigatório, com penalizações para quem não o utilizar, continuando a recorrer apenas às cerimônias religiosas.[12]

Tudo isso são passos firmes em um mesmo sentido, que vão culminar com a publicação, em 20 de abril de 1911, da Lei da Separação. Nesse ponto, as regras são ainda mais duras e dirigidas também ao poder econômico da Igreja. Quando da queda da monarquia, o clero geria 164 casas, recolhimentos, colégios, asilos e hospitais.[13] Com a nova lei, o Estado passa a ser proprietário de todos os bens da Igreja (incluindo templos e as casas paroquiais onde vivem os padres, concedidas a partir daí a título de empréstimo aos clérigos) e a intervir diretamente na nomeação de membros do clero; o número de seminários é reduzido a cinco; as práticas de culto são remetidas para o interior das igrejas (salvo com autorização expressa da autoridade administrativa) e apenas entre o nascer e o pôr do sol; todos os membros do clero são proibidos de usar as vestes talares fora dos templos,[14] e — um verdadeiro escândalo para os membros da Igreja e para os crentes — as pensões que passam a ser atribuídas aos membros do clero são consideradas transmissíveis a suas viúvas e filhos,[15] reconhecendo e aceitando a quebra do celibato ao qual, supostamente, os padres deviam obedecer.

Todas essas mudanças acontecem de forma abrupta, em um país profundamente analfabeto e dividido entre os habitantes das cidades, mais afastados da religião e comprometidos com a República, e um imenso Portugal rural, ainda muito ligado ao seu padre e ao seu Deus e para quem o novo regime começa a ganhar contornos de suspeição devido a essas regras que não compreende. A personificação dessa desconfiança é o ministro da Justiça e Cultos do governo provisório, Afonso Costa, que, na ocasião da proclamação da Lei da Separação, afirmou em discurso: "Está admiravelmente preparado o Povo para receber essa Lei; e a ação da medida será tão salutar que, em duas gerações, Portugal terá eliminado completamente o Catolicismo, que foi a maior causa da desgraçada situação em que caiu. Saiba ao menos morrer quem viver não soube!"[16]

Enganava-se Afonso Costa, ainda que a vivência em Lisboa, e em muitos outros pontos do país, parecesse indicar, àquela altura, que ele teria razão. Os primeiros anos da República viram ataques a padres e a destruição do interior de vários templos. Diversos clérigos foram presos, fecharam-se as congregações religiosas, e os bispos, que a princípio se mostraram cautelosos, foram expulsos de suas dioceses quando tentaram impor alguma resistência.

A Pastoral Coletiva que redigiram em 24 de dezembro de 1910 contra as leis da República relacionadas com a religião, mas que só foi enviada aos párocos em fevereiro do ano seguinte, acabou por ter consequências graves, sobretudo para o bispo do Porto, d. António Barroso, que foi destituído por, afrontando a ordem contrária do governo, ter ordenado aos párocos de sua diocese que lessem o documento em suas igrejas. Nos anos seguintes, contudo, o conflito não abranda e logo em 1911 dá-se o corte de relações diplomáticas entre Portugal e a Santa Sé. Até 1914 vão ser afastados de suas dioceses, por períodos variáveis, além do bispo do Porto, os bispos de Évora, Algarve, Lamego, Braga, Portalegre e Guarda, e o patriarca de Lisboa.[17]

Enquanto esse conflito se intensificava, outros aspectos da situação do país não estavam melhores. A grave situação econômica não se amenizara e acabara mesmo por crescer de forma aguda, com a fome tornando-se uma realidade bem palpável e dolorosa à medida que se desenrola a Primeira Guerra. Há greves e repressão a essas greves. A participação portuguesa no conflito internacional é tudo menos pacífica, entre as várias vertentes do movimento republicano, que se vai fragmentando ao longo da curta duração da Primeira República (1910-1926). As tentativas de restauração da monarquia unem em torno dos republicanos os cidadãos incapazes de pensar em voltar atrás, mas a instabilidade política, com golpes e contragolpes, governos curtos e períodos de ditadura, não garante a tranquilidade necessária para a imposição de uma política segura, baseada na laicização, comprometida em desenvolver o ensino e em reverter a precária situação financeira do país. Uma população majoritariamente rural (85%, de acordo com o Censo Populacional de 1911)[18] e analfabeta (74% do total, segundo o Censo de 1900)[19] não contribuía para que as mudanças de mentalidade que a República trazia consigo, sobretudo na sua vertente anticlerical, fossem acatadas de forma pacífica.

Em Aljustrel

E Aljustrel no meio de tudo isso? A aldeia pertence a Fátima, paróquia do concelho de Vila Nova de Ourém, que está integrada à diocese de Lisboa quando chega a República e quando Lúcia e os primos ficam conhecidos em todo o país, em 1917, já que a diocese de Leiria fora extinta em 1882. Não contava, no início do século, mais de 25 famílias, cerca de 100 pessoas, e não passava de "um obscuro lugarejo"[20] esquecido, aonde se chegava a pé, de burro ou carroça, por caminhos de pedra solta e terra batida. A própria freguesia de Fátima só tinha como única ligação digna de nome a estrada de macadame que seguia para Vila Nova de Ourém.[21]

Os habitantes dedicavam-se à agricultura e ao pastoreio — atividade confiada às crianças mais ou menos entre os 7 e os 12 anos, idade em que os rapazes passavam a ajudar os pais na agricultura e as moças eram direcionadas para as atividades domésticas, a costura ou a tecelagem. A renovação de funções, em famílias em que o normal era ter cinco ou seis filhos, não era difícil. E a escola não atrapalhava o ritmo dos trabalhos diários, já que poucos a frequentavam. Entre 1900 e 1910, das 36 crianças batizadas na localidade, apenas oito (todas meninos) frequentaram a escola. De fato, Lúcia e Jacinta, ao entrarem na escola de Fátima, no fim de 1917, vão ser das primeiras meninas a frequentá-la,[22] e o Censo de 1920 diz que 88% dos 2.536 habitantes de Fátima ainda eram analfabetos.[23] Naquele tempo, ir à escola era considerado um luxo desnecessário, sobretudo no que se referia às meninas. No livro *Fátima — Os testemunhos. Os documentos*, o cônego C. Barthas admite: "As crianças não iam à escola. A instrução primária nesse tempo era pouco divulgada em Portugal. O recenseamento de 1920 indica 91 mulheres que sabiam ler, sobre um total de 1.179 mulheres que habitavam na freguesia de Fátima. As crianças ficavam em casa até que fossem capazes de se tornar úteis, guardando ovelhas."[24]

No meio dessa realidade, Maria Rosa, a mãe de Lúcia, tinha de se destacar, porque ela, ao contrário de suas vizinhas, sabia ler. Pelo menos os caracteres de imprensa, "o que era suficiente para ensinar aos filhos o catecismo, a História de Portugal, as tradições do país".[25] Segundo uma de suas filhas, Carolina de Jesus, teria sido uma parente de Maria Rosa, chamada Maria Isabel, quem a teria ensinado a ler, bem como a outras crianças.[26] E, graças a essa escolarização rudimentar, na casa de Lúcia havia livros. Não livros de aventuras e de histórias de princesas, mas livros sobre o tema que dominava a vida daquela aldeia de Fátima: a religião.

Em Aljustrel havia uma "forte religiosidade popular", e a presença de Deus era "constante" nas habitações da aldeia. A mãe tinha a função de gerir essa "igreja doméstica", que se desenhava logo pela manhã quando, ao se levantarem, o ato de se prepararem para o dia era já acompanhado de orações rezadas por toda a família.[27] A oração continuava na hora das refeições, à tarde, quando a função de "catequista" por parte das mães se desenrolava, e à noite, depois da ceia, momento em que se partilhavam histórias e se rezava o terço. Carolina de Jesus contou à filha: "Ninguém se deitava sem o rezar e mais outras orações, como: 'Santíssimas graças e louvores se deem a todo o momento, ao Santíssimo e Diviníssimo Sacramento' e uma enfiada de pai-nossos pelas almas das nossas obrigações, pessoas de família ou vizinhos e amigos falecidos há pouco." Lembrando as palavras da mãe,

FÁTIMA: MILAGRE OU CONSTRUÇÃO?

Maria de Belém, neta de Maria Rosa, recorda: "Dizia sempre: Lá em minha casa, antes ou depois do terço, a minha mãe lia-nos sempre uma passagem da Bíblia ou da vida de algum Santo."[28]

De fato, a paróquia de Vila Nova de Ourém, na qual se inclui Fátima, distinguia-se das demais pelo "apego à religião", diz-nos a pesquisadora Maria Lúcia de Brito Moura, observando que o "Mapa do rendimento da Bula da Santa Cruzada", de 1911, referente às receitas obtidas em 1909 e 1910, demonstra uma média de participação por pessoa de 24,36 réis, enquanto em Lisboa esse valor não ultrapassava os 4,83 réis por habitante. E dentro de Vila Nova de Ourém, os habitantes de Fátima foram ainda mais generosos do que a maior parte dos vizinhos, aparecendo em terceiro lugar no *ranking* das ofertas, com 30,43 réis por morador.[29] Joaquim Roque Abrantes acrescenta que, em Fátima, a devoção por Nossa Senhora "foi sempre muito profunda"[30] e que o tempo da Quaresma, até meados do século XX, era "de rigorosa observância e austeridade". Isso implicava que, durante aquele período, "não se cantava, não se assobiava, não se tocavam instrumentos musicais e respeitavam-se escrupulosamente as normas da Igreja quanto ao jejum e à abstinência".[31] Além disso, ainda antes das "aparições" de 1917, Fátima já tinha seu próprio conto de fadas religioso, celebrado, anualmente, na festa da Senhora da Ortiga.

E o que diz ele? Que uma senhora apareceu para uma pastorinha muda, pedindo-lhe uma das ovelhas de seu rebanho. A menina, diante da visão, começou a falar, dizendo que tinha de pedir licença ao pai. Este, surpreendido com o fim repentino da mudez da criança, disse-lhe que fizesse tudo o que a senhora pedisse. E, como não podia deixar de ser, a senhora comunicou à menina que deviam construir-lhe uma capela, ali, entre as *ortigas* (urtigas) em meio às quais aparecera. A história remonta ao século XVII, mas a capela ainda existe, e a festa anual de verão, a que a família de Lúcia não faltava, continua a ser celebrada.

Na casa de Lúcia

Na casa de Maria Rosa e António dos Santos "Abóbora", alcunha pela qual era conhecido o pai de Lúcia, a vida se dava segundo as regras do local. O casal teve sete filhos — Maria dos Anjos, Teresa de Jesus,

Manuel, Glória de Jesus, Carolina de Jesus, Maria Rosa (que morreu ao nascer) e Lúcia, a mais nova —, e a mãe geria a casa, assumindo por inteiro a educação religiosa da família. Até porque, como fica claro no depoimento de várias testemunhas, António dos Santos era alcoólico, não tratava como devia os bens da família e deixava a mulher em lágrimas com as preocupações que lhe causava. Maria Rosa, que, por ser a mãe, já ficaria encarregada da educação dos filhos, devia ter, por causa da condição do marido, bem mais responsabilidades, o que não significava que deixasse de lado suas obrigações para com a religião. É a própria Lúcia, em suas Memórias, quem conta: "Nas horas da sesta, minha mãe dava aos seus filhos a sua lição de doutrina, principalmente quando se aproximava a Quaresma, porque — dizia — 'não quero ficar envergonhada quando o Senhor Prior vos perguntar a doutrina, na desobriga.' Então todas aquelas crianças assistiam à nossa lição de catecismo; a Jacinta lá estava também."[32]

Lúcia, que em 1917, com 10 anos, não tinha ainda posto os pés na escola, absorvia todas as histórias, orações, milagres e castigos que saíam da boca da mãe e dos livros que ela lia. Acompanhava as irmãs mais velhas, encarregadas de enfeitar o altar de Nossa Senhora do Rosário na igreja paroquial, onde, confessa, "estava habituada a rezar".[33] Aprendia tudo tão bem que sua irmã Carolina de Jesus haveria de dizer mais tarde à filha: "Lembro-me de estar a aprender a doutrina e a Lúcia, ainda muito pequena, ao colo da mãe. A Lúcia fixava tudo quanto a sua cabecinha conseguia com tão pouca idade. Fez a primeira comunhão aos seis anos, pois sabia a doutrina toda exigida naquele tempo. Não era vulgar fazer-se a primeira comunhão aos seis anos. A Lúcia foi uma exceção."[34] Também Maria dos Anjos, outra das irmãs, vai confirmar:

> Todas as noites, especialmente no inverno, a nossa mãe nos lia algum bocado do Antigo Testamento ou do Evangelho, ou então alguma coisa sobre Nossa Senhora da Nazaré ou de Lourdes. Quando foi das aparições, lembro-me de ela dizer toda arrenegada para a Lúcia: "Lá porque Nossa Senhora apareceu em Lourdes e na Nazaré pensas tu que Ela também te aparece a ti?" Durante a Quaresma já sabíamos que as leituras eram sempre sobre a Paixão de Nosso Senhor. E a Lúcia decorava tudo e depois contava às crianças.[35]

FÁTIMA: MILAGRE OU CONSTRUÇÃO?

E Lúcia recorda, também, o que a mãe lhe ensinava: "Minha mãe costumava, ao serão, contar contos. E entre os contos de fadas encantadas, princesas douradas, pombinhas reais que nos contavam meu pai e minhas irmãs mais velhas, vinha minha mãe com a história da Paixão, de S. João Baptista etc., etc."[36]

A criança estava atenta, absorvia tudo e, depois, quando a deixavam, ainda tão pequena, cuidando de outras crianças da aldeia nas tardes em que as mulheres mais velhas estavam entregues a seus afazeres, Lúcia repetia o que ouvira, como ela própria contaria em suas Memórias: "Eu conhecia, pois, a Paixão de Nosso Senhor como uma história; e como me bastava ouvir as histórias uma vez para as repetir com todos os seus detalhes, comecei a contar aos meus companheiros, pormenorizadamente, a história de Nosso Senhor, como eu lhe chamava."[37]

Não deixa de ser curioso que a mesma Lúcia que admite que bastava ouvir um conto uma vez para logo repeti-lo com todos os pormenores não mencione em suas Memórias a história que a mãe já lhe contara e que se referia a uns pastorinhos que tinham visto Nossa Senhora. Porque um dos livros que Maria Rosa tinha em casa e do qual retirava histórias para ler aos filhos era a *Missão Abreviada*, do padre Manoel Couto, que contava, entre suas páginas, com um capítulo intitulado "Aparição de Nossa Senhora no Monte Salette".

Parece impensável que essa história não tenha impressionado Lúcia, uma menina analfabeta que construía todo o seu mundo imaginário com base nos contos que ouvia em casa, repetindo-os, depois, para as crianças da vizinhança. E parece também claro que parte da desconfiança de Maria Rosa em relação às supostas aparições relatadas pela filha e pelos sobrinhos se devia ao fato de ela saber que Lúcia conhecia a história dos pastorinhos de La Salette.

Quando, em outubro de 1917, dois dias antes da última "aparição" na Cova da Iria, Maria Rosa é interrogada pelo padre Manuel Nunes Formigão, ele também não deixa passar esse fato em branco, perguntando-lhe se tem a *Missão Abreviada* e se costuma ler o livro diante da filha. "Lia diante dela o caso de La Salette", responde, de imediato, a mulher. Questionada sobre se essa história causara grande impressão em Lúcia, Maria Rosa não responde, e quando o padre insiste, perguntando-lhe se a criança falava sobre aquele caso, responde com um lacônico: "Nunca deu notícia." Na mesma ocasião, o padre e professor de liceu em Santarém interroga Lúcia sobre o mesmo assunto, perguntando-lhe diretamente: "Ouviste ler a *Missão Abreviada*? Fez-te impressão o caso de La Salette?" Os apontamentos sobre a resposta que a menina lhe teria dado dizem: "Não falou em nada, nem pensava."[38]

E o que se contava então na *Missão Abreviada*? "Apareceu Nossa Senhora a dois pastorinhos no Monte Salette, em França, aos 19 de setembro de 1846", explicava o padre Manoel Couto, no livro que era um aterrador catecismo presente em muitas casas portuguesas e cujo título completo, na primeira edição (1859), surge como *Missão Abreviada para despertar os descuidados, converter os pecadores, e sustentar o fruto das missões. É destinado este livro para fazer oração, e instrução ao povo, particularmente povo da aldeia. Obra utilíssima para os párocos, para os capelães, para qualquer sacerdote que deseja salvar almas, e, finalmente, para qualquer pessoa que faz oração pública.*[39]

O relato continuava, esclarecendo que "apareceu pois Nossa Senhora no meio de uma luz a mais brilhante" e que comunicou aos dois pastorinhos "dois segredos, que nunca descobriram por mais que os ameaçassem". Quanto à descrição feita por uma das crianças, Melania, esta dizia que

> a Senhora trazia sapatos brancos, tendo em roda rosas de todas as cores; meias cor de ouro; avental cor de ouro; um vestido branco recamado de pérolas por toda a parte; um manto também branco sobre os ombros circulado de rosas; um toucado branco um pouco inclinado para diante, e este era cercado de uma coroa de rosas; trazia uma cadeia delicada, da qual estava pendente uma cruz com a imagem de Cristo; à direita um torquês, à esquerda um martelo; o seu rosto era alvo e comprido; e não podia fitar nela os olhos, porque ficava cega com a luz que brilhava.

A pastorinha, cujo relato acabaria por ser desacreditado por dois padres que acusaram em tribunal (e venceram) uma antiga freira de ter engendrado toda essa história, dizia ainda que, transmitida a mensagem, a mulher "subiu uns 15 passos, mal tocava o chão com os pés; por um momento ficou suspensa no ar uns seis palmos; depois não vimos mais a sua cabeça; depois os braços; depois o resto do corpo; finalmente só ali ficou uma luz imensa, e daí por um pouco desapareceu tudo!...".[40]

1917

1917 não estava sendo um bom ano. Logo em janeiro, o primeiro contingente do Corpo Expedicionário Português (CEP) parte para a França, colocando soldados portugueses diretamente no cenário de guerra europeu, depois de outros já estarem atuando nas colônias africanas. Em Lisboa, tenta-se convencer a população cada vez mais descontente da necessidade de a iluminação pública ter sido reduzida, apelando-se aos "sacrifícios" necessários em tempos de guerra. Ao mesmo tempo, a capital está enfrentando nos últimos tempos uma epidemia de febre tifoide, com a cidade sendo atravessada por "carros esterilizadores" que, em janeiro, "continuam percorrendo os bairros pobres (...), sendo abundantíssima a quantidade de água fornecida".[41] A fome é uma realidade por todo o país e os jornais trazem notícias diárias sob o título "Subsistências", nas quais se vai dando conta da falta de trigo e do desespero das populações.

No dia 10 de janeiro, por exemplo, um telegrama do Porto, publicado no periódico *O Século*, informava que o povo de Torre de Moncorvo "há dias que vem fazendo vários assaltos à estação daquela vila e revistando os comboios que dali saem, apoderando-se das remessas de géneros, impedindo assim que dali saiam". No dia anterior, a notícia publicada na página 2 daquele diário de Lisboa acrescenta: "Novo assalto se deu, apoderando-se de três remessas constituídas por nove sacos com batatas que eram destinados a Vila Real, Braga e Porto A (Alfândega)." A curta descrição concluía: "A autoridade local tem-se tornado impotente para conter o povo." A fome continuaria a aparecer nos próximos meses nas páginas dos jornais, como fica claro com a denúncia, a 3 de fevereiro, em *O Século*, de que "o pão de 9 cêntimos o quilograma, destinado às classes mais pobres, é cada vez pior". A situação mais grave ocorreria na capital, precisamente em maio de 1917, quando a falta de pão e o aumento de preço súbito de outros bens essenciais, como a batata, levaram a motins populares. Entre 19 e 23 de maio, quando se noticiava o regresso da calma a Lisboa, houve assaltos a armazéns, mercearias e padarias, com um balanço trágico: morreram 23 homens e mulheres, houve 50 feridos e, em uma só noite, a Guarda Nacional Republicana deteve 102 pessoas.[42]

Havia fome, combatiam-se epidemias mortíferas, os festejos de Carnaval daquele ano foram cancelados por decreto governamental, continuava o ataque à Igreja ("Cruzes derrubadas a tiro!", "Igrejas Assaltadas", "Até os cemitérios!" são manchetes na edição de 2 de maio do semanário católico de Leiria *O Mensageiro*) e, além de tudo isso, havia a guerra, que exigia a partida de cada vez mais homens jovens e fortes, cujos braços eram necessários nos campos. A falta de vontade de partir não facilitava a vida ao Governo que, logo a 11 de janeiro, publica um anúncio na primeira página de *O Século*, dirigido aos "mancebos de 17 aos 20 anos — cidadãos dos 21 aos 45 anos", no qual se avisa:

> Não se tendo apresentado, até 31 de dezembro findo, para receber a instrução militar obrigatória, aos domingos, todos os portugueses de 17 aos 20 anos de idade, como os obriga a lei do recrutamento, recomenda-se a todos que estão nesta condição que têm de apresentar-se quanto antes, a fim de não sofrerem as penas severas que lhes são impostas pela falta de cumprimento da referida lei, especialmente em tempo de guerra, que é o atual.

Havia razões suficientes para esses avisos, porque o número de homens que se negava a comparecer ao serviço militar era muito elevado. Em 1910, não responderam à convocatória 18% dos 66 mil rapazes convocados e, cinco anos depois, essa porcentagem subira para 32,9%.[43]

E assim chegou maio e o ensolarado dia 13 na aldeia de Aljustrel. Era domingo e, como de costume, os habitantes não faltaram à missa na igreja paroquial de Fátima. Lúcia, Francisco e Jacinta também lá estiveram, ouvindo o padre Manuel Marques Ferreira falar "da eficácia da oração" e citar "a carta do Soberano Pontífice, Bento XV, pedindo orações mais intensas pelo regresso da paz".[44] Em seguida, foram pastorear as ovelhas, escolhendo para isso o terreno da Cova da Iria, propriedade do pai de Lúcia. As crianças contariam depois que rezaram o terço, tal como lhes era diariamente recomendado, e que estavam brincando quando, por volta do meio-dia solar (hora em que o sol está mais alto), apareceu a tal "Senhora", cuja descrição fariam dias mais tarde ao pároco, depois de Jacinta ter quebrado o voto de silêncio imposto pela prima e ter contado à mãe, no próprio dia, a "visão" que tivera.

A história não passava ainda de folclore local quando chegou o dia 13 de junho, com as suas celebrações do dia de Santo Antônio em Fátima. Apesar de tentadas pela família a irem à festa em vez de para o ermo da Cova da Iria, as crianças se dirigiram para o descampado, encontrando já à sua espera algumas pessoas de povoados vizinhos, onde o rumor da "aparição" tinha chegado. Entre os cerca de 50 presentes, estava Maria dos Santos, da Moita, que ficaria conhecida como "Maria da Capelinha" ou "a tesoureira de Fátima", por ter assumido, desde esta data, a função de cuidar do recinto das "aparições" e de recolher as ofertas deixadas por quem se dirigia até lá.

Muitos anos mais tarde, em uma entrevista à revista *Stella*, Maria da Capelinha recordaria esse 13 de junho e o modo como Lúcia alertara a prima para a chegada da Senhora, dizendo: "Ó Jacinta, já lá vem, que deu o relâmpago." Interrogada sobre se vira ou ouvira esse fenômeno, Maria confessa nada ter visto. "Eu, não senhora! E ninguém se gabou de ter visto o relâmpago." Ainda assim, o povo crente não duvidou de Lúcia: "Seguimos as crianças e ajoelhamos no meio do mato", contou. E, no silêncio do campo, entre azinheiras, com a voz de Lúcia quebrando o dia com perguntas dirigidas à "visão", Maria da Capelinha diz que começou "a ouvir assim um zunido que parecia uma abelha...". O zumbido de uma abelha não seria coisa de se estranhar naquele lugar em pleno mês de maio, destacando-se no silêncio a que os presentes se tinham submetido. Mas ela pensou que o zumbido que parecia uma abelha era isso mesmo? Não. "Cuido que era a Senhora a falar...", confessou à jornalista da *Stella*. Por fim, contou a mesma testemunha em 1942, Lúcia anunciou que a "Senhora" partira, enquanto Maria da Capelinha se limitava a ouvir "assim como o assopro dum foguete que vai a subir". Sem nada ver, exceto uma normalíssima nuvem, entendeu que tudo terminara quando Lúcia afirmou: "Pronto! Agora é que já se não vê. Já entrou para o Céu e já se fecharam as portas."[45]

FÁTIMA: MILAGRE OU CONSTRUÇÃO?

Presume-se que, logo no dia seguinte, 14 de junho, Lúcia voltou à presença do pároco, que registrou, pela segunda vez, o interrogatório feito à criança. Pelo relato feito pela menina, a "Senhora" apareceu como uma figura sem grande iniciativa, que se limitava a esperar pelas perguntas de Lúcia. "Então o que me quer?", perguntou-lhe esta. "Quero-te dizer que voltes cá no dia 13 e que aprendas a ler para te dizer o que te quero", registrou o padre como resposta. Assim: "que aprendas" e não "que aprendam", como mais tarde seria veiculado, para incluir a presença aparentemente ignorada de Francisco e Jacinta. "Então não quer mais nada?", Lúcia disse ter perguntado, ao que obteve como resposta: "Não quero mais nada."[46]

O padre Manuel Marques Ferreira inclui, no fim de seus apontamentos, um novo retrato da descrição da "visão" feita por Lúcia, indicando:

> O trajo era: um manto branco que da cabeça chegava ao fundo da saia, era dourado da cintura para baixo dos cordões a atravessar e de alto a baixo e nas orlas era o ouro mais junto. A saia era branca toda e dourada em cordões ao comprido e a atravessar, mas só chegava ao joelho; casaco branco sem ser dourado, tendo nos punhos só dois ou três cordões; não tinha sapatos, tinha meias brancas, sem serem douradas; ao pescoço tinha um cordão d'ouro com medalha aos bicos; tinha as mãos erguidas; tinha nas orelhas uns botões muito pequeninos e muito chegados às orelhas; separava as mãos quando falava; tinha os olhos pretos; era de meia altura.[47]

De novo, Lúcia descreveu uma senhora de saia e casaco, brincos nas orelhas e meias brancas nos pés. E, além disso, com uma saia que "só chegava ao joelho", coisa escandalosa para a época. Por mais insignificante que esse pormenor possa parecer, não deixava de ser um problema — que a Igreja iria resolver, como veremos adiante.

Julho

Mário Godinho vivia em Lisboa. Em 1917 era oficial miliciano e aguardava a mobilização (já tinha um irmão médico no Corpo Expedicionário Português), quando chegou a seus ouvidos o "boato popular" de que Nossa Senhora teria aparecido para três pequenos pastores em um descampado perto de Fátima. Em um relato que faria mais de 40 anos depois, disse que não valorizou o rumor, que classificava então como "crendices do burgo", mas a mãe, "fervorosa devota do culto da Virgem Santíssima", com um filho na guerra sangrenta e outro na iminência de segui-lo, pediu-lhe que a levasse à Cova da Iria. E assim, a vida dos três primos de Aljustrel teria novos desdobramentos — pela primeira vez na vida, foram fotografados e também pela primeira vez viram e andaram de automóvel.[48] Uma emoção na época, sobretudo para três crianças camponesas que nunca antes tinham visto máquinas como aquelas.

A essa altura, o número de curiosos e crentes que se deslocaram para a Cova da Iria no dia 13 era já bem superior ao de junho, mas a história ainda não fora noticiada nos jornais e tudo se mantinha, por ora, no relato boca a boca ou da transmissão através de cartas, como a que a jovem Maria Delfina Carvalho Reis e Silva, de 17 anos, escreveu à irmã, Maria da Madre de Deus, de 16, de visita a familiares em Santarém. De Pedrógão, no dia 14 de julho, Maria Delfina relata: "Escrevi hoje à Laurinha pedindo-lhe para ela me dizer o que viu ontem. Não calculas como aqui se fala naquela aparição. A mãe da Amélia foi lá ontem e diz que viu as pequenas e que estavam lá umas senhoras de Santarém que lhe tiraram o retrato. A Laurinha também lá estava e por ela é que eu estou ansiosa por saber alguma coisa."[49]

Quem também estava lá — além da sempre presente Maria da Capelinha — era o estudante de medicina José Pereira Gens, que viria a assumir a função de responsável pelo posto de verificações médicas no futuro Santuário de Fátima. Na época com 25 anos, o estudante da Faculdade de Medicina da Universidade de Coimbra estava de férias na casa de um irmão padre, em Ourém, quando ouviu a história das "aparições" de Fátima. "Depressa me contagiou o entusiasmo geral e assim, imediatamente, resolvi, com meus irmãos e mais alguns amigos, ir de passeio, no próximo dia 13 de julho, até junto da carrasqueira privilegiada, para presenciar o que ali viesse a passar-se", escreveu.[50]

O dia estava, de novo, cheio de sol. Maria Delfina disse mesmo à irmã, na carta que lhe enviou, que naqueles "dois dias últimos tem feito um calor insuportável",[51] que impedia as pessoas de dormir. Pereira Gens disse que estava "um dia lindo de julho, com um sol brilhante e quente".[52] Mário Godinho não se sentiu tão marcado pelo tempo, mas sim pelo aspecto do lugar para onde conduziu a mãe, que descreve: "Fomos à Cova da Iria,

FÁTIMA: MILAGRE OU CONSTRUÇÃO?

no dia 13 de julho de 1917, por uma estrada má e esburacada, até um local isolado pleno de cercas muradas com pedra solta, em paisagem triste e erma, ponteada de azinheiras sombrias, com aspeto sedento."

Assim como a paisagem não o impressionara, tampouco o que presenciou ali deixou o engenheiro particularmente entusiasmado. De fato, em seu relato de novembro de 1961 (publicado no ano seguinte), limita-se a dizer que "lá estavam os três pastores, com velas acesas", e que os interrogou, depois de levá-los de automóvel até Fátima.[53] Sobre qualquer impressão a respeito da suposta "aparição" nada diz. Já José Pereira Gens conta que o sol, o tal sol brilhante e quente daquele verão de 1917, "perdeu bastante o seu brilho, de maneira que podia fitar-se à vontade". O estudante de medicina admite: "Olhei e vi-o perfeitamente; não quis, porém, fitá-lo com insistência, para conservar a visão perfeita e íntegros os reflexos." Depois dessa experiência, concluiu: "Ao regressar a casa, confesso que o estudante de Coimbra, de 25 anos, não se sentia satisfeito; o que vira e o que deduzira do interrogatório das crianças não lhe parecia convincente."[54]

À medida que aumenta o número de presentes, aumentam também as versões do que se presencia na Cova da Iria. Os relatos reunidos ao longo dos anos são contraditórios, como se cada um visse o que quisesse ver. No inquérito paroquial que iria conduzir, a partir do fim do ano, por ordem da diocese de Lisboa, o padre Manuel Marques Ferreira incluiu o relato de Jacinto de Almeida Lopes, um morador da localidade da Amoreira, em Fátima, que também esteve na Cova da Iria em 13 de julho. O homem contou como viu as crianças, como a carrasqueira foi "ornamentada" e como os presentes rezaram o terço antes de Lúcia iniciar as perguntas "como que estando a falar com alguém". À primeira pergunta — consta no depoimento — "espera um bocadito, em silêncio, tempo duma breve resposta". E durante esse breve silêncio o homem diz ter ouvido "vindo da carrasqueira, uma voz muito sumida, semelhante, diz, ao zumbir duma abelha, mas sem distinguir palavra alguma".[55] E mais nada o marcou.

Manuel Gonçalves Júnior, de Montelo, outra das testemunhas ouvidas no inquérito paroquial, relatou que na hora da "aparição" o calor, "que era demasiado, começou a abrandar" e que "a certa altura da carrasqueira, se formou uma espécie de névoa ou de nuvem, que se foi elevando, seguindo para o nascente, chegando a empalidecer o brilho do sol, e desapareceu".[56]

A terceira testemunha desse dia 13 de julho, ouvida pelo pároco, é uma das irmãs de Lúcia, Teresa de Jesus, já casada e moradora de Lomba, que, já ouvida em março de 1919, afirma que, durante a alegada visão, Lúcia "sentiu um tão forte abalo que a fez exclamar: Ai! Nossa Senhora...". A mulher diz ainda que a criança não fora "ensinada pela mãe nem pelas irmãs a pedir — presidir — o terço", alegando que "em casa dos pais não era costume rezarem o terço em coro, mas só cada um *de per si*",[57] algo que também a mãe de Lúcia menciona, no interrogatório de 1923 a que foi submetida no âmbito do processo canônico aberto à época, quando relata as suas memórias da "aparição" de junho. Como não sabia escrever, seu testemunho oral foi transcrito, constando assim: "Dizia também o povo que a Lúcia à volta pelo caminho tinha vindo pedindo o terço, do que a mãe se admirou por não saber onde ela tinha aprendido a pedir o terço, visto que em casa todos rezavam o terço só individualmente."[58]

Dessa vez, a 14 de julho, o padre Manuel Marques Ferreira interrogou Lúcia e também a pequena Jacinta. A mais velha relatou-lhe: "Fomos a correr até lá, a gente dizia que fôssemos devagar e nós dizíamos que não nos cansavam as pernas para irmos devagar. Chegamos e encontramos lá minha irmã e ela mandou-me pedir o terço, eu pedi-o e rezamo-lo" (a mesma irmã que dirá, quase dois anos depois, que Lúcia não sabia rezar o terço, porque em casa não o rezavam em conjunto). O diálogo relatado pela menina de 10 anos foi, dessa vez, mais extenso. De novo, a "Senhora" começa por lhes pedir que regressassem ao local no dia 13 do mês seguinte, acrescentando: "Rezem o terço a Nossa Senhora do Rosário que abrande a guerra que só ela é que lhe pode valer." Lúcia contou ainda que pediu por algumas pessoas — pela conversão de uma mulher, pela melhora de uma criança e pela morte rápida de um enfermo —, tendo a "Senhora" respondido aos dois primeiros pedidos que "os convertia e melhorava entre um ano". A criança pediu então: "Faça um milagre para que todos acreditem." E a visão teria concordado, mas — algo que também irá sendo alterado nos relatos posteriores — sem nunca usar a palavra milagre. "Daqui a três meses farei então com que todos acreditem", escreveu o padre como tendo sido a resposta obtida. Lúcia concluiu seu depoimento garantindo que a mulher que vira "era exatamente a mesma que tinha visto das outras vezes".[59]

Já o relato de Jacinta, com apenas 7 anos, é bem menos claro e mais confuso, como escreveu o pároco. E, eventualmente, mais revelador como sinal de alerta de que alguma coisa poderia não ser exatamente como as crianças contavam. Jacinta contradiz-se, acrescenta novas visões, confunde-se e, sim, confirma que a senhora usava uma saia "pelos joelhos". O pároco escreveu sobre o testemunho da criança:

> Que tinha visto uma mulher pequena quatro vezes, uma em sua casa à noite e três na Cova da Iria ao meio-dia; diz ser do tamanho da Albina, filha de António Rosa da Casa Velha; em casa viu-a à borda do alçapão do sótão, não dizendo nada; estava a mãe e irmãos a dormir e era de noite; na Cova da Iria viu-a em pé em cima duma carrasqueira; vinha vestida com meias brancas e fato todo dourado; não trazia sapatos; a saia era branca e toda dourada e dava-lhe pelos joelhos; o dourado era aos cordões ao atravessar e nos cordões aos biquinhos; casaco branco todo dourado; um manto pela cabeça era branco e todo dourado; as mãos erguidas à cintura e abriam separando-se quando falava a Lúcia; não lhe ouviu dizer nada; ouviu falar (ora diz que sim ora diz que não), não ouviu dizer quantas vezes cá vinha; à saída abria-se o céu e ficavam os pés entalados e o corpo já escondido; ouviu uma fala muito piedosa e só se lembra de ouvir que a gente (elas) ia para o céu; diz ter visto relâmpagos mas ora diz ser uma vez ora mais duma, ora antes ora depois; trazia umas contas brancas nas mãos seguras entre o dedo polegar e indicador das duas mãos; não viu brincos; trazia um cordão d'ouro delgado ao pescoço.[60]

Chegara ao fim o período "local" do que se passava na Cova da Iria. No mês de julho, em um Portugal republicano ainda em guerra com a Igreja, a notícia chega aos jornais. E, por causa da realidade do país, ela vai chegar sem qualquer objetividade, mas alimentada pela posição que cada um ocupa no quadro nacional. Os periódicos católicos mantêm certa cautela, pelo menos aparente, já os republicanos atacam, desde o primeiro momento, o que acreditam não ser mais do que crendice popular e fruto da ignorância, eventualmente manipulada pelo clero.

Curiosamente, dias antes de *O Século* publicar a primeira notícia sobre a Cova da Iria — que seria replicada por vários jornais —, o periódico *A Voz da Justiça* veiculava o que parece hoje um prelúdio do que estava por vir. Em 17 de julho, o artigo "O Milagre de Lourdes" ironizava as aparições naquela cidade dos Pireneus franceses, dizendo que a pequena pastora que teria visto Nossa Senhora tinha, na verdade, interrompido "em colóquio adulteramente amoroso com um oficial da cavalaria, uma senhora muito conhecida da alta sociedade e nos meios religiosos". O casal, assustado por ter sido descoberto — continua o artigo —, lembrou-se "de um embuste verdadeiramente original para ludibriar a pobre pequena, que não conhecia a dama em questão", apresentando-se então a mulher como "a Imaculada Conceição". "A pequena, que poderia dar, mais tarde, com a língua nos dentes, foi encerrada, por causa das dúvidas, no convento das Ursulinas em Nevers. E aí está o que foi o célebre *milagre de Lourdes*, origem de uma das mais ignóbeis explorações clericais", concluía o autor do texto. Mera coincidência ou já teria o jornal conhecimento dos rumores de Fátima e preparava assim os leitores para o que estava por vir?

O fato é que, no dia 23, *O Século* publica uma notícia enviada por seu correspondente na Meia Vila, em Torres Novas, datada de 20 de julho, com o título "Aparição Miraculosa?", na qual se lia: "Há muito tempo que nesta localidade corria com insistência o boato de que num determinado ponto da Serra d'Aire apareceria no dia 13 do corrente a mãe de Jesus Cristo a duas criancinhas, a quem já por diversas vezes tinha aparecido, e no mesmo local." O autor da notícia — que não foi à Cova da Iria, apesar do insistente boato capaz de despertar "a curiosidade geral na vila de Torres Novas" — recorreu ao testemunho de uma mulher que se deslocara até aquele descampado de Fátima. Ou pelo menos era o que ela alegava, pois, como se perceberá pelo relato que fez, nem sequer se deu conta da presença de Francisco no local. A mulher não identificada contou:

> No dia 13, que estava designado para a aparição da Nossa Senhora, dirigimo-nos ao local indicado. Já ali fervilhavam milhares de pessoas que, impulsionadas pelo desejo de a verem, ali se tinham arrastado, vindo de longínquas povoações algumas delas. A curiosidade era geral e, num momento, todos se conservaram silenciosos, boquiabertos, perscrutadores, como que procurando ouvir qualquer voz que vinha das entranhas da terra. Nisto, ouve-se um ruído semelhante ao ribombar do trovão e logo a seguir as duas crianças, que estavam junto duma carrasqueira circundada por muitas florinhas, creio que paradisíacas, irromperam num choro aflitivo, fazendo gritos epiléticos e caindo depois em êxtase. A uma delas, a que tinha o privilégio de ouvir e ver a santa, fizeram várias pessoas muitas perguntas, às quais respondia dizendo que via uma espécie de boneca muito bonita, que lhe

falava. Tinha, dizia, um resplendor em torno da cabeça e chamava-a para junto de si, numa voz muito fininha e melodiosa. Entre outras coisas que lhe disse, a principal foi anunciar-lhe a sua reaparição do dia 13 a um mês e no mesmo sítio, aparecendo ainda mais outra, para declarar o motivo por que tinha vindo ao mundo.

O correspondente de *O Século* conclui a matéria afirmando:

A minha opinião é que se trata de uma premeditada especulação financeira, cuja fonte de receita existe nas entranhas da serra, em qualquer manancial de águas minerais que recentemente tenha descoberto algum indivíduo astucioso que, à sombra da religião, quer transformar a Serra d'Aire numa estância miraculosa como a velha Lourdes. As autoridades já tomaram conta do caso e, se ainda o ignoram, servir-lhe-á o comentário de aviso[61]

Ainda que, quase um século depois, pareça mais provável que a testemunha de "máxima confiança" do jornalista tenha relatado algo que apenas ouvira dizer em vez de propriamente algo que tenha presenciado — a referência a apenas duas criancinhas, a descrição do choro aflitivo e dos "gritos epiléticos" que outros presentes no local não testemunharam ou o ribombar do trovão que mais ninguém menciona —, conhecendo a forma como Fátima se desenvolveu nos meses e anos que se seguiram, a avaliação do jornalista não deixa de ser ironicamente profética. Porque também ali a água vai representar um papel central, nas supostas curas extraordinárias que serão propagandeadas pela Igreja, e porque o conceito de Lourdes esteve, desde muito cedo, associado a Fátima.

Depois dessa primeira notícia, várias publicações vão se servir dela para relatar o que estava acontecendo naquele povoado remoto no centro do país. Por isso, não é de admirar que nas notícias do mês de julho Francisco esteja completamente ausente, atribuindo-se as "visões" apenas às duas meninas. Logo no dia 24, o diário *O Mundo*, também de Lisboa, ironizava o fato, escrevendo: "Parece que a mãe de Jesus Cristo ouviu finalmente os calorosos apelos dos conspiradores clericais portugueses e aderiu ao talassismo indígena." Contudo, o jornal associado ao Partido Democrático, de Afonso Costa, não se restringiu apenas à ironia, deixando, no fim do texto, um apelo dirigido às autoridades:

1917

Não podem nem devem as autoridades da República permitir que assim se especule torpemente com a ingénua credulidade do povo, bestificando-o pela fanatização e pretendendo fazê-lo retrogradar a tempos medievais. Há quem diga que esta invenção é um qualquer reclamo financeiro para fazer da Serra d'Aire uma Lourdes lusitana. Seja para isso ou seja para qualquer outro fim, a especulação teocrática e clerical tem de ser severa e imediatamente reprimida para bem e tranquilidade do país, e para honra da República.[62]

Um dos outros periódicos que recorreu ao relato feito por *O Século* para informar seus leitores a respeito do que se passava em Fátima foi o *Liberdade*, do Porto, em um artigo que é também um claro exemplo de como aos fatos recontados vão se acrescentando sempre novos detalhes cada vez mais fantásticos. Dizia o jornal, em sua edição de 25 de julho, que "de repente ouviu-se um ruído semelhante ao ribombar do trovão, em seguida ao que duas crianças, presas de viva comoção, disseram ter visto uma aparição representando Nossa Senhora, ficando tão abaladas que caíram em delírio".[63]

Finalmente, em 29 de julho, o *Ouriense*, jornal da paróquia de Ourém, provavelmente pela mão do padre Faustino José Jacinto Ferreira, publica a primeira notícia sobre Fátima que parece ser, de fato, baseada em um testemunho real — o do próprio padre. Com o título "Real Aparição ou Suposta... Ilusão", não há a tão propalada cautela e neutralidade da Igreja nesse processo (que em muitos casos não existiu). A verdade é que se sente o entusiasmo de quem escreveu o artigo logo nas primeiras linhas, quando se lê: "Esta freguesia experimentou no passado dia 13 o espetáculo mais maravilhoso e comovente que a imaginação podia idealizar. Quererá a Rainha dos Anjos fazer desta freguesia uma segunda Lourdes?!... Ah! Quem o merecera! A Deus e à Virgem Mãe não é impossível."

O artigo já menciona que os "videntes" são, afinal, três, e estima o número de peregrinos presentes entre os 800 e "mais de 2.000 pessoas", aludindo também à partida das crianças em um automóvel, sendo assim afastadas dos curiosos que queriam interrogá-las e levadas "para junto da igreja, onde foram fotografadas". E termina com a enigmática frase: "Foi simplesmente admirável, por ora mais nada digo."[64]

Agosto

No interrogatório que o padre Manuel Marques Ferreira fez a Lúcia, no dia 21 de agosto, há uma frase breve, indicando: "4.ª aparição — Foram presas." Depois da divulgação pela imprensa das "aparições" no mês anterior, prenunciando um aumento de curiosos e crentes na Cova da Iria em 13 de agosto (como de fato viria a acontecer), esse acabaria por ser um mês atípico em Fátima. Em primeiro lugar porque as autoridades, cuja intervenção já fora pedida pela imprensa republicana, decidiram, finalmente, agir.

Artur de Oliveira Santos, administrador do concelho de Vila Nova de Ourém, não era uma figura querida pela Igreja. Descrito como "carbonário", recebeu também o epíteto de pessoa em quem teria "encarnado toda a malícia, toda a perversidade dos inimigos declarados da Igreja".[65] Assim continuava o estado de coisas em Portugal.

O administrador, descrito ainda como a figura "mais proeminente, mais influente e mais temida do concelho",[66] manda chamar a Ourém as crianças, acompanhadas pelos pais, no dia 11 de agosto. António dos Santos obedece, montando Lúcia em uma jumenta e encaminhando-a para Ourém, mas Manuel Pedro Marto, pai de Francisco e Jacinta, recusa-se a levar os filhos, comparecendo à sede do concelho sem as crianças, o que não lhe valeu mais do que uma pequena repreensão por parte do temível administrador. Na ocasião, segundo o homem contaria ao padre De Marchi, Oliveira Santos tentou "arrancar" o segredo de Lúcia. E como a criança permaneceu calada, perguntou a António "Abóbora": "Vocês, lá na Fátima, acreditam nessas coisas?" A resposta, relatada pelo cunhado, foi: "Não, senhor, tudo isso são histórias de mulheres."

Já Manuel Pedro Marto, que justificara a ausência dos filhos com sua pouca idade e a dificuldade da viagem, respondeu à mesma pergunta: "Sim, senhor, acredito no que eles dizem!"[67] A posição dos pais das crianças parece, de fato, ter sido bem diversa. Enquanto os pais de Lúcia manifestavam dúvidas sobre o que a filha contava, os pais de Francisco e Jacinta, Manuel Pedro Marto e Olímpia de Jesus, pareciam bem mais dispostos a acreditar nos filhos. Fato, aliás, lamentado pelo pároco de Fátima no relatório do inquérito paroquial que iria enviar à diocese de Lisboa e no qual diz:

Não segui um interrogatório tão minucioso e tanto a tempo, com a Jacinta e o Francisco, como era muito meu desejo, e como fiz com a Lúcia, porque o pai demasiadamente crente — senão alucinado — da primeira vez que mandei pedir para a mãe vir com os filhos a minha casa, em vez de vir a mãe ou ele com os filhos, vem ele só, e diz que sim, mos manda, mas que é se eu acreditar e não para abusar. Fiquei surpreendido ao ouvir tais palavras e outras que muito me desanimaram: verdadeira antítese dos pais da Lúcia.[68]

Lúcia voltou para casa no mesmo dia 11, acompanhada do pai e do tio, mas, dois dias depois, na data marcada para novo contato da "Senhora", voltaria a encontrar-se com o administrador do concelho. Dessa vez, Artur de Oliveira Santos deslocou-se até Aljustrel, na expectativa de interrogar as três crianças, mas já com a intenção de mantê-las afastadas do local das "aparições". Pela manhã, apareceu na casa dos Marto e, segundo relatou o pai de Francisco e Jacinta, teria dito que queria ir à Cova da Iria para "ver" o "milagre", oferecendo-se para levar as crianças no carro puxado a cavalos que o conduzira até ali. Ausentes com os animais, as crianças, no entanto, regressaram à casa, mas se recusaram a seguir viagem com o administrador, que lhes disse então que as esperava na casa do pároco, em Fátima, para lhes fazer algumas perguntas.[69]

Na casa de Manuel Marques Ferreira já estavam outros padres quando o administrador chegou, também acompanhado de um padre e do oficial da administração Cândido Alho, "cerca das dez horas da manhã". O pároco de Fátima diz ter ouvido falar, então, pela primeira vez, "no segredo" que a "Senhora" teria dito. Era sobre isso que Oliveira Santos queria que ele questionasse as crianças. "Cerca de meia hora depois apareceram as crianças e os pais", conta o padre. Lúcia, como não podia deixar de ser, foi a primeira (e única) questionada.

Ao interrogar a menina Lúcia sobre quem lhe tinha ensinado a dizer o que tinha dito, responde que foi aquela Senhora que viu na Cova da Iria. Ao dizer-lhe que vai para o inferno quem diz mentiras que causam tanto prejuízo como o que causa o que ela diz — se for mentira, por tanta gente vir enganada — responde que, se quem diz mentiras vai para o inferno, ela que não vai para o inferno por causa disso, porque não diz mentiras, mas só diz o que viu e o que a Senhora lhe disse, e que se o povo vem é porque quer, que ainda não chamou ninguém. Pergunto-lhe se a Senhora lhe tinha dito algum segredo. Responde que sim, mas que mo não diz. Feitas várias interrogações sobre ele, responde: Olhe!... se quer... vou lá acima e pergunto à Senhora se Ela me dá licença para eu dizer o segredo e se Ela me der licença, então digo-lhe.[70]

Artur de Oliveira Santos entende que já chega, faz menção de ir embora, mas insiste em dar carona às crianças até a Cova da Iria. Sem que se saiba bem como (Lúcia dirá que foi por ordem do pai[71]), as crianças acabam, de fato, sentadas no carro, que, pouco depois de se pôr em movimento, muda de direção e se dirige para Vila Nova de Ourém.

As crianças só vão regressar a Fátima dois dias depois, na manhã de 15 de agosto, e até hoje há muitas dúvidas sobre o que aconteceu durante esse período. Em 1923, Maria Rosa contava que "os irmãos de Jacinta foram de bicicleta observar o que se passava em Ourém e vieram dizer que tinham visto as crianças a brincar na varanda do administrador, que as tratava bem". No dia 15, quando os três são devolvidos à casa do padre de Fátima, logo pela manhã, a mãe de Lúcia diz que "as crianças mostraram-se como dantes, contentes e prontas para brincar, dizendo que lhes tinham feito muitas perguntas e que tinha ido um médico examiná-las".[72] Na mesma ocasião, Manuel Pedro Marto relata que o administrador, ao devolver os menores, lhe dissera "que podiam perguntar às crianças se as tinham tratado mal, e que já não queria saber de nada, que elas podiam ir ao local, quantas vezes quisessem".[73]

E tudo poderia ter ficado por isso mesmo, não fosse o fato de Lúcia, quase sete anos depois, quando já estava internada no Asilo de Vilar, no Porto, vivendo entre freiras, ter contado uma história bem diferente (e bastante confusa) aos inquiridores do processo canônico. Assim, no dia 8 de julho de 1924, no interrogatório oficial para o processo canônico, Lúcia conta, sobre a permanência na casa do administrador:

> Interrogou-as, na administração, depois levou-as para casa dele, e fechou-as num quarto todas três, na companhia de dois homens, bem vestidos, que era quase noite quando saíram do quarto e que lhes deu — a mulher do administrador — de comer pão com queijo. Disse o administrador que — se dissessem o segredo — lhes deixava ver o fogo e outras promessas; que foram para a varanda e foi um velhote perguntar-lhes se queriam ir embora, a Lúcia disse que não; que foram para um quarto, sentando-se na cama. Que no dia seguinte uma

senhora de idade as interrogou sobre o segredo e que foram depois para a administração, sendo de novo interrogados, oferecendo dinheiro para lhe dizerem o segredo. Levou-as à cadeia, ameaçando-as de lá as deixar ficar, se não dissessem. Voltaram à administração, e como persistissem em não dizer, ameaçou-as de as mandar fritar em azeite. Mandou-as sair para fora, sentar-se num banco e disse a um sujeito que arranjasse uma caldeira. Chamou a Jacinta, dizendo que era a primeira a ser queimada; a Jacinta foi prontamente, sem se despedir; interrogaram-na e depois a meteram num quarto que parecia ser da cadeia. Depois chamaram o Francisco; que a Jacinta já estava queimada; que se ele não dissesse, teria a mesma sorte; mandaram-no para o mesmo quarto. Chamaram a Lúcia, perguntaram pelo segredo, que os dois já estavam queimados, e que teria a mesma sorte, se não dissesse. Embora pensasse que era certo, não tinha medo. Mandou-a para fora juntar-se aos dois, dizendo-lhe um homem que não tardaria a todos a ser queimados. Perguntando o que resolviam, se preferiam ser queimados, levaram-nos para casa do administrador e lá ficaram aquela noite no mesmo quarto. No dia seguinte, foram à administração, interrogatórios de manhã e de tarde, à noite nesse dia ficaram lá e no outro dia pelas dez horas, de novo à administração, mandou-se sentar no carro e no dia 15 foram para casa, com o administrador a casa do prior, deixando-os na varanda."[74]

Lúcia não só acrescenta uma noite ao período que, efetivamente, os três passaram em Ourém (apesar de situar a partida na data correta, no dia 15), como descreve um cenário de terror que não se adequava à normalidade que aparentavam quando voltaram para casa. Além disso, no mesmo interrogatório, diz que a "aparição" de agosto, nos Valinhos, aconteceria no mesmo dia 15 em que voltou para casa, quando todas as outras testemunhas afirmam — e é essa a versão oficialmente aceita, corroborada até por Lúcia em outras ocasiões — que isso só aconteceu no dia 19. Ela própria, em 5 de janeiro de 1922, já em Vilar, e no que se acredita serem os seus primeiros escritos sobre aquela época, fizera um relato bem menos dramático desses dias, limitando-se a escrever: "E, assim, chegámos a Ourém, fechou-nos dentro dum quarto, prometendo-nos não sairmos dali, enquanto não disséssemos o Segredo que a Senhora nos tinha confiado. E assim se passaram três dias, ameaçando-nos com diversos castigos, e prometendo-nos algumas peças de oiro. Mas nada conseguiram de nós. Então, vieram-nos pôr em casa do Senhor Prior."[75] Além de tudo isso, Maria do Carmo Marques da Cruz Menezes, que em setembro de 1917 recebeu em sua casa, durante oito dias, Lúcia e Jacinta, garantia ter dito às meninas na ocasião: "Ai! Meninas, se vocês se enganam até as fritam em azeite!" Questionada sobre essa afirmação, em 1968, a mulher, já na casa dos 80 anos, confirmou-a, argumentando: "Lá se lhes disseram isso em Vila Nova de Ourém, não afirmo nem desminto. Pode muito bem ter acontecido. O que aconteceu, com certeza, foi eu ter-lho dito. A frase é minha. Tenho a certeza que lha dou eu. Nem as meninas me falaram na cadeia nem eu sabia disso por outro meio."[76]

O certo é que a versão apresentada por Lúcia em 1924 seria dotada de novos pormenores pela própria, em suas Memórias, em 1935, com cenas que envolvem a reza do terço com os presos da cadeia na qual teriam sido atirados, danças que envolviam os mesmos presos e Jacinta, muitas lágrimas da prima e atos de coragem por parte do pequeno Francisco. Nenhum dos irmãos alguma vez fez qualquer referência a maus-tratos em Ourém e, quando Lúcia contou a terrível versão de 1924, ambos já tinham morrido. Mas no ambiente de aberta hostilidade entre a religião e a República que se vivia, a Igreja soube aproveitar essa história, que seria repetida no relatório da comissão canônica, redigido exclusivamente pelo cônego Manuel Nunes Formigão, em 1930. Sebastião Martins dos Reis, um dos autores apologistas de Fátima, que muito haveria de escrever sobre o fenômeno durante o século XX, chega a admitir que "importa não dramatizar esta 'prisão' dos videntes, mas reduzi-la a uma simples detenção; b) as crianças não estiveram na 'cadeia pública' de hoje, então inexistente, mas sim e apenas no rés do chão de três janelas gradeadas, nas traseiras da Câmara Municipal onde era o 'compartimento escuro na parte de (de)trás do edifício, que então fazia de cadeia'". Contudo, o autor não desmente a versão das ameaças com o azeite fervente, relatando: "O administrador, Artur de Oliveira Santos, embora tenha sucumbido ao selvático truque de intimidar as crianças com a caldeira de azeite a ferver, e de que elas ficaram convencidas, não fez de carrasco nem algoz, mas tratou-as afetuosamente em casa, na peugada, aliás, da esposa."[77]

A verdade é que Artur de Oliveira Santos nunca mais se livrou da imagem de torturador dos "videntes" de Fátima. A cada nova obra idolatrando os pequenos pastores, lá vinham à baila as terríveis provações relatadas exclusivamente por Lúcia, e pelas quais ele seria o principal responsável. A situação era tão incômoda que, em 1951, publicaria um artigo no diário *República* intitulado "Em Legítima Defesa", como resposta a um outro, publicado pelo *Diário da Manhã*, com o título "O algoz dos pastorinhos de Fátima". No artigo do diário *República*, o antigo administrador relata:

> Vieram as crianças para minha casa, onde foram recebidas e tratadas como se fossem da minha família, durante dois dias que lá estiveram. Assistiram a uma procissão, que se realizou no dia 13 (…). Brincaram as crianças de Fátima com os meus filhos e outros rapazes durante dois dias, tendo sido visitadas por bastantes pessoas (…). O que é falso, falsíssimo, é eu ter ameaçado ou intimidado as crianças ou terem estas estado presas, incomunicáveis ou sofrerem a mais pequena pressão ou violência (…).

*

Enquanto, em 13 de agosto de 1917, os três primos eram levados para Vila Nova de Ourém, uma multidão de cerca de 5 mil pessoas aguardava sua presença na Cova da Iria. A notícia de que os pequenos tinham sido raptados não tardaria a chegar, inclusive pela boca de Manuel Pedro Marto, que para lá se dirigiu depois de os filhos terem desaparecido no carro do administrador. A descrição do que aconteceu, então, na Cova da Iria, é mais um exemplo das versões distintas e contraditórias contadas pelos presentes.

Manuel Gonçalves Júnior, que já ali tinha estado em julho, relatou que "quando se comentava o rapto das crianças (…) houve um forte e inexplicável estrondo junto à carrasqueira, que atemorizou todo o povo, começando a fugir e a gritar comovidamente — havendo até algumas síncopes — e que junto ao sol se formou uma nuvem com as cores do arco-íris".[79] Joaquim Inácio Vicente, de Santa Catarina da Serra, declararia ao padre de Fátima: "Um pouco depois da hora indicada para as Aparições, quando o povo estava já desanimado e prestes a retirar-se, ouviu duas fortes detonações semelhantes ao estampido de bombas ou tiros vindos do lado da carrasqueira e no mesmo instante vê a grande massa de povo a fugir, fugindo ele também." Depois, o grupo de pessoas voltou para junto da árvore — que, a essa altura, era pouco mais que um minúsculo toco desprovido já dos ramos e folhas que os devotos lhe tinham arrancado — "como que arrastado por uma corrente elétrica". É marcante o cenário que descreve a seguir:

FÁTIMA: MILAGRE OU CONSTRUÇÃO?

> Esta hora foi para todos quantos lá se encontravam uma hora de terror. Uns perderam os sentidos, outros julgaram ser aquele o último dia de sua vida e ser ali o seu dia de Juízo, e para alguns, depois, foi uma maravilha ao verem as admiráveis cores que sucessivamente iam tomando as nuvens que embaciavam os raios solares — cores de encarnado vivo passar a cor-de-rosa e desta a azul — cor de anis, como me foi declarado minutos depois em minha casa por várias pessoas.[80]

Ou seja, a testemunha, aparentemente, não viu as cores, percebendo apenas as "duas detonações" e o pânico que se seguiu. Menos apocalíptica foi a descrição de Joaquim Vieira, 47 anos, de Assentiz, Torres Novas, que sobre esse dia disse ter aparecido "uma nuvenzinha branca que caminhou do Sul para o Norte na direção do Nascente, tomando cores diversas muito lindas". O homem disse ainda que "o sol perdeu o brilho por completo, podendo olhar-se para ele, e mudou de cores".[81]

Quem também não podia faltar em mais um dia 13 na Cova da Iria era Maria da Capelinha, que, curiosamente, sobre os acontecimentos desse dia, relatou: "À hora do meio-dia soube-se que o administrador levou as crianças presas para Vila Nova d'Ourém. O povo ficou pesaroso e indignado. Houve um rumor ao pé da azinheira que causou tão grande susto ao povo, que pareciam estar todos doidos, soltando grandes gritos e julgando que morriam. O povo pouco a pouco foi-se retirando. A depoente não viu nada de extraordinário."[82]

Nas páginas da revista mensal católica *Raio de Luz*, uma mulher não identificada, mas descrita como uma "alma abrasada em amor de Deus", relata que "às duas horas em ponto (...) deu-se um abaixamento rápido da temperatura, sem vento", que causou "uma comoção bem manifesta e espontânea". Depois, acrescenta: "Muita gente, entre ela as minhas criadas, dizia que vira uma nuvem linda mesmo ao pé do sol e que em momentos desapareceu. Eu não vi nada, mas senti uma impressão d'arrepio e uma comoção extraordinária e raros eram os olhos que não choravam ou não estavam marejados de lágrimas pelo menos." Um pouco mais à frente, a autora da carta questiona se o "nevoeiro" que viu envolver o carrasqueiro seria fruto do pó levantado "pelo movimento do povo", e diante de um homenzinho que lhe dizia que "os astros estão-se a pôr tal qual como faz hoje um mês", conclui: "As nuvens diluíam-se e formavam como uma teia muito leve, é certo, mas nada que fosse extraordinário; extraordinária foi a sensação que de repente se sentiu e todos sentiram."[83] Já Manuel Pedro Marto introduz novas variáveis nas visões desse dia, testemunhando que "depois de falar com várias pessoas, ouviu perfeitamente um estrondo seguido de poeira e nevoeiro". E mais: "O povo fugiu. Quase todas as pessoas tiraram os chapéus, gritaram por Nossa Senhora e ficaram muito contentes, dizendo que tinham roubado as crianças, é verdade, mas que Nossa Senhora se tinha manifestado. Viu também um globo luminoso girando nas nuvens."[84]

Menos sorte teve o futuro sacerdote Joel de Deus Magno, que, acompanhado por vários companheiros do seminário, também passou pela Cova da Iria. Em uma carta enviada ao cônego Francisco Maria Félix, contaria ele que, sabendo do rapto das crianças, o povo ficara "indignadíssimo" e "como já eram quase três horas", ele decidiu deslocar-se a Fátima, para se inteirar melhor do que tinha acontecido. Pouco depois viu-se rodeado dos que tinham permanecido na Cova da Iria e que voltavam, então, a Fátima, contando-lhe "que ouviram um trovão e toda a gente fugira" e que, depois, "viram descer uma nuvem, azul e branca, que levemente se levantara e desaparecera". Havia outros que garantiam ter visto "um relâmpago e havia uma mulherzinha que com as lágrimas nos olhos dizia, convencidíssima, que vira N. Senhora; enfim, todos ficaram satisfeitos (...)". O seminarista termina seu relato com a curiosa conclusão:

> Em tudo isto, porém, parece que teve grande influência no povo o ditado certíssimo — *quod volumus facile credimus*[85] (o que não quer dizer que me atreva a negar porque não estava lá e disso tenho bem pena), [porque] algumas pessoas instruídas e ponderadas, como Mário Mourão, o Poças e outras de cá me disseram que não houve prova suficiente de sobrenaturalidade e isto... para não dizerem que nada tinham visto, o que eu ouvi também a outras pessoas.[86]

A ausência das crianças nesse dia 13, e a notícia de que elas teriam sido levadas da casa do padre, causou sérios constrangimentos ao padre Manuel Marques Ferreira. O povo, indignado, acusou-o de ter participado da farsa que levara ao rapto, e ele se viu forçado a assumir, pela primeira vez, uma posição pública em relação ao caso. No dia 14, escreve uma carta que será publicada nos católicos *O Mensageiro*, de Leiria (em 22 de agosto), e *A*

FÁTIMA: MILAGRE OU CONSTRUÇÃO?

Ordem, de Lisboa (no dia 25), na qual anuncia: "(...) venho repelir tão injusta como insidiosa calúnia, bradando ao mundo inteiro que não tomei parte, por mínima que fosse, quer direta quer indiretamente em tão odioso e sacrílego ato. O administrador não me confiou o segredo das suas intenções."

O documento é extremamente interessante, já que lança novas luzes sobre a posição do pároco em relação às "aparições". Manuel Marques Ferreira nunca teria ido à Cova da Iria durante todo o ano de 1917, e teria mesmo manifestado abertamente muitas dúvidas a respeito da veracidade das palavras das crianças — argumentando-se até que teria abandonado a freguesia, pouco depois, por causa desse fato —, mas, nas entrelinhas da carta que enviou aos jornais, parece descobrir-se mais uma vontade de acreditar nos fatos do que de duvidar deles. "Às obras de Deus ninguém pode pôr entraves. Não foram necessárias, dizem milhares de testemunhas, as crianças para revelar o segredo da Rainha dos Campos; são elas mesmas a atestar os factos extraordinários e os fenómenos de que deram fé e que mais e mais arreigaram essa crença", escreve o padre, para logo continuar:

> A Virgem Mãe não precisa da presença do pároco para mostrar a sua bondade e é necessário que os inimigos da religião não possam deslustrar o brilho da Sua Benevolência atribuindo a crença dos povos à presença ou conselho do pároco, porque a fé é um Dom de Deus e não dos padres; — eis o motivo verdadeiro da minha ausência e aparente indiferença em tão sublime e maravilhoso assunto (...).[87]

Quando o documento é publicado, as crianças já tinham voltado para casa e já se consumara a quarta "aparição", dessa vez a 19 de agosto e em um local conhecido como Valinhos, confirmando a atipicidade desse mês no historial de Fátima. De fato, nem os protagonistas iniciais da história são os mesmos, já que Jacinta não tinha acompanhado a prima e o irmão, para que a mãe cuidasse "da limpeza da cabeça",[88] sendo substituída por outro irmão, João.

Olímpia de Jesus, no interrogatório de 1923 para o processo canônico, contou, sobre esse dia, segundo o relator de seu depoimento:

> O dia 19 era um domingo. A Lúcia andou a guardar o gado em companhia dos primos, Francisco e João, ao pé dos Valinhos. Tinham vindo pouco antes da

Missa. A Jacinta ficou em casa para a mãe lhe tratar da limpeza da cabeça, indo o irmão João com as ovelhas em vez dela. Passado um bocado o João apareceu em casa em procura da Jacinta, dizendo que a Lúcia o tinha mandado ir lá para a levar. A mãe perguntou: "Então para que querem lá a Jacinta? Ainda te parecem poucos os que lá andam para a brincadeira?" O João explicou então: "A Lúcia deu-me um vintém para a vir chamar e que não dissesse à minha mãe para o que era." A mãe agarrou no João e disse: "Ou tu me hás de dizer para que é ou também não te deixo ir a ti." Então o pequeno declarou que a Lúcia lhe dissera que já via os sinais no Céu, que Nossa Senhora também aparecia nesse dia e que queria que a Jacinta também lá estivesse. A mãe disse ao João: "Vai chamar a Jacinta que está na casa da madrinha e venham por aqui." A mãe fez essa recomendação porque queria ir com os filhos para ver o que diriam ou fariam. Mas eles foram por outro caminho. Como tardassem, foi à sua procura, a casa da madrinha, onde perguntou pelo seu paradeiro. A madrinha respondeu: "O João esteve aí, disse uma espécie de segredo à Jacinta e abalaram a correr por a serventia da estrada dos talhos acima, direitos aos Valinhos." Olímpia de Jesus, que desejava ir ter com eles, esperou um bocado e por fim pôs-se a caminho. Mas então já vinham de regresso a casa o Francisco e a Jacinta, dizendo que Nossa Senhora tinha tornado a aparecer, mas que o João não a tinha visto. Quando o João veio à noite, a mãe perguntou se tinha visto alguma coisa. Ele respondeu que viu a Lúcia, o Francisco e a Jacinta de joelhos ao pé da azinheira, ouviu a Lúcia falar e quando a Lúcia disse: — "Ela já lá vai, ó Jacinta" — ouviu uma rugida como um foguete, mas não viu nada. E anunciava que até lhe doía os olhos de olhar para o ar. Contava então 12 anos de idade.[89]

Essas peripécias para que Jacinta estivesse, de novo, presente no momento da nova "aparição" não foram transmitidas por Lúcia ao padre Manuel Marques Ferreira quando este a questionou em 21 de agosto. Pelo menos o padre limitou-se a registar, nos apontamentos do interrogatório: "Disse Lúcia que viu N. Senhora no domingo a seguir ao dia 13 no sítio dos Valinhos; primeiro viu os ares como costumavam aparecer; viu vir Nossa Senhora do lado do Nascente, depois pousou em cima da carrasqueira."[90] Desta vez, a "Senhora" teria dito à pequena: "Quero dizer-te que voltes lá à Cova da Iria; se não tivessem abalado contigo para a Aldeia seria o Milagre mais conhecido; havia de vir S. José com o Menino Jesus dar a

FÁTIMA: MILAGRE OU CONSTRUÇÃO?

paz ao mundo e havia de vir Nosso Senhor benzer o povo, vinha Nossa Senhora do Rosário com um anjo de cada lado e Nossa Senhora com um arco de flores à roda." Lúcia perguntou ainda — atendendo a um pedido previamente feito por Maria da Capelinha — o que devia fazer com o dinheiro das esmolas deixado na Cova da Iria, obtendo como resposta: "Daquele dinheiro façam dois andorzinhos pequeninos; um leva-o tu mais três meninas como tu e vão de branco; e outro leva-o o Francisco e mais três meninos como ele; levem uma capa branca, levem-no à Senhora do Rosário e apliquem-no a ela. Depois abalou pelo ar acima e eu disse adeus." Lúcia teria dito ainda que "da primeira ou segunda vez" que vira a "Senhora" lhe perguntara quem era, adiando esta uma resposta para o último dia.[91]

Nesses apontamentos, o padre não faz qualquer referência ao fato de Lúcia lhe contar que a "Senhora" tinha ensinado às crianças uma oração, mas essa nova *nuance* será introduzida com os interrogatórios posteriores do padre Manuel Nunes Formigão, e consta já do relatório do inquérito paroquial, redigido em 1918, no qual o padre de Fátima escreve, sobre o relato de Lúcia de agosto: "Disse também que da segunda ou terceira vez que lhe apareceu, lhe ensinou a oração que costuma rezar, entre os mistérios do terço quando o reza, na Cova da Iria. — A oração é: Ó meu Jesus, perdoai-nos e livrai-nos do fogo do inferno; levai as alminhas todas para o Céu, principalmente aquelas que mais dele precisarem."

Tudo é curioso nos casos de agosto, como apontaram diversos autores críticos de Fátima. Em primeiro lugar é estranho que, como argumentaram as testemunhas, a "Senhora" tenha aparecido na Cova da Iria em 13 de agosto — sendo um ser divino, não sabia que as crianças não estavam lá? Aparentemente, não teve qualquer dificuldade em encontrá-las em Valinhos no dia 19... Depois, todo o compasso de espera entre "os sinais do céu" e a chegada de Jacinta ao novo local da "aparição" também é atípico e, por fim, é bastante curiosa a linguagem empregada nas declarações relatadas, ao referir-se a Vila Nova de Ourém como a "Aldeia" (termo que os locais usavam para se referir à sede do concelho), toda a iconografia sugerida em torno de quem poderia ter aparecido em 13 de agosto e a própria referência a diferentes "Nossas Senhoras", como se não fosse sempre a mesma. Um dos autores que realçou essas incongruências — nesse e em outros momentos das "aparições" — foi Aurélio Lopes, argumentando:

1917

A linguagem da Senhora, expressa através de um discurso repetitivo e pouco extenso, é semelhante àquela que se esperaria se a mesma fosse uma criação dos videntes: leia-se de Lúcia. Discurso simples ou simplório (apesar de, com certeza, já algo burilado), linguagem boçal, temáticas prosaicas e repetitivas (pode dizer-se que a mesma apresenta uma confrangedora falta de assunto), referência às diferentes entidades marianas como se tratassem de entidades distintas entre si e exteriores a si própria e utilização de termos e expressões populares de uso local, tais como o já referido, "arco de flores à rodas", "esse ainda há de rezar as contas dele", "o meu lugar é do céu" ou, principalmente, "se não tivessem abalado contigo para a aldeia", onde, para além do ostensivo e recorrente ignorar dos outros dois videntes, se destaca a terminologia aldeia, denominação popular local para Vila Nova de Ourém, sede do concelho.[92]

Diante dos acontecimentos de agosto, a imprensa republicana continua seu duro ataque às "aparições", classificando-as de "burla dos milagres",[93] "crendice" e "fanatismo beatificador",[94] "um novo conto do vigário"[95] ou "o fanatismo em ação".[96] Em contraponto, os jornais católicos, além da publicação da carta do padre Manuel Marques Ferreira, limitam-se a um título cauteloso em *O Mensageiro* ("Aparição Miraculosa?"), com a referência "não devemos emitir o nosso juízo nem anteciparmo-nos à autoridade competente" e a introdução de uma outra carta, supostamente de uma testemunha dos fenômenos de 13 de agosto, que se apresenta como João Pereira Novo e que descreve "um relâmpago sobre o altar" que causou "um redemoinho que cobriu mais de 300 pessoas de terra", e fala no surgimento de "arcos e grinaldas no céu ao lado sul, com flores de todas as cores". O homem admite: "De tanto que queria ver, vi pouco",[97] mas entre as acusações de jornais de Lisboa, que constantemente chamam ao povo ignorante e alvo de manipulação, e a aparente cautela dos jornais católicos, que, habilmente, vão introduzindo esses "testemunhos", não é difícil perceber quem acabaria por ter o discurso mais apelativo, sobretudo em um tempo de crise profunda, quando a possibilidade de um milagre redentor era mais do que bem-vista.

Em Lisboa, o caso chega ao Senado pela voz de Tomás da Fonseca — que será um dos mais fortes críticos de Fátima —, que se refere às "aparições" como "fantochadas (…), obra das catequeses e dos confessionários, onde se estão formando os mais pertinazes inimigos da República e da sua obra internacional. (...) É a propaganda feita nas trevas e contra a qual não temos armas, nós que lutamos à luz do sol, nas escolas, nos comícios públicos ou na tribuna parlamentar (...)."[98]

Setembro

A *Semana Alcobacense* não espera pela anunciada "aparição" de 13 de setembro para voltar a atacar o "fanatismo" de Fátima. Em artigo irônico publicado logo no dia 2 desse mês, ridiculariza a carta de João Pereira Novo, publicada por *O Mensageiro*, e fecha o texto sentenciando que ela demonstra "quanta necessidade e urgência há de por todas as formas esse mal [o fanatismo religioso] combater, hoje que a reação por todos os modos também vai estendendo os seus negros tentáculos neles pretendendo envolver e asfixiar toda a sociedade portuguesa".[99] No próprio dia 13, é a vez de *O Debate* divulgar, também de forma irônica, os acontecimentos de Fátima, com um artigo intitulado "Hoje, dia 13, Vem aí Nossa Senhora...", descrevendo a "auspiciosa digressão mensal do céu à terra" anunciada e brincando com o número de respostas que a "visão" certamente trará — desde a justificação para os "milhões de lares onde a pura inocência agoniza de fome" até o porquê de existirem "feras humanas, que cometem a monstruosidade horrorosa de privarem da luz dos olhos, pequeninos entes, para com o martírio crudelíssimo da sua cegueira negociarem a mais infame ociosidade".[100]

À margem de todas essas críticas, milhares de pessoas continuam a dirigir-se a Aljustrel e à Cova da Iria. As testemunhas presentes no momento da "aparição" desse mês chegavam, segundo os relatos da época, a 50.000. As crianças são constantemente assediadas por perguntas, por pessoas que invadem suas casas em busca de benesses e respostas, mas começam também a ter o privilégio de conhecer outras casas e passar temporadas fora da aldeia. Nesse mês chega à Cova da Iria aquela que viria a ser uma das figuras mais decisivas na manutenção e no desenvolvimento das "aparições" de Fátima: o padre (mais tarde cônego) Manuel Nunes Formigão. Mas não é ele a única personagem importante do processo a entrar em cena.

Logo no início do mês, em 7 de setembro, o advogado Carlos de Azevedo Mendes, natural de Soudos, em Torres Novas, aparece em Aljustrel querendo conhecer as crianças. No dia seguinte, escreve à noiva, Maria dos Prazeres

Lucas Courinha, contando as impressões com que ficou. Sobre Jacinta diz ser "muito envergonhadita", garantindo: "com dificuldade ouvíamos o pouco que falava em resposta às minhas perguntas". O motivo, ele próprio o apresenta: "Faltava-lhe a sua Lúcia. Não estava bem!..." Mas eis que chega a protagonista das "aparições" e tudo muda: "Pouco depois chega a Lúcia. Não imaginas a alegria da Jacinta, quando a viu!... Toda ela riu, correu para ela e nunca mais a largou!... Era um quadro lindo."[101] É também nesse documento que surge uma das referências pouco abonadoras ao pai de Lúcia, quando, citando Olímpia de Jesus, que era irmã dele, Mendes transcreve, referindo-se ao estado de espírito da mulher: "Ainda se nós fôssemos merecedores!... (...) Mas calcule que até o meu irmão não se importa com a Igreja e é um homem de vinho!"[102]

O advogado de 39 anos — que fora presidente do Centro Acadêmico de Democracia Cristã da Universidade de Coimbra e seria, mais tarde, responsável pelos Servitas de Nossa Senhora de Fátima[103] — volta à Cova da Iria em 13 de setembro, mas sai desapontado desse primeiro contato com as "aparições", conforme se depreende de uma carta que escreve a um irmão: "Procurei ir para junto das crianças e isso consegui. O sol era abrasador, suava a bom suar, mas não arredei pé. A hora passou, as crianças disseram que tinham visto a visão e eu... nada vi nem senti!... Fiquei desanimado e naquela altura quase classifiquei tudo de intrujice!"[104] O mesmo vai repetir, posteriormente, em um testemunho pessoal citado na *Documentação Crítica de Fátima* e ao qual é atribuída a data de 13 de setembro de 1927: "E eu... nada vira, nem ouvira!... Peguei na Lúcia ao colo e às perguntas, que de toda a parte choviam, ela, chorando, respondia com um todo alvar e parvo — 'deixem-me, deixem-me...' — Confesso que senti cair por terra todo o meu entusiasmo... A atitude de Lúcia foi um autêntico balde de água fria... Retirei sem vontade de voltar..."[105]

Desapontamento idêntico sente o padre e professor do Liceu Sá da Bandeira, em Santarém, Manuel Nunes Formigão. O dia 13 de setembro é o primeiro em que se desloca até as terras de Fátima, ainda a título pessoal, e volta dessa viagem "totalmente decepcionado".[106] Também Manuel Pereira Crespo da Costa Brites, de Martinela, em Leiria, escreveu em seus apontamentos pessoais, sobre o dia 13 de setembro: "Nesse dia foi daqui muita gente à Fátima para ver o milagre da aparição de N. Senhora, mas ninguém viu nada (...)"[107] Ouvido no âmbito do processo canônico, Manuel António de Paula, de Boleiros, também reconheceu "que não viu senão muito povo, que muitos calculam em cinquenta mil pessoas". E isso apesar de ter estado "mais ou menos à distância de sete metros das crianças". O homem afirmou que "houve pessoas que disseram ter visto uma estrela", enquanto outros "lastimaram-se por não ter visto nada".[108] Postura idêntica assumiu Manuel Pedro Marto, o pai de Jacinta e Francisco, que declarou no mesmo inquérito: "Não viu nada, nem ouviu nada, mas ouviu dizer que algumas pessoas tinham visto coisas extraordinárias na atmosfera."[109]

Mas é claro que, em matéria de aparições — e sobretudo no caso de Fátima —, não há dois testemunhos iguais, e se há muitos que nada viram, saindo do local decepcionados, não faltou quem tenha visto muita coisa. Nesse dia está de volta o futuro médico José Pereira Gens, disposto a dar mais uma chance à versão dos pastorinhos. E as maravilhas não tardaram.

> Estava um dia lindo de sol; porém, como eu notara já em julho, o seu brilho começou a diminuir sensivelmente, de tal modo que toda a gente pôde, à vontade, perscrutar o firmamento. Notei que muitas pessoas levantavam o braço e, apontando para o alto, diziam: "Lá vem... lá vem..." Rapidamente aquele vozear se transformou em grande alarido, porque toda a gente olhava e quase todos declaravam ver. Eu venci a curiosidade e não quis olhar: a luz do Sol enfraqueceu muito, é verdade; mesmo assim eu temia ser vítima duma ilusão ótica e preferi conservar-me estranho.

No entanto, a curiosidade acabou por vencê-lo diante do entusiasmo que o rodeava. "Confesso que nessa altura não resisti, levantei os olhos e, na direção apontada, vi distintamente um objeto luminoso que se afastava para o Oriente. Os meus olhos não viram um globo luminoso, mas um objeto mais alto do que largo, luminoso de facto, deslocando-se serenamente e com certa rapidez, até que, de todo, o perdi de vista, no horizonte." O jovem estudante confessa: "Voltei, pois, para casa, mais impressionado do que da primeira vez."[110]

De volta está também o seminarista Joel de Deus Magno, que um mês antes empregava o curioso ditado latino, indicando reservas sérias sobre o que lhe contara o povo acerca dos fenómenos de agosto. Agora — conforme conta em nova carta enviada ao cônego Francisco Maria Félix — regressa com uma máquina fotográfica e vai primeiro a Aljustrel, onde fotografa e conversa com as crianças, ficando "positivamente encantado" com a "simplicidade angélica e aquela absoluta despreocupação que elas manifestam". "Parecem adultos na forma de se exprimir", escreve ele. Passou ainda pela casa do padre Manuel Marques Ferreira, antes de ir para a Cova da Iria, onde, apesar de continuar sem ver nada, descreve o que outros lhe contam:

> Foi nesse momento que muitas pessoas viram uma oval, de cor viva e brilhante, com a parte mais larga voltada para baixo, descrever uma comprida linha reta no firmamento. Algumas pessoas viram esse fenómeno por mais, outras por menos tempo. Eu não o vi e tenho pena disso. O Snr. Dr. Figueiredo e muitas pessoas daqui viram. Há algumas pessoas e seríssimas daqui que viram uma espécie de flores que vinham de cima mas que não tocavam no chão. — A atmosfera tomou uma cor amarelada, talvez por causa do obscurecimento do sol. — O que se passou neste rápido quarto de hora nunca se esquece e também não é fácil de descrever (...).[111]

O referido "Snr. Dr. Figueiredo", que é o padre António Maria de Figueiredo, professor do Seminário Patriarcal de Santarém, e que estaria na mesma comitiva do dr. Formigão, ficou tão impressionado com o que viu que, deixando a Cova da Iria, passou "de propósito" pela casa do pároco de Fátima, para lhe contar que "viu estrelas numa região inferior à região estelar".[112]

A experiência do seminarista Deus Magno parece bastante similar à de José Alves, de 58 anos e natural de Santa Catarina da Serra, que, ouvido no processo diocesano, relatou: "Quase todos os meses José Alves foi lá no dia 13 depois de maio e não viu nada, só ouvia dizer aos outros que viam coisas no céu. Não ouviu o estrondo de agosto. Ouvia dizer muitas vezes que aparecia um fumozinho. Nunca lhe apeteceu tirar o chapéu, mas agora nunca se atreve a passar por lá sem tirar o chapéu e sem rezar algumas ave-marias."[113]

O futuro jornalista e escritor João Aires de Campos (que sob o pseudônimo João Ameal iria coordenar a obra *Fátima, altar do mundo*) tinha 15 anos naquele mês de setembro de 1917 e foi um dos que disse ter visto algo nessa visita à Cova da Iria.

> Não dei por nada junto do local mas, após a aparição, não posso indicar o momento preciso, olho para o céu, talvez porque alguém a isso me convidasse,

FÁTIMA: MILAGRE OU CONSTRUÇÃO?

e vejo à distância aparente de um metro do sol um como globo luminoso que em breve começou a descer em direção ao poente e, da linha do horizonte, voltou a subir em direção ao Sol. (...) Todos os presentes puderam ver o mesmo globo à exceção de um meu condiscípulo hoje sacerdote também, natural de Torres Novas. (...) Antes ou depois, mas decerto no mesmo dia, começamos eu e outros, não sei se todos os presentes, a ver uma queda de pétalas de rosas ou flores de neve que vinham do alto e desapareciam um pouco acima das nossas cabeças, sem que lhes pudéssemos tocar. Eu não vi mais nada. Mas isso bastou para nos encher de consolação e partirmos com a certeza íntima, uma como intuição, de que estava ali o dedo de Deus.[114]

O "globo luminoso", que alguns viram e outros tantos não, seria também descrito por dois padres de um grupo de três — o terceiro, por mais que com ele insistissem, não viu nada. Já os outros dois, identificados como padres Quaresma e Góis, referiram-se à visão como "aeroplano de luz", ficando com a impressão "de que esse globo de luz serviu como de 'veículo' à Mãe de Deus para A trazer do Céu à Cova da Iria e a levar de regresso ao Paraíso", garantia o cônego C. Barthas.[115]

O padre Quaresma, que fora à Cova da Iria incógnito com os outros dois, viria a ser monsenhor João Quaresma, futuro vigário-geral da diocese de Leiria e membro da futura Comissão Canônica que irá "investigar" o caso de Fátima. Em uma carta que enviou, em 1932, ao monsenhor Manuel do Carmo Góis (o padre Góis que o acompanhara na visita à Cova da Iria, 15 anos antes), recorda a visão que tiveram:

Com grande admiração minha vejo clara e distintamente um globo luminoso que se movia do Nascente para o Poente, deslizando lento e majestoso através do espaço. O meu amigo olhou também e teve a felicidade de gozar da mesma inesperada e encantadora aparição... quando, de repente, o globo com a sua luz extraordinária se sumiu aos nossos olhos. Perto de nós estava uma pequenita vestida como a Lúcia e pouco mais ou menos da mesma idade. Cheia de alegria continuava a gritar: "— Ainda a vejo... ainda a vejo... agora desce para baixo!" Passados minutos, exatamente o tempo que costumavam durar as aparições, começou a criança de novo a exclamar, apontando para o Céu: "— Lá sobe ela outra vez!" — e continuou seguindo o globo com os olhos até que desapareceu na direção do sol. "— Que pensas daquele globo?" — perguntei ao meu amigo, que se mostrava entusiasmado por quanto tínhamos visto. "— Que era Nossa Senhora" — respondeu sem hesitar. Era também a minha convicção. Os pastorinhos contemplaram a própria Mãe de Deus; a nós fora-nos concedida a graça de ver o carro que a tinha transportado do Céu à charneca inóspita da Serra d'Aire.[116]

Quase tão extraordinária quanto o clérigo que defende que Nossa Senhora precisava de um meio de transporte é a descrição que Gilberto dos Santos faz da sua visita à Cova da Iria em 13 de setembro. O comerciante, que será o responsável por mandar esculpir a primeira imagem de Nossa Senhora de Fátima, relata:

> Enquanto os três pastorinhos se encontravam piedosamente ajoelhados, olhando para a Aparição, vi que eles e a pequena azinheira estavam dentro dum círculo luminoso-colorido-transparente, de cores semelhantes às do arco-íris (não cores em faixas como no arco-íris, mas num amálgama de cores, em que os tons se misturavam) no círculo que era o termo duma estrada de luz-colorida vinda do céu — vinda de entre o sol e o Nascente.

Perante tão maravilhosa visão, o homem diz ter ficado "surpreendido" ao ouvir as pessoas à sua volta comentarem "que nada tinham visto".[117]

Enquanto os presentes se maravilhavam com o que viam ou se decepcionavam com o que não viam, Lúcia garantia ter mantido mais um diálogo com a "Senhora". De volta à casa do padre Manuel Marques Ferreira, no dia 15 de setembro, transmitiu-lhe o que a "aparição" lhe disse: "Quero dizer-te que continues a rezar sempre o terço à Senhora do Rosário, que abrande ela a guerra, que a guerra está para acabar; para o último dia há de vir S. José dar a paz ao mundo e Nosso Senhor dar a bênção ao povo; que venhas cá para o dia 13 d'outubro." A criança pede-lhe então por várias pessoas, obtendo como resposta: "Melhoro alguns, outros não porque Nosso Senhor não quer crer neles." A conversa termina de forma curiosa, com Lúcia dizendo que "o povo gostava aqui duma capelinha". Ao contrário da descrição de outras "aparições" conhecidas, nas quais é a "visão" que pede a construção de uma capelinha, a "Senhora" de Lúcia parece pouco preocupada com isso. "Metade do dinheiro que juntaram até hoje façam os andores e deem-nos à Senhora do Rosário; a outra metade seja para ajuda da capelinha", foi a resposta que o pároco transcreveu. A menina ainda teria oferecido à "Senhora" "duas cartas e um vidro com água de cheiro", mas foi rejeitada. "Isso não é conveniente lá para o céu",[118] disse ter obtido como resposta.

Logo depois desse interrogatório, Lúcia e Jacinta partem para uma temporada de oito dias na casa de Maria do Carmo Marques da Cruz Menezes, na Reixida, a cerca de 15 quilômetros de Aljustrel. Francisco não as acompanhou pois os pais não podiam prescindir de sua ajuda nas tarefas do campo. O marido de Maria do Carmo tinha estado na Cova da Iria em 13 de setembro, a pedido desta, e tinha visto "umas bolas brancas que caíam do Céu e, cá em baixo, desapareciam".[119] E a mulher, entusiasmada com tudo o que se contava, e mesmo sem conhecer as famílias das três crianças, convidou-as para sua casa — sem data de regresso a Aljustrel definida —, usando como intermediário um afilhado que conhecia Manuel Pedro Marto. Os pais das meninas não devem ter se dado conta de que a estadia seria tão prolongada, pois, como relatou, posteriormente, a própria Maria do Carmo, a visita terminou abruptamente, por ordem de Maria Rosa e Olímpia de Jesus. "Em certa altura, elas mandaram-me recado para que as filhas voltassem pois que eram delas e não minhas. Diante disto, claro está, seguiram logo."[120]

Enquanto estiveram na Reixida, Lúcia e Jacinta receberam a visita de várias pessoas que queriam vê-las e perguntar sobre as "aparições", mas receberam também presentes (uma saia, uma blusa, um lenço e um avental cada uma), foram de novo fotografadas e brincaram bastante. "Eram crianças como todas as da sua igualha",[121] garante a mulher que as recebeu. No momento dos interrogatórios, contudo, Jacinta, como de costume, fechava-se. "Nunca via a Jacinta dar qualquer resposta sobre o que presenciaram desde a primeira aparição, a não ser quando alguém se dirigia a ela, para que falasse. Dizia sempre pouco e arrumava o encargo de falar para as costas da prima porque, afirmava: 'Ela lembra-se melhor'",[122] contou Maria do Carmo.

Uma das pessoas que se deslocou até a Reixida para falar com as videntes foi o pároco de Cortes, António dos Santos Alves, que em seus apontamentos escreveu que as meninas lhe descreveram como a "Senhora", depois da primeira "aparição", "começou a desaparecer lentamente pela cabeça e assim sucessivamente todo o corpo até aos pés que foi a última coisa a desaparecer".[123] É também esse o primeiro documento escrito em que aparece a história (que será depois repetida, com algumas alterações, inclusive nas Memórias de Lúcia) das ovelhas que, tendo fugido para um campo de ervilhas enquanto as crianças rezavam o terço, não estragaram nada, deixando os legumes intactos.[124]

Chega o Dr. Formigão

Pouco depois de as crianças voltarem para casa, aparece na aldeia o dr. Manuel Nunes Formigão, para interrogá-las. Depois da visita espontânea à Cova da Iria, o professor e padre volta agora "a pedido" do arcebispo de Mitilene, d. João Evangelista, que, mediante o afastamento da diocese de Lisboa de d. António Mendes Belo, governava interinamente o patriarcado. O trabalho que o dr. Formigão se propunha a fazer, "embora sem carácter estritamente oficial", era o de "ir apontando, quanto possível, tudo o que se passasse digno de registo em Fátima",[125] contaria ele em uma carta de 12 de setembro de 1920 ao recém-nomeado bispo de Leiria, d. José Alves Correia da Silva.

Com apenas 34 anos na época das aparições, esse padre profundamente devoto de Nossa Senhora de Lourdes e um feroz "propagandista" da Igreja contra os republicanos, vai desempenhar um papel primordial em Fátima. Em primeiro lugar, com a descida das saias da "aparição" — o primeiro problema com o qual é confrontado. Mais tarde, sob os pseudônimos de Visconde de Montelo e Mira Ceti, ele vai alimentar o mundo maravilhoso de Fátima, mantendo vivo na memória das pessoas o que se passara em 1917, escrevendo profusamente em jornais e revistas e publicando vários livros. É também ele, sozinho, quem vai redigir o relatório da Comissão Canônica Diocesana nomeada para investigar o caso, e será pelas suas mãos que passará parte do futuro de Jacinta e de Lúcia.

Em 1917, o dr. Formigão já visitara Lourdes mais de uma vez, e como contará, posteriormente, em uma carta ao cardeal Manuel Cerejeira — amigo pessoal de António de Oliveira Salazar, dos tempos do Centro Acadêmico de Democracia Cristã, de Coimbra, que, a partir do momento em que assume o patriarcado de Lisboa, irá elevar Fátima ao principal centro de religiosidade do país —, ficou "profundamente impressionado" ao ouvir, em uma dessas visitas, em 1909, o bispo de Valence "afirmar num sermão que a recristianização da França era o fruto das peregrinações diocesanas à cidade Imaculada". Nesse mesmo dia — a República em Portugal e a

FÁTIMA: MILAGRE OU CONSTRUÇÃO?

consequente guerra religiosa que se seguiu, ainda nem tinha sido instaurada — foi prostrar-se "aos pés de Nossa Senhora de Lourdes na gruta e pedir-lhe a graça de ser um dos mais ardorosos propagandistas do seu culto em Portugal". Ali mesmo, conta no mesmo documento, lhe fez a promessa "de consagrar toda a vida a essa doce tarefa". Mas eis que Fátima se intrometeu e, certamente recordado o discurso do bispo de Valence, o padre Manuel Nunes Formigão, já um experimentado propagandista, percebeu rapidamente que estava ali o caminho para a "recristianização" de Portugal. Ele próprio o confessa na carta ao cardeal Cerejeira, dizendo que, convencido da "sinceridade dos videntes", percebeu qual era o seu dever: "Substituir a posição de Lourdes pela posição de Fátima. Tinha como certo ser esse o desejo de Nossa Senhora."[126]

Manuel Nunes Formigão chega a Vila Nova de Ourém em 27 de setembro de 1917, no trem que ali para pelas 15h. Em seguida parte para Fátima, em busca do padre Manuel Marques Ferreira, mas não o encontra em casa, optando, então, por seguir de imediato para Aljustrel. Ali, dizem-lhe que Jacinta e Francisco não estão em casa, encaminhando-se o professor para a casa de Lúcia, onde é recebido por Maria Rosa. A criança também está ausente, em umas vinhas a cerca de 2 quilômetros, onde ajuda na vindima, mas a mãe manda chamá-la e, enquanto ela não chega, os primos acabam por aparecer.

É com eles que o dr. Formigão fala primeiro. Jacinta, diz ele, "surpreendida com a presença de pessoas estranhas que me tinham acompanhado, e que não esperava encontrar, a princípio mostra um grande embaraço, respondendo por monossílabos e num tom de voz quase imperceptível". Francisco, interrogado separadamente, apresenta-se com "um certo desembaraço". Já sobre Lúcia, que chega "meia hora depois de terminado o interrogatório" dos primos, o padre escreveu: "Apresenta-se diante de mim com um desembaraço que contrasta singularmente com o acanhamento e a timidez excessiva da Jacinta." Seu rosto, relata ainda, "não traduz nenhum sentimento de vaidade nem de confusão."[127]

No geral, as três crianças repetem o que já haviam dito ao padre Manuel Marques Ferreira, com pequenas contradições. Francisco e Jacinta dizem que viam a "Senhora" vir "do lado do sol", enquanto Lúcia, questionada sobre se a figura se apresenta do lado nascente, responde: "Não sei; não a vejo vir de parte alguma; aparece sobre a carrasqueira, quando se retira é que toma a direção donde nasce o sol." Sobre as vestes da "aparição",

Francisco diz: "Tem um vestido comprido e por cima um manto que lhe cobre a cabeça e desce até à extremidade do vestido." O rapaz fala ainda sobre as cores da indumentária: "É branca, tendo o vestido riscos dourados." E quanto a brincos, não os vê: "As orelhas não se veem porque estão cobertas com o manto", garante. Jacinta também diz que "não se lhe veem as orelhas", nem os cabelos, e sobre as vestes, descreve: "Tem um vestido branco, enfeitado a ouro, e na cabeça tem um manto, também branco. Em volta da cintura há uma fita doirada que desce até à orla do vestido." A menina diz que a mulher "não usa botas nem sapatos" e, quanto a meias, tem dúvidas: "Parece que tem meias, mas talvez os pés sejam tão brancos que pareçam trazer meias calçadas", diz. Sobre a mensagem que a "Senhora" lhes teria transmitido nas cinco vezes em que falara com os três, há só uma coisa que Jacinta destaca: "Mandou que rezássemos o terço todos os dias."

O interrogatório de Lúcia é muito mais minucioso, e o dr. Formigão introduz perguntas curiosas, nunca antes mencionadas pelos primos ao pároco de Fátima nem sequer referenciadas em qualquer outro documento conhecido até a época. É aí que surge, pela primeira vez, a referência à oração que a "Senhora" teria ensinado às crianças — e que Lúcia confirma, apesar de poucos dias antes não ter falado nela ao pároco de Fátima (é também o professor de Santarém que introduz a temática de outras visões que Lúcia teria tido antes de 1917) — e que seria amplamente explorada décadas depois. "Diz-se que a Senhora te apareceu também o ano passado. Que há de verdade a este respeito?", pergunta o dr. Formigão à criança, que lhe responde: "O ano passado nunca me apareceu, nem antes de maio deste ano; nem eu disse isso a pessoa alguma porque não era exato." E sobre o "anjo" que constituiria essa visão anterior, segundo o que Lúcia há de descrever anos depois detalhadamente, a menina não diz, nessa ocasião, nem uma palavra.

Nesse interrogatório, Lúcia confessa que ficou assustada quando viu a "Senhora" pela primeira vez — "tanto assim que quis fugir, com a Jacinta e o Francisco", disse — e manteve, na essência, a descrição que fizera nos interrogatórios anteriores. Ou seja, a "Senhora" tinha "umas argolas pequenas e de cor amarela" nas orelhas e "um vestido branco, que desce até um pouco abaixo do meio da perna, e cobre-lhe a cabeça um manto, da mesma cor, e do mesmo comprimento do vestido". Neste veem-se, "na parte anterior, dois cordões dourados, que descem do pescoço e se reúnem por uma borla, também dourada, à altura do meio corpo". Assim como Jacinta, a menina afirma que a mulher lhes recomendara que rezassem o terço, mas "em honra de Nossa Senhora do Rosário, a fim de se alcançar a paz para o mundo". Sobre o segredo, limitou-se a dizer que dizia respeito "a todos três" e, quando o padre lhe pergunta se não pode dizê-lo ao menos a seu confessor, a menina, atrapalhada, não responde. Manuel Nunes Formigão tinha aqui, eventualmente, o fio para puxar a meada das declarações de Lúcia e tentar aprofundar um pouco mais toda a questão, mas, curiosamente, não o fez, deixando escrito em seus apontamentos: "A esta pergunta guardou silêncio, parecendo um tanto enleada e julguei não dever insistir, repetindo a pergunta."

Antes de o interrogatório terminar, o dr. Formigão ainda lhe pergunta se "Nossa Senhora virá só" — assim, assumindo já que é Nossa Senhora quem as crianças dizem ver —, obtido como resposta que não, que "vem também S. José com o menino, e será concedida a paz ao mundo". E sobre o mês de outubro, que se aproximava a passos largos, a menina diz ainda: "Declarou que no dia 13 fará com que todo o povo acredite que ela realmente aparece."[128] Assim, sem qualquer referência à palavra "milagre", embora, *a posteriori*, se tenha repetido inúmeras vezes que a "Senhora" anunciara previamente que iria fazer "um milagre", e até "um milagre no sol".

O padre e professor Manuel Nunes Formigão, que um mês antes saíra "totalmente decepcionado" da Cova da Iria, rende-se, sem qualquer dificuldade, à "perfeita e absoluta sinceridade" das crianças — deverá entender-se de Lúcia, já que os outros pouco disseram. Mas há uma coisa que o incomoda, afastada preliminarmente por ele a hipótese de as crianças serem vítimas de "uma alucinação", por considerá-los sem "o mais pequeno sintoma de histerismo". E o que o incomoda é o tamanho das saias da "Senhora". Nas anotações pessoais que fez sobre o interrogatório, o padre questiona-se se as "aparições" não serão, afinal, "uma aparição diabólica" — tudo por causa do tamanho das saias descrito pelas crianças.

> Haverá neste ponto confusão das crianças, sobretudo por parte da mais nova? Se não, este ponto torna-se difícil de explicar e resolver. Nossa Senhora não pode, evidentemente, aparecer senão o mais decente e modestamente vestida. O vestido deveria descer até perto dos pés. O contrário, posta de parte a hipótese de um engano das crianças, aliás admissível, porque podiam não ter reparado

bem, não ter podido examinar perfeitamente o traje da aparição, tanto mais que não possuem o dom da infalibilidade, o contrário, digo, constitui a dificuldade mais grave a opor à sobrenaturalidade da aparição e faz nascer no espírito o receio de que se trata de uma mistificação, preparada pelo espírito das trevas.[129]

A verdade é que, depois de o dr. Formigão se ter confrontado com essa dificuldade, as saias da "Senhora" aumentaram miraculosamente de tamanho. A "aparição", que nos cinco meses anteriores mantivera saias de tamanho considerado pecaminoso, vai perder rapidamente as saias curtas, pelo joelho.

Outubro

Quando volta a Aljustrel, em 10 de outubro, Manuel Nunes Formigão já vai "convencido da sinceridade absoluta das três crianças". Sem querer esperar pelo dia 13 — a data anunciada para a última "aparição", aquela em que a "Senhora" vai, definitivamente, dizer quem é e o que quer, fazendo ao mesmo tempo com que todo o povo acredite —, o dr. Formigão escreve ao pároco de Fátima, pedindo-lhe alojamento a partir do dia 10, mas o padre explica, em cima da hora, que não poderá recebê-lo. Como alternativa, propõe-lhe que se instale na casa de Manuel Gonçalves, que vive em Montelo, a uns 3 quilômetros de Aljustrel, e que está mais do que disposto a recebê-lo. A relação que nasceria desse contato entre Manuel Nunes Formigão e aquela família é tão amistosa que, no momento de escolher um pseudônimo para suas variadas publicações sobre Fátima, o padre irá optar por Visconde de Montelo.

O dr. Formigão viaja então para a estação de Chão de Maçãs, a "mais próxima da que talvez venha a ser considerada, por mercê do Céu, a Lourdes ou a La Salette Portuguesa", escreve em seus apontamentos sobre este dia.[130] Dali toma uma charrete para Vila Nova d'Ourém e outra para Fátima, onde chega às 23h, partindo de imediato para Montelo.

No dia seguinte, o padre dá início a uma nova ronda de interrogatórios, que inclui não só as crianças, mas também Maria Rosa e, logo pela manhã, o filho de seu hospedeiro, Manuel Gonçalves Júnior. Este, questionado sobre o pai de Lúcia, diz que António "Abóbora" "embriaga-se" e que "raras vezes frequenta a Igreja". "A mãe é boa e chora por causa do marido." E a família da menina, acrescenta, só não está em melhor situação financeira pelo fato de o pai "não cuidar das suas coisas". Exemplificando, o homem de 30 anos conta como, ainda em julho, António "Abóbora" se deixara embriagar por alguns amigos, que o convenceram a ir causar desordem na Cova da Iria — terreno que lhe pertencia —, chegando o homem a tentar expulsar o povo, mas recebendo como resposta um encontrão que o atirou no chão.

Manuel Gonçalves Júnior diz que, em contrapartida, "o pai da Jacinta é mais sério, mais religioso, incapaz de enganar". Questionado sobre se as crianças aceitam dinheiro dos peregrinos, ele responde: "Têm aceitado qualquer coisa, algum dinheiro quando teimam, mas não por vontade delas."[131]

O professor do liceu de Santarém parte depois para Aljustrel, onde, na casa de Lúcia, interroga primeiro Maria Rosa. É nesse dia que a mulher lhe confessa possuir a *Missão Abreviada* e ter lido a história da aparição no Monte Salette para os filhos. O dr. Formigão pergunta-lhe também "o que há de verdade a respeito do que se passou no ano passado?", quando da tal "aparição" anterior, sobre a qual já interrogara Lúcia. A "redação literária" que muitas vezes realizava dos interrogatórios em bruto que fazia não inclui a resposta completa de Maria Rosa, mas nos apontamentos iniciais, ele transcreveu a resposta da mulher como sendo:

> Há um ano vários pequenos (um irmão do Francisco, o João) afirmam que lhes aparecia um vulto todo embrulhado num pano branco sem se lhe verem o rosto na Cova da Iria e noutros sítios, atrás do Moinho do Cabeço. Umas poucas vezes. Os outros é que disseram. A Lúcia só depois é que disse. Uma pequena Teresa de José Matias e Maria do Manuel Pereira. A mãe disse-lhe que mentia, ralhou-lhe e tanto que da primeira vez este ano ela disse à Jacinta e ao Francisco que se calassem que a mãe ralhava.[132]

Nesse dia 11, Lúcia é a primeira dos três primos a ser interrogada, na presença de quatro testemunhas que o dr. Formigão chama à casa da menina. Agora, Lúcia já diz que a "Senhora" "faria um milagre com que todo o povo acreditasse", mas nega que a "visão" a tenha mandado rezar pela conversão dos pecadores, insistindo que mandou apenas que rezasse "a Nossa Senhora do Rosário que acabasse a guerra". A criança nega ter visto estrelas ou quaisquer sinais extraordinários no céu nos meses anteriores e admite que quando manda o povo se ajoelhar, durante as "aparições", é porque lhe agrada fazê-lo e não porque a "Senhora", que aparenta ter "15 anos", o exija. O padre pergunta-lhe ainda se está aprendendo a ler, tal como lhe fora recomendado, e Lúcia admite que não. Quando o homem pergunta como pretende, então, "cumprir a ordem da Senhora", a menina não responde.

Quando chega à casa dos Marto, o dr. Formigão interroga Jacinta e Francisco, na presença do pai destes e de algumas irmãs das crianças. O professor deve ter ficado exasperado quando o rapaz insistiu que a "Senhora" usava um manto "até aos joelhos e o vestido até meio da perna", mas, como de costume, o interrogatório de Francisco — que sempre negou ouvir uma palavra sequer do que a "visão" dizia, limitando-se a repetir o que lhe dizia Lúcia — é curto e apenas se destaca o fato de a criança dizer que o povo "ficava" triste se descobrisse o segredo que lhes tinha sido confiado.

Jacinta dispõe-se a falar um pouco mais sobre esse tema, mas sem lançar mais luz sobre o assunto. De acordo com os apontamentos do padre, a menina diz que o segredo "é para serem felizes e bons"; "é para bem de todos três"; "não é para serem ricos"; "não é para irem para o céu"; e, sim, "se o povo soubesse o segredo, ficava triste".[133] Um segredo que é para os três primos serem felizes e bons e para o bem deles, mas que deixaria o povo triste, parece algo demasiado complexo para ser entendido, mas Jacinta é apenas uma menina de 7 anos, que evita falar sobre as "aparições", remetendo sempre que pode o tema para a prima e, quando não o faz, com frequência entra em contradições, por isso, nem sequer é legítimo dizer que a criança, se de fato ouvira um segredo de alguém, tenha entendido o que lhe haviam dito.

No mesmo dia em que Manuel Nunes Formigão interroga as crianças pela última vez antes da "aparição" de 13 de outubro, o jornal *O Mensageiro* publica um curioso e pequeno anúncio, com o título "Nossa Senhora da Paz (Recordação da Fátima)". O "milagre do sol" ainda não acontecera, a Igreja ainda não se pronunciara abertamente sobre seu entendimento do que se passava na Cova da Iria, mas pelo menos um comerciante já se movimentava para começar a tirar algum proveito dos acontecimentos que estavam atraindo para a região milhares de pessoas. O que se oferecia, naquele breve anúncio, era uma "linda estampa para quadro", com a promessa de que a mesma seria remetida pelo correio "a quem enviar 50 réis em estampilhas". E deixava-se um aviso tentador: "Faz-se desconto para grandes quantidades."[134]

FÁTIMA: MILAGRE OU CONSTRUÇÃO?

Depois das ironias desfiadas em setembro, a imprensa calara-se, de novo sobre Fátima, e a próxima notícia a aparecer sobre o assunto é publicada precisamente no dia 13 de outubro, em *O Século*. O autor é Avelino de Almeida, enviado especial do diário lisboeta à charneca de Fátima para assistir aos fenômenos anunciados para o local, para onde vai acompanhado de Judah Bento Ruah, autor das fotografias da Cova da Iria naquele dia. Nesse primeiro artigo, o jornalista, que teria um papel fundamental na divulgação e credibilidade atribuídas aos acontecimentos iminentes, ainda não sabe o que vai acontecer no dia 13, aproveitando para explicar aos leitores o que tem acontecido em Fátima desde 13 de maio, dizendo que "Fátima recorda Lourdes" e argumentando que um caso como o da Cova da Iria

> é um acontecimento que não é novo na história do catolicismo, antes se tem reproduzido muitas vezes, quase por forma idêntica, em tempos e em países diversos, e que foi e será sempre considerado de oposta maneira: por uns como aviso e graça dos céus, por outros como sinal e prova de que o espírito supersticioso e fanático possui raízes profundas e custosas, senão impossíveis de arrancar.

E a época, acrescenta, é propícia a fenômenos como o que se desenrolava na Cova da Iria. "As épocas de grandes provações nunca deixaram de favorecer, estimulando-o, o rejuvenescimento das ideias religiosas e a guerra constitui para a sua expansão um dos mais propícios e fecundos ambientes", explicava.

O jornalista não chegava a ponto de afirmar, como alguns de seus colegas republicanos, que Fátima era um embuste, mas se referia à emoção coletiva que ali se vivia como "sugestão coletiva", deixando a pergunta: "O que ocorrerá hoje em Fátima?" E antecipava, quase profeticamente: "Pessoas piedosas esperam que a Virgem Maria as esclareça acerca do fim da guerra e leve a sua bondade ao extremo de lhes dizer quando se firma a paz." Avelino de Almeida termina deixando intacto esse aparente dom de profecia, especulando sobre o que pode acontecer ali no futuro, em uma visão que só pode fazer sorrir quem conhece a Fátima de hoje:

> E também há quem, a par de uma ampla e sumptuosa igreja constantemente repleta, imagine ver levantados vastos hotéis com todos os confortos modernos,

bem fornecidas lojas atulhadas de mil e um objetos de piedade, comemorativos da Senhora de Fátima — e construído um ramal de caminho de ferro que nos conduza ao futuro miraculoso Santuário com mais comodidade do que as traquitanas que para lá acarretam agora a maioria dos fiéis e curiosos... Cristalizar-se-á o sonho em que, inconscientemente, colaboram e comungam anseios místicos e justas aspirações industriais?[135]

*

O dia 13 de outubro de 1917 amanheceu tempestuoso. O sol radiante e quente que acompanhara todas as outras "aparições" da Cova da Iria parecia que ia se manter completamente ausente da última visita anunciada da "Senhora". Maria Magdalena de Martel Patrício, que publica, a 19 de outubro, um artigo no jornal *O Dia* descrevendo as suas impressões do dia 13 (artigo que seria republicado em outros periódicos, como *O Mensageiro* do dia 25), diz que "toda a noite, toda a madrugada choveu uma chuva miudinha, persistente, que encharcava os campos, que entristecia à terra, que ia trespassando até aos ossos de uma humidade fria, as mulheres, as crianças, os homens e os animais que cruzavam as estradas lamacentas, no caminhar apressado para a Serra do Milagre".[136] Já Maria Augusta Saraiva Vieira de Campos, autora do folheto *A minha peregrinação a Fátima*, conta que, madrugada afora, "fazia um calor sufocante, ameaçando tempestade" e que "passado pouco tempo principiou a chover, e a chuva foi aumentando, tocada por um rígido e frigidíssimo vento".[137] Avelino de Almeida, em *O Século*, descreve: "Pelas dez horas, o céu tolda-se totalmente e não tardou que entrasse a chover e a bom chover. As cordas de água, batidas por um vento agreste, fustigam os rostos, encharcando o macadame e repassando até aos ossos os caminhantes desprovidos de chapéus e de quaisquer outros resguardos."[138]

É muito curioso o artigo desse jornalista, que, por ser um antigo seminarista que entretanto se afastara e criticara a Igreja, rendendo-se à República, será considerado pelos católicos como a prova irrefutável de que algo de miraculoso aconteceu na Cova da Iria. Contudo, a notícia que sai no diário lisboeta não é tão clara quanto o fizeram crer. De fato, Avelino de Almeida passa grande parte do artigo descrevendo o conjunto "simplesmente fantástico" de "trinta ou quarenta mil criaturas" que se desloca para a dolina onde

FÁTIMA: MILAGRE OU CONSTRUÇÃO?

se dão as "aparições". Lá, diz ele, "há gente, muita gente, como que em êxtase". O que acontece depois, segundo o jornalista? "Assiste-se então a um espetáculo único e inacreditável para quem não foi testemunha dele", escreve. Mas o que ele descreve a seguir não é qualquer milagre a que ele próprio tenha assistido, mas o fato de ter visto "toda a imensa multidão voltar-se para o sol, que se mostra liberto de nuvens, no zénite". Este "lembra uma placa de prata fosca e é possível fitar-lhe o disco sem o mínimo esforço", porque "não queima, não cega". E esta é ainda a descrição do que Avelino de Almeida diz ter visto, acrescentando: "Dir-se-ia estar-se realizando um eclipse. Mas eis que um alarido colossal se levanta, e aos espectadores que se encontram mais perto se ouve gritar: '– Milagre, milagre! Maravilha, maravilha!'"[139]

Em todo o resto parece haver uma intenção deliberada de Avelino de Almeida de não assumir o que descreve como algo que tenha visto, porque o jornalista, habilmente, escreve: "Aos olhos deslumbrados daquele povo (…) o sol tremeu, o sol teve nunca vistos movimentos bruscos fora de todas as leis cósmicas — o sol 'bailou', segundo a típica expressão dos camponeses…" Aos "olhos daquele deslumbrado povo", não aos dele, ou pelo menos ele não o assume claramente. Mais adiante, o jornalista descreve: "E, a seguir, perguntam uns aos outros se viram e o que viram. O maior número confessa que viu a tremura, o bailado do sol; outros, porém, declaram ter visto o rosto risonho da própria Virgem, juram que o sol girou sobre si mesmo como uma roda de fogo de artifício, que ele baixou quase a ponto de queimar a terra com os seus raios… Há quem diga que o viu mudar sucessivamente de cor…" De novo, Avelino de Almeida recusa-se a apresentar qualquer uma dessas visões como sua, atribuindo-as a declarações de outros. Quanto às crianças — com quem, curiosamente, o repórter não falou nem procurou falar, ou pelo menos não é feita qualquer referência a esse fato —, Avelino diz que Lúcia "anuncia, com ademanes teatrais, ao colo de um homem, que a transporta de grupo em grupo, que a guerra terminara e que os nossos soldados iam regressar", enquanto Jacinta "está mais para desmaiar do que para danças".[140]

Posteriormente, em um artigo publicado na *Ilustração Portuguesa*, recheado com os "clichés" de Ruah, o jornalista volta ao tema. As fotografias são um documento extraordinário e, observadas desapaixonadamente, muito elucidativas, porque, tendo sido tiradas na hora do "milagre", conforme se anuncia, não se vê no rosto daqueles peregrinos o êxtase que se esperaria.

Há pessoas olhando para o sol, sim, mas há outras que ao mesmo tempo demonstram mais interesse pelo fotógrafo; e as que perscrutam o céu fazem-no com um ar mais de curiosidade do que de maravilhamento. Nesse artigo, Avelino de Almeida dirige-se a um amigo que, explica, tendo ido à Cova da Iria em 13 de outubro arrastado por familiares, viu seu "racionalismo" sofrer "um formidável embate" e procurava esclarecimentos do jornalista sobre o que de fato tinha visto lá. E este começa por dizer que os olhos e ouvidos de ambos captaram o mesmo "e que raros foram os que ficaram insensíveis à grandeza de semelhante espetáculo, único entre nós e de todo o ponto digno de meditação e estudo...". Depois, tal como fizera em *O Século*, Avelino de Almeida passa grande parte do artigo descrevendo os peregrinos, sua fé, seu bom comportamento, seu aspecto, deixando para o penúltimo parágrafo a resposta às perguntas do amigo.

> E, quando já não imaginava que via alguma coisa mais impressionante do que essa rumorosa mas pacífica multidão animada pela mesma obsessiva ideia e movida pelo mesmo poderoso anseio, que vi eu ainda de verdadeiramente estranho na charneca de Fátima? A chuva, à hora prenunciada, deixar de cair; a densa massa de nuvens romper-se e o astro-rei — disco de prata fosca — em pleno zénite aparecer e começar dançando num bailado violento e convulso, que grande número de pessoas imaginava ser uma dança serpentina, tão belas e rutilantes cores revestiu sucessivamente a superfície solar...

O repórter recusava-se a tirar conclusões sobre isso, conforme explica nas últimas linhas do texto: "Milagre, como gritava o povo; fenómeno natural, como dizem sábios? Não curo agora de sabê-lo, mas apenas de te afirmar o que vi... O resto é com a Ciência e com a Igreja..."[141]

Muito menos importância foi dada ao artigo publicado no *Diário de Notícias*, no mesmo dia 15 de outubro em que saiu a notícia de *O Século*. O autor do artigo escreve que, assim que as crianças chegaram ao local da "aparição", "a sugestão tomou imediatamente aqueles milhares de crentes e curiosos". Também aqui, a descrição do que aconteceu a seguir é deixada para as impressões transmitidas por outros: "(...) Coisa extraordinária, segundo testemunho de milhares e milhares de pessoas, o sol apareceu com uma cor de prata fosca, numa agitação circular como se fosse tocado pela eletricidade, segundo a expressão empregada por pessoas ilustradas que

FÁTIMA: MILAGRE OU CONSTRUÇÃO?

presenciaram o facto." Depois disso — acrescenta — "milhares de pessoas sugestionadas, e quem sabe mesmo se ofuscadas pela própria luz do sol que durante o dia aparecia pela primeira vez, caíram por terra chorando e levantando para o alto as mãos, que instintivamente juntavam. (...) Choravam e rezavam as suas almas simples, perante a estranha sensação de um facto que para eles, naquele momento, era milagroso".[142]

Tal como nas "aparições" anteriores, são muitas e variadas as descrições feitas por quem esteve presente. Maria Magdalena, em seu artigo "Impressões de Fátima", descreveu assim o que viu: "À uma hora da tarde, hora do sol, parou a chuva." (Avelino de Almeida fala em "três horas", e há quem se refira às "duas e meia".)

> O céu tinha um tom acinzentado de pérola e uma claridade estranha iluminava a vastidão bíblica e trágica da paisagem triste, cada vez mais triste... O sol tinha como um véu de gaze transparente para que os olhos pudessem olhar. O tom cinzento de madrepérola transformava-se como numa chapa de prata luzidia, que se ia rompendo até que as nuvens se rasgaram e o sol prateado, envolvido na mesma leveza cinzenta de gaze, viu-se rodar, a girar em volta do círculo das nuvens afastadas! (...) A luz azulava-se num azul esquisito, como se viesse através de vitrais de uma catedral imensa, espalhar-se naquela nave gigantesca ogivada pelas mãos que se ergueram no ar... O azul extinguiu-se lentamente para a luz parecer coada por vitrais amarelos. Manchas amarelas caíam agora sobre todas as caras (...).[143]

Maria Augusta Saraiva contou:

> Era grande a impressão de desânimo, quando de repente se ouve de todos os lados: Milagre! Olhem para o sol! Parara como por encanto a chuva; fecharam-se os chapéus; sentiu-se um calor como se entrássemos numa estufa aquecida, e começou a ver-se o disco do sol, a perceber-se claramente na camada pardacenta que cobria todo o céu. O calor aumentava, e o sol parecia descer, descer cada vez mais, apresentando novos e variados cambiantes. Vimos como que um véu prateado, com forma arredondada como se fosse a lua cheia; pouco depois passava para o roxo vivo, depois para o vermelho, depois para o verde--esmeralda e tomava finalmente a cor primitiva. Ouviam-se gritos de todos os lados, quando se destacava do sol como que uma forma branca de neve,

1917

brilhante, sem ferir a retina, vindo para nós, voltando de novo ao sol, e por fim escondendo-se a terceira vez entre as nuvens. Todos choraram e de muitas bocas se ouviram preces, súplicas, atos de fé.[144]

E o que viram alguns dos nossos já conhecidos peregrinos? O futuro médico José Pereira Gens foi, dessa vez, com toda a família, e todos juntos assistiram, "maravilhados, àquela cena inesquecível". Escreveu ele:

Tenho ainda presente no meu espírito aquele cenário estranho e inolvidável: o Sol do meio-dia, suspenso diante de nós, indefeso, neutro, sem os raios agressivos que o caracterizam. De repente, começou a girar em torno de si, com velocidade vertiginosa e, em certa altura, como que se aproxima e ameaça despenhar-se sobre nós. (...) Pelo vale reboa um clamor imenso, maré-alta de entusiasmo e euforia. Entretanto, o Sol parara para, depois de curta pausa, recomeçar a sua dança estranha, rodando sobre si e dando-nos a sensação de ora se aproximar ora se afastar. As pessoas e as coisas apareciam-nos iluminadas a cores altamente diferentes; e, se é verdade que a luminosidade solar estava enfraquecida, o calor mantinha-se, pois o fato ainda há pouco encharcado, eu sentia-o agora já quase enxuto.[145]

Gilberto dos Santos teve, como de costume, uma das visões mais espetaculares (mas que guardaria em segredo até divulgá-la em seu livro, em 1956), que descreveu assim:

Observei, novamente, que os três videntes, a pequena azinheira e algumas pessoas que estavam perto dos videntes, encontravam-se dentro do círculo-luminoso-colorido-transparente, como igualmente vi no mês de setembro. O remate do círculo-luminoso media entre dois a três metros de diâmetro, aproximadamente. Quando os três videntes se levantaram, vi a dita estrada de luz-colorida desaparecer pouco a pouco, de baixo para cima, e em pouco segundos desaparecer por completo, como no mês anterior. (...) Na mesma ocasião em que estava vendo a estrada de luz-colorida, vi também o Sol parecendo um disco de prata-fosca, mas um pouco mais luminoso que a lua, em rotação vertiginosa, como roda de fogo preso, parecendo que descia sobre nós, como que ameaçando esmagar-nos. (...) Na mesma ocasião (...), ao espalhar a vista por toda aquela grande multidão, eis que vejo diminuir, quase de repente,

FÁTIMA: MILAGRE OU CONSTRUÇÃO?

a claridade do dia, e vi toda aquela multidão de pessoas dentro de um escuro espesso, como náufragos dum mar negro, só com as cabeças de fora! Os corpos quase invisíveis pelo escuro e as cabeças visíveis como de dia. — Mas as cabeças tão mirradas, tão mirradas, como quase transformadas em caveiras de aspeto horrível! Mostrando-se estas confrangidas como que estando, todas, em horrível sofrimento! Espetáculo que provocou em mim enorme pavor![146]

O advogado Carlos de Azevedo Mendes, incrédulo em setembro, também está de volta e descreve na carta que enviou ao irmão: "Precisamente na ocasião em que a petiza dizia 'olhem para o sol, que lá está o sinal de que a Senhora me falava', todos nós vimos o sol bailando e tomando aspetos que nunca tinha visto. Tais aspetos são naturais?... Que me importa?... Ninguém os conhecia... Ninguém sabia que eles existiam e apareciam (...)."[147]

Se a descrição de Carlos de Azevedo Mendes é bastante comedida, o mesmo pode-se dizer do testemunho de Manuel Pedro Marto, que foi à Cova da Iria, apesar de o aconselharem a manter-se afastado, com medo de retaliações caso nada de extraordinário acontecesse. Ele contou, depois, à comissão diocesana: "Ouviu a Jacinta gritar que não a apertassem. A Lúcia disse: 'Já cá está!' O povo afirmava ver cores no sol e no céu. O sol não fazia nenhuma impressão à vista. Não ouviu voz nenhuma."[148] Sua mulher, que também estava presente na Cova da Iria, junto dos filhos, nem sequer faz referência a fenómenos extraordinários no céu, limitando-se a descrever o que diziam as crianças. Ao lado dela, Maria Rosa também prestava atenção a cada gesto da filha enquanto ela mantinha o suposto diálogo com a "aparição". A mulher conta que durante essa suposta conversa "não via nada" e que depois de a filha anunciar que a "Senhora" partira, a tia, Olímpia de Jesus, lhe perguntou: "Ó Lúcia, então tu não pediste a Nossa Senhora que fizesse um milagre para todo o povo acreditar?" É muito interessante a resposta de Lúcia, segundo o que a mãe contou à comissão diocesana: "A isto a Lúcia respondeu: 'Então ainda querem maior milagre do que é a guerra acabar?'" Maria Rosa diz então que, pouco depois, quando o povo "começou a olhar para cima", também ela "olhou e viu o sol três vezes a *desandar* e a descer, podendo olhar-se para ele".[149] Maria da Capelinha limita-se a dizer que "o sol bailou",[150] e Manuel António de Paula, de Boleiros, viu o povo tingido de "encarnado muito vivo" e de "ouro", além de "um fumozinho, bastante denso", junto da azinheira. Mas, quanto aos movimentos do sol, garante, "não os viu".[151]

1917

Os relatos daquele dia espalharam-se como um rastilho, não só pelas notícias dos jornais, mas pelas cartas que cruzaram o território português e nas quais cada um fazia a descrição do que tinha visto. Descrições que eram tudo menos uniformes, conforme se depreende da missiva que Maria Libânia Martins Antunes, da Roliça, envia ao pároco de Fátima, pedindo-lhe que a elucide sobre o que de fato tinha acontecido, pois já ouvira vários relatos, "mas há entre estas pessoas uma grande contradição no modo de contar o que viram; de maneira que não ficamos sabendo quem diz a verdade".[152] Mariana Pinto Coelho também escreve à tia, a marquesa da Ribeira Grande, contando-lhe, cheia de entusiasmo: "Vi imensas coisas! Vi o sol descer à terra de uma maneira extraordinária, chegando a incomodar o calor; vi-o andar à roda com velocidade como as rodinhas de fogo preso; vi o sol como uma hóstia." Quanto ao resto, admite: "Há quem diga que viu o sol de variadíssimas cores, eu vi-o branco de neve, ou então cinzento escuro." Sobre Lúcia, diz que "no fim de tudo — falando às massas — parecia um padre no púlpito, e com a cara transfigurada".[153] Em apontamentos que fez sobre sua viagem à Cova da Iria, Maria Bettina Basto também fala das variadas cores que o sol tomou, acrescentando que, no momento em que primeiro surgiu, "dir-se-ia que tem uma cruz no meio".[154]

Outros relatos não são tão entusiastas e até apontam para a possibilidade de a visão que tanto encantara o povo poder ter explicação natural. Em *A Ordem* de 25 de outubro, uma carta assinada por Maria Romana defende que "o milagre se deu e é bem certo", descrevendo como vira "o sol girando apressadamente como se fora uma roda de fogo d'artifício", por três vezes, e também as cores que tantos outros descrevem. Mas, sobre isso, afirma: "Para bem mostrar quanto eu evitei deixar-me sugestionar, direi ainda que as cores amarela, vermelha e roxa que muitas pessoas diziam ter visto ao baixarem os olhos sobre a paisagem, ou sobre os lenços que a comoção das lágrimas nos obrigava a levar aos olhos, não era mais do que o resultado de estarmos fixando o sol a olho nu, o que sempre acontece em circunstâncias idênticas."[155] Manuel Pereira Crespo da Costa Brites, que em setembro ficara na Martinela, mas escrevera que os vizinhos que foram a Fátima nada tinham visto, desloca-se agora para a Cova da Iria, com os filhos, nesse 13 de outubro, mas volta para casa na mesma: "O que se viu da aparição foi só o sol escurecer por espaço de um quarto de hora. As meninas disseram que

FÁTIMA: MILAGRE OU CONSTRUÇÃO?

N. Senhora disse que a guerra que acabava e que queria ali uma capela",[156] escreveu em suas anotações pessoais.

João Mário Lúcio Serra escreve à sobrinha, no dia 18, de Torres Novas, e também fala em cores e no rodopio do sol, mas sobre tudo isso, conclui:

> Creio e admito que, senão todos, o maior número dos factos observados são explicáveis à luz da ciência; e também é meu parecer que presentemente o estado da alma popular, por múltiplas e variadas razões que se filiam nas agruras da vida atual, cortada de dificuldades de toda a ordem, alanceada de tristezas e desgostos, amargurada pelas saudades dos entes queridos que lá longe correm riscos graves nos campos de batalha, é sobremaneira propício para atirar com a alma atormentada para as regiões puras do ideal em demanda do auxílio e do conforto que na terra não logra encontrar.[157]

Também Leonor de Avelar Silva Constâncio diria, em seu testemunho, que chegou à Cova da Iria "meia hora depois do fenómeno", mas não ficou convencida com os relatos de pessoas que lhe diziam ter visto não só as mudanças de cores e os movimentos do sol como "N. Senhora, S. José, o Menino Jesus", enfim, desabafa, "toda a corte celestial". A mulher é contundente: "Não acreditei em tanta visão. É certo que é possível que julgassem ter visto; sugestão talvez. O nosso povo, em geral muito ignorante, é muito crédulo, e fácil lhe seria o convencer-se de que realmente via o que desejava ver. Nas classes mais cultas ninguém me disse ter visto a aparição celeste (...)."[158]

Na confusão e exaltação geral que se instalaram na Cova da Iria, não devia ser fácil admitir que não se vira nada. Leonor das Dores Salema Manoel escreve a Ana Maria da Câmara, a partir de Cascais, no dia 16, confessando-lhe que tivera na Cova da Iria "momentos de aflição e desconsolo", porque, explica:

> No momento solene eu não vi nada do que os outros viam! Não vi nada no sol, não vi nada ali que justificasse *tudo o mais* que eu via à roda de mim, mas esse espetáculo e tudo o que vinha vendo desde as dez horas da manhã eram o bastante para eu continuar a *crer*. Mas era uma luta, porque ao mesmo tempo estava triste, tristeza que sem eu querer me vinha à cara, que a algumas pessoas fez impressão.[159]

1917

Mas Leonor das Dores não precisaria sofrer muito, porque em uma reviravolta que nos traz à memória o ditado em latim citado pelo seminarista Joel de Deus Magno, quando tudo já tinha passado e ela estava no carro, de volta a Fátima, o sol parece ter reservado novos fenômenos para ela e sua amiga Geni, que a acompanhava:

Vi-o passar por diferentes cores que não posso precisar e fez-se verde, bem verde-claro, como verde sala com um aro doirado à volta, e girando. Uns raios muito compridos pareciam tocar na terra e o sol parecia estar separado do céu. Depois o céu tomava uns clarões cor-de-rosa, mudava para amarelado de roda do sol, e mais longe, manchas aqui e além. Passados uns momentos compridos que não sei precisar, ficou normal e não tornei a poder fitá-lo.[160]

Um dos mais interessantes testemunhos desse dia, contudo, é o do católico dr. Vieira Guimarães, que descreveu tudo a que assistiu assim:

Só quem no dia 13 de outubro de 1917 não presenciou em Fátima o eloquentíssimo facto a que assistimos, pode duvidar do que seja a força da religiosidade dum povo e, portanto, o exagero dela, criando lendas. De há muito vinha a anunciar-se pela boca de duas crianças que nesse dia havia de aparecer no céu sinal que confirmaria certos dizeres delas. O Sol aparece, sendo visto como que bailando, através de diáfanas nuvens, o que faz soltar rápida e uníssona da boca de mais de 15 mil pessoas a palavra — milagre — chegando a grande fé a ver Nossa Senhora resplandecer no astro do dia.[161]

O homem confessa: "Digam o que quiserem, expliquem como quiserem, para nós o milagre foi este: ver levantar, como impelida por poderosa máquina elétrica, diante dum fenómeno tantas vezes visto por nós, todo esse povo, toda essa multidão, como se fosse uma só pessoa, inabalável na sua grande fé! Maravilha das maravilhas! Como será ela narrada daqui a séculos, enroupada pela fantasia de dezenas de gerações?"[162]

Para a Igreja, que vira no entusiasmo dos presentes e no artigo do insuspeitado *O Século* duas passadas de gigante na prova de que as "aparições" eram verdadeiras e que um "milagre" acontecera, de fato no dia 13 de outubro, seriam as palavras de um outro católico, publicadas em um jornal católico, que lançariam o maior balde de água fria.

FÁTIMA: MILAGRE OU CONSTRUÇÃO?

O autor do artigo é Domingos Pinto Coelho, monárquico e católico conceituado, que assina seus artigos como A. de F. no importante jornal católico da capital *A Ordem*. Pinto Coelho deslocou-se à Cova da Iria em 13 de outubro "como curioso" e "não como peregrino", como ele mesmo descreve no artigo publicado no dia 16, e seu texto é uma ode à cautela de todos os que de lá saíram extremamente entusiasmados. Porém é mais do que isso. O autor começa por desmistificar — sem o dizer — a ideia de que tudo acontecera à hora exata anunciada pelos pastorinhos. "Das 11 à uma e meia a chuva foi constante e impelida por vento forte (...) Uma hora e 37 minutos e meio — o meio-dia solar — era a hora anunciada da visão, com a qual se esperava coincidissem os fenómenos do céu. A essa hora continuava chovendo. Minutos depois, a chuva diminuiu e quando era uma e três quartos cessou por completo." E então, descreve:

> O sol, até então encoberto, mostrou-se entre nuvens que corriam com certa velocidade. E como era variável a densidade destas, mais ou menos diáfano era o véu que elas punham sobre o astro-rei. Como toda aquela multidão, olhamos então para o sol com atenção sustentada e, através das nuvens, vimo-lo com aspetos novos: novos para nós, note-se bem. Umas vezes rodeado de chamas encarniçadas, outras vezes aureolado de amarelo ou roxo esbatido, outras vezes parecendo animado de velocíssimo movimento de rotação, outras vezes, ainda aparentando destacar-se do céu, aproximar-se da terra e irradiar um forte calor... Para quê negá-lo? Estes fenómenos que jamais tínhamos visto impressionaram-nos fortemente. Estabelece-se nas multidões uma psicologia coletiva. E, na sua grande generalidade, sobre aquela multidão perpassava uma grande onda de fé, que fortemente comovia.[163]

Se essa descrição, cheia de cautelas, poderia deixar já alguns fervorosos defensores de Fátima descontentes, o pior ainda estava por vir, quando Pinto Coelho, logo a seguir, garante que, no domingo, 14, um dia em tudo idêntico, em termos meteorológicos, ao dia 13, vira, em Cascais, "as mesmas sucessões de cores, o mesmo movimento rotativo, etc.", concluindo: "Eliminado, pois, o único facto extraordinário, que fica? Por ora, as afirmações de três crianças e mais nada. É muito pouco."[164]

As reações não se fizeram esperar, ainda que o autor terminasse o artigo garantindo manter-se "na expectativa, benévola", sobre o que se passava em

Fátima. E, no dia seguinte, Pinto Coelho publica novo artigo, garantindo que não negara o milagre, mas mantendo, em tudo, a sua opinião. E até reforçando-a, assumindo ter concluído que, na Cova da Iria, não tinha "observado facto algum" que o levasse "a supor o sobrenatural". O autor confessa o "desapontamento" por não poder acreditar em um milagre e aconselha os leitores a "substituir o entusiasmo prematuro" pela "mais prudente reserva", recorrendo a um ditado que já conhecemos: "Simplesmente é necessário, em assunto de tanta monta, não ceder ao '*quod volumus facile credimus*'."[165]

O assunto estava, contudo, longe de estar encerrado, e logo no dia 23, um novo artigo de A. de F. surge na primeira página de *A Ordem*, com a indicação de que o jornal recebera, por causa dos artigos anteriores, "uma série de cartas de manifesto desagrado". Ele confessa não estar habituado, em matérias de religião, a estar "do outro lado da barricada", mas não recua um ponto no que afirmara. Uma das cartas que o próprio autor cita é de Gonçalo Xavier d'Almeida Garrett, professor da Faculdade de Ciências e de Matemática da Universidade de Coimbra e sobrinho-neto do escritor Almeida Garrett, que, da Granja, onde se encontrava, envia um "protesto" aos dois artigos iniciais de Pinto Coelho. Este, visivelmente irritado, pergunta-lhe se ele protesta por existirem apenas opiniões diversas da dele e afirma: "Eu não creio que o caso de Fátima seja tão dogmático, que a mera dúvida, e com ressalva de opiniões diversas, seja pecado ou heresia merecedora de protesto."[166]

Enquanto o debate se desenrolava publicamente nas páginas de *A Ordem*, o padre Manuel Nunes Formigão escrevia ao bispo de Portalegre, d. Manuel Mendes da Conceição Santos, queixando-se dos artigos de Pinto Coelho. Na carta, com data de 24 de outubro, o dr. Formigão acusava Pinto Coelho de ser "um tanto vaidoso" e de ter "a mania de se singularizar em tudo", garantindo ter assistido ao fenômeno solar e estar convencido de que era "naturalmente inexplicável". "Os artigos da *Ordem* causaram grave escândalo", garantia, argumentando: "O articulista pode recomendar prudência, cautela, reserva e que ninguém se antecipasse ao juízo da Igreja, mas não devia escrever de maneira tão insólita e irritante."[167] Percebe-se que, para Formigão, Fátima já é uma causa, e a atitude de Pinto Coelho deixou-o furioso. "Enviasse muito embora ao Sr. Patriarca o seu depoimento mas não viesse para público num jornal católico, com a autoridade que lhe dão a sua idade, o seu prestígio e a sua longa folha de serviços à causa da Igreja, ferir as suscetibilidades dos crentes de boa fé, procedendo com crueldade ou enervamento da última hora", escreve. E Manuel Nunes Formigão termina pedindo a Deus que "perdoe ao Pinto Coelho que, apesar das suas boas intenções, foi um desastrado e fez um mal imenso com o seu zelo excessivo e imprudente".[168]

Se a defesa intransigente de Fátima era já assunto decidido na cabeça de Manuel Nunes Formigão, o mesmo não se pode dizer de todos os membros do clero, como é perceptível nos artigos que se seguiram de Pinto Coelho. No dia 26 de outubro, o autor publica cartas de dois padres que o felicitam pela postura assumida. Uma delas, de 23 de outubro, é assinada pelo padre António Coelho de Barros, da Azambuja, que diz estar "plenamente de acordo" com o modo como Pinto Coelho se expressara acerca de Fátima. "Milagres não se presumem, provam-se, e a Igreja não precisa da benevolência de seus filhos para impor a sua autoridade", diz. O padre José Gomes Loureiro, de Pedrógão (Torres Novas), escrevera no dia 24, afirmando: "Estou perfeitamente a seu lado e ainda por aqui está mais alguém. *Parabéns* e muito sinceros, pelo seu artigo (…)." O pároco escreve ainda: "Vi há dias o pai de um sacerdote dizer a este que devolvesse o jornal, por não concordar com o seu 1.º artigo! Maldita cegueira!… Sou pároco de uma freguesia vizinha da Fátima, muito propositadamente me tenho abstido de ir àquelas manifestações, não fui a nenhuma, não estou arrependido de lá não ter ido, parece-me que foi imprudentíssima a presença lá de colegas meus (…)."[169] Depois de apresentar esses dois documentos, Pinto Coelho termina o artigo dizendo: "Em sentido oposto um assinante, padre respeitável, manda cessar a sua assinatura! Que singular critério!"[170]

*

Perante os fenômenos que acreditavam ter visto no sol e como tão bem dissera Avelino de Almeida em *O Século* do dia 15 de outubro, poucos se interessaram pelo que Lúcia tinha a dizer. "O sinal celeste foi tudo", escreveu o jornalista. Mas a verdade é que a menina vinha dizendo, havia seis meses, que em outubro a "Senhora" diria finalmente quem era e ao que vinha, e era preciso confirmar se esse anúncio ia se cumprir. Dessa vez, Manuel Nunes Formigão antecipou-se ao pároco de Fátima no interrogatório das três crianças, questionando-as no próprio dia 13, no fim de um longo dia, que começara com Lúcia e Jacinta sendo enfeitadas como bonecas, com coroas de flores na cabeça e roupas novas oferecidas por uma peregrina. Às 19h, na casa de Jacinta e Francisco, segundo os apontamentos do dr. Formigão, começaram os interrogatórios que o confrontariam com um novo problema, cuja resolução nunca seria verdadeiramente alcançada.

Dessa vez, as crianças contam-lhe que, após o aparecimento da mesma "Senhora" de sempre sobre a carrasqueira, e do diálogo mantido entre ela e Lúcia, uma verdadeira família celestial se apresentou perante eles, junto ao sol. Lúcia diz que apareceram São José e o Menino Jesus e também "Nosso Senhor abençoando o povo e a Senhora dos dois naipes", que ela diz ser "a Senhora das Dores, mas sem espada no peito" e ainda outra "Senhora" que lhe pareceu ser "a Senhora do Carmo". Tudo em uma sequência que ela descreve como: "Primeiro vi só Nosso Senhor, depois a Senhora das Dores e por fim a Senhora que me parecia ser a Senhora do Carmo." O Menino Jesus estava "ao colo de São José" e quanto a Nosso Senhor, a menina diz que só o viu "da cintura para cima". Tudo isso junto ao sol, supostamente enquanto o povo se deliciava com os movimentos bruscos e a mudança de cor do astro, e ainda com tempo para que Lúcia diga ao padre que também viu o sol "andar à roda".

Quanto à conversa previamente mantida com a "Senhora", Lúcia diz que ela afirmou ser "a Senhora do Rosário" e que o que a trazia ali era uma mensagem clara: "Disse que se emendasse a gente, que não ofendesse a Nosso Senhor, que estava muito ofendido, que rezasse o terço e pedisse a Nosso Senhor perdão dos nossos pecados, que a guerra acabaria hoje e que esperássemos os nossos soldados muito breve." E que queria "que lhe fizessem uma capela na Cova da Iria", insistindo para que rezassem o terço e se emendassem, mas sem usar a palavra "penitência". Quando desapareceu, foi por partes: "Foi a cabeça. Depois o corpo. A última coisa que vi foram os pés", contou ela.

Manuel Nunes Formigão, a essa altura, já devia estar ansioso com a mensagem transmitida pela criança de que a guerra acabaria naquele mesmo dia, mas ainda perguntou a Lúcia se a "Senhora" voltaria a aparecer, ao que a menina respondeu: "Não faço conta que torne a aparecer, não me disse nada." A saia, essa continuava na mesma: "Até mais baixo que o meio da perna",[171] disse ela.

Jacinta e Francisco confirmaram que viram, junto ao sol, "São José e o Menino Jesus", mas nenhuma das outras figuras. E, para os dois irmãos, o Menino Jesus não estava no colo de São José, mas em pé a seu lado. O rapaz pouco acrescenta, porque mais uma vez diz não ter ouvido "nada do que a Senhora disse", mas Jacinta confirma em parte as palavras de Lúcia: "Disse que rezassem o terço a Nossa Senhora todos os dias e que a guerra acabava hoje." A criança não ouviu nada sobre o regresso dos soldados, mas, ao contrário de Lúcia, ouviu a "Senhora" dizer que era "a última vez" que aparecia na Cova da Iria. A construção da capela e a reza diária do terço "a Nossa Senhora do Rosário" foram as outras partes da mensagem que Jacinta disse ter ouvido também.[172]

Três dias depois, o padre Manuel Marques Ferreira chama Lúcia a sua casa, para questioná-la sobre o que se passara no dia 13. A menina diz que ouviu o relâmpago anunciador da presença da "Senhora" e que logo à sua primeira pergunta — sobre o que ela queria —, respondeu: "Quero-te dizer que não ofendas mais a Nosso Senhor; que rezem o terço a Nossa Senhora; façam aqui uma capelinha à Senhora do Rosário (Lúcia tem dúvidas se assim se foi: façam aqui uma capelinha, eu sou a Senhora do Rosário); a guerra acaba ainda hoje; esperem cá pelos seus militares muito breve." E em relação aos vários pedidos feitos por Lúcia, a "Senhora" teria respondido com a curiosa expressão "uns despacharei outros não", contou a criança ao pároco.

Em seguida, Lúcia fez uma minuciosa descrição de todas as figuras que diz ter visto junto ao sol, já depois de a "Senhora" ter desaparecido.

(...) Viu São José à esquerda do sol e o Menino Jesus; de S. José só viu da cintura para cima, vinha vestido de branco e o Menino Jesus vinha vestido d'encarnado. O Menino Jesus viu-o todo e estava assentado no braço esquerdo de S. José. S. José estava a fazer cruzes com a mão direita; julga que fez umas três ou quatro, depois desapareceu; depois de S. José desaparecer estava tudo amarelo; chegou Nosso Senhor, mas parecia que não divisava senão um vestido com capa; só o vi da cintura para cima; as barbas eram pequenas e o cabelo não o vi; não cheguei a ver as mãos, só vi o peito. Junto de Nosso Senhor estava uma Senhora em pé ao lado direito de Nosso Senhor e Nosso Senhor estava à direita do sol. Ambos tinham resplendor amarelo, não tinha menino; esta Senhora estava vestida de branco e tinha um manto azul pela cabeça; tinha as mãos sobre o peito, de palmas para o peito por baixo uma da outra. A saia era branca e comprida e chegava aos pés; parece-lhe que a saia e o casaco brancos não eram dourados; não a via tão bem no sol como quando estava na carrasqueira; depois desapareceu. Junto com S. José vi outra imagem ou Senhora que estava ao lado direito do sol; vi-a toda vestida d'encarnado, o manto era azul debruado ao pescoço; tinha as mãos à cintura com os dedos entrelaçados; não tinha menino, tinha resplendor amarelo; desapareceu com S. José.[173]

Lúcia não fala agora em Senhora das Dores ou Senhora do Carmo; só vê os homens adultos "da cintura para cima" e afirma ainda que "a Senhora da Carrasqueira" — como a denominou o padre nos apontamentos — continuava com uma saia "curta como das mais vezes". Mais importante de tudo, porém, continua a insistir que a "Senhora" dissera que a guerra acabara no dia 13 de outubro, o que obviamente não era verdade. Nos dias que se seguiram, Manuel Nunes Formigão encontrou-se com as crianças pelo menos mais duas vezes, insistindo nas perguntas e obtendo respostas curiosas, sobretudo da pequenina Jacinta, que, obviamente encurralada, cria soluções infantis para o problema.

Quando Manuel Nunes Formigão chega à casa dos Marto, por volta das 15h do dia 19, as crianças estão sendo questionadas por outro sacerdote, o padre José Ferreira de Lacerda, diretor de *O Mensageiro*, que vai utilizar essa conversa em alguns números do periódico. Na redação literária que fez dos interrogatórios desse dia, o dr. Formigão diz que as crianças "sentem--se bastante abatidas", tal é o número de pessoas que as procura para lhes falar, diariamente. Lúcia, sobretudo, escreve ele, "acha-se profundamente exausta, notando-se que o cansaço excessivo a obriga a responder às perguntas que lhe são feitas sem a atenção e a reflexão que era para desejar". O professor reflete: "Se não há cuidado em poupar as crianças à fadiga das inquirições frequentes e demoradas, a sua saúde corre risco de sofrer um profundo abalo."[174]

Acompanhado de quatro testemunhas — mãe e três filhas da família Avellar e Silva —, Manuel Nunes Formigão começa por interrogar Lúcia, que passara a noite na casa dos tios.

A primeira pergunta que faz à menina é sobre a afirmação de que a guerra terminaria no dia 13 de outubro. O dr. Formigão quer saber as palavras exatas utilizadas pela "Senhora", e Lúcia insiste: "Ela disse: 'A guerra acaba ainda hoje; esperem cá pelos seus militares muito breve.'" Ele pergunta como ela explica tal afirmação, se a guerra ainda continua, e Lúcia mantém-se firme: "Não sei. Só sei que lhe ouvi dizer que a guerra acabava no dia 13. Não sei mais nada." Ele ainda tenta contornar a questão, dizendo à menina que algumas pessoas a tinham ouvido dizer que a guerra acabava "brevemente", mas Lúcia fica na mesma: "Disse tal e qual como Nossa Senhora tinha dito."[175] Nesse dia, Lúcia já não desfia o repertório de entidades celestiais que dizia ter visto, limitando-se a dizer que viu "uma figura que parecia ser um homem; parecia Nosso Senhor", mas afirmando agora que, afinal, não o viu abençoar o povo, mas que a "Senhora" lhe anunciara que ele o faria. O dr. Formigão pergunta-lhe pelo segredo, tentando fazer com que ela lhe diga como reagiria o povo se soubesse seu conteúdo, e a pequena responde, curiosamente: "Cuido que ficava como está, quase à mesma." O professor ainda tenta introduzir o tema da "visão" do ano anterior, que lhe fora brevemente relatada por Maria Rosa em 11 de outubro, mas a menina não responde.

Francisco, como de costume, pouco adianta, descrevendo agora que viu "os sinais do sol", o que não seria difícil, uma vez que estes já tinham sido amplamente divulgados. O rapaz diz, assim, que viu que "o sol andava à roda", acrescentando que "parecia uma roda de fogo" e vira também "cores muito bonitas, azul, amarelo e outras".[176]

Jacinta é interrogada na rua, a caminho da Cova da Iria, para onde se dirigem o dr. Formigão, suas quatro testemunhas e os três primos. Lúcia e Francisco seguem um pouco mais à frente, indo a menina atrás, com o dr. Formigão e a mãe das três jovens Avellar e Silva. A criança confirma que "não viu a Senhora das Dores e a Senhora do Carmo" e que quem estava abençoando o povo era "São José" (Lúcia dissera no primeiro interrogatório que quem abençoava o povo era "Nosso Senhor"). Sobre a mensagem transmitida nesse dia, a menina lança mão de seu favorito "a Lúcia ouviu melhor", mas responde: "Venho aqui para te dizer que não ofendam mais a Nosso Senhor que estava muito ofendido, que se o povo se emendasse acaba a guerra; se não, acabava o mundo." Ora, tudo isso vai muito além do que as duas primas tinham dito seis dias antes e que Lúcia repetira, depois, para o pároco de Fátima. Parece claro que Jacinta procura transmitir uma mensagem já adaptada (por quem, não se sabe) ao fato de a "profecia" da "Senhora" ter sido completamente falha. E, fossem os tempos outros, o diálogo que trava a seguir com o dr. Formigão poderia servir, por si só, para desacreditar completamente as palavras da menina — o que, como sabemos, não aconteceu. Insiste o professor: "Disse que a guerra acabava nesse dia ou brevemente?" E a menina, provavelmente cada vez mais atrapalhada, responde: "Nossa Senhora disse que quando chegasse ao Céu acabava a guerra." De novo, o dr. Formigão: "Mas a guerra não acabou!" A resposta de Jacinta é uma preciosidade: "Acaba, acaba. Cuido que acaba no domingo."[177]

É óbvio que Manuel Nunes Formigão não deve ter ficado satisfeito com o teor dessas respostas, motivo pelo qual no dia 2 de novembro está de volta a Aljustrel, para aquele que será o último interrogatório a que submeterá os três primos.

Lúcia mantém sua posição sobre as palavras da "Senhora" relacionadas com o fim da guerra, mas diz já não ter certeza se ela dissera "que queria que fizessem uma capelinha à Senhora do Rosário ou que ela era a Senhora do Rosário".[178] Mais curiosa é a forma como Manuel Nunes Formigão conduz a criança no conjunto de perguntas sobre a "visão" do ano anterior, das quais Lúcia tentara se esquivar das outras vezes.

A menina confirma ter visto "um vulto no Cabeço, às Estrumeiras, ao pé da Cova da Iria…". Diz que não sabe o que era, que o vulto não lhe disse nada e que parecia "uma pessoa embrulhada num lençol". Admite que não se recorda quantas vezes viu essa estranha figura, mas o padre pergunta-lhe como foi "da 1.ª vez", "e da 2.ª" e da "3.ª" e para cada uma Lúcia dá uma resposta, dizendo quem a acompanhava em cada uma dessas ocasiões — na última era João Marto, "que disse que não tinha visto nada". Os acompanhantes anteriores também nunca confirmaram com certeza ter visto alguma coisa.

As respostas de Jacinta são, em muitos aspectos, quase uma fotocópia das de Lúcia. Desaparecem das palavras da criança as perspectivas de o mundo acabar e de a guerra acabar em um domingo qualquer, mas surgem também dúvidas acerca da declaração sobre a "Senhora do Rosário". Contou a menina, segundo os apontamentos do dr. Formigão:

> A Lúcia disse: "Que me quer?" A Senhora responde: "Não ofendam mais a Nosso Senhor que estava muito ofendido". Disse que perdoava os nossos pecados, querendo ir para o Céu. Disse também que rezasse a gente o terço. Disse que esperassem cá os seus militares muito breve e que acabava a guerra naquele dia. Disse que fizesse a gente lá uma capela e não sei se disse "à Senhora do Rosário" ou que "ela era a Senhora do Rosário".

FÁTIMA: MILAGRE OU CONSTRUÇÃO?

As duas meninas respondem também um "não me lembro" quando o padre lhes pergunta o que dissera a "Senhora" em setembro. Felizmente, Lúcia, quando questionada sobre o tamanho da saia da "Senhora", dá agora uma resposta mais animadora (ainda que em contradição com o que dissera ao pároco de Fátima dias antes): "A saia da última vez parecia mais comprida."[179]

Depois desses interrogatórios, Manuel Nunes Formigão escreve, seguramente ainda no ano de 1917, um estudo apologético sobre as três crianças, que vai utilizar, 13 anos depois, no relatório da comissão que "investigou" a autenticidade das "aparições" de Fátima. É claro que o padre e professor não era a voz isenta necessária a uma comissão de investigação séria sobre os fenômenos, mas a verdade é que, quando a "investigação" é iniciada, também o recém-nomeado bispo da restituída diocese de Leiria já dera início à compra de terrenos na Cova da Iria, para lá instalar um santuário. Diante disso, é difícil acreditar que havia qualquer intenção de fazer uma análise séria do que tinha se passado.

Depois dos acontecimentos de outubro, e ainda antes de interrogar as crianças nesse mês, o padre Manuel Marques Ferreira escreve ao arcebispo de Mitilene, no dia 15, informando-o brevemente sobre as "aparições" e comunicando-lhe, pela primeira vez, que tem "interrogado todos os meses uma das crianças que diz ver, ouvir falar e falar com Nossa Senhora". Garantindo que tem "mantido o silêncio que a prudência" lhe aconselha, o pároco de Fátima pede agora uma intervenção mais oficial no processo. "Julgo da máxima necessidade a nomeação de uma comissão para a averiguação do que há", diz ele.[180]

Contudo, não é ao pároco de Fátima que d. João Evangelista de Lima Vidal primeiro pede esclarecimentos. Depois de, como já vimos, pedir que Manuel Nunes Formigão recolhesse informações no local, solicita, em 19 de outubro, novas informações aos vigários de Ourém e de Porto de Mós — a paróquia vizinha. Só a 3 de novembro é que o arcebispo de Mitilene vai, então, solicitar a Manuel Marques Ferreira que proceda a um inquérito sobre o que se passara na Cova da Iria, ouvindo "testemunhas fidedignas" e "principalmente as crianças que se dizem favorecidas de graças singulares do Céu".[181]

Por razões que se desconhecem, o pároco de Fátima vai protelar desmesuradamente esse inquérito que lhe fora formalmente pedido. De fato, com exceção dos interrogatórios que já fizera a Lúcia e aos primos, Manuel Marques Ferreira não vai começar a ouvir testemunhas antes de dezembro de 1918, mais de um ano depois da última "aparição", e o relatório final, dirigido ao arcebispo de Mitilene, é enviado em 28 de abril de 1919 — já tendo Francisco Marto sucumbido à pneumonia.

Ao contrário, os dois vigários, a quem o responsável pela diocese de Lisboa solicitara informações, atuam rapidamente. O padre Faustino José Jacinto Ferreira pede a Manuel Nunes Formigão que lhe envie os recortes de notícias publicadas sobre o tema e que lhe informe sobre os interrogatórios que fez com as crianças, ouvindo várias testemunhas antes do fim do ano. O vigário de Porto de Mós, Joaquim Vieira Rosa, é ainda mais diligente e, a 11 de novembro, envia a Lisboa o relatório de seu inquérito, com a transcrição das palavras de dezesseis testemunhas ouvidas nesse ínterim. Todas, como não podia deixar de ser, descrevem como viram o sol girar, mudar de cor, aproximar-se do povo, e um dos homens ouvidos, Adriano de Mattos, diz mesmo que "representou-se-lhe ver Nossa Senhora com o menino Jesus no braço esquerdo".[182]

O padre Faustino toma o depoimento de dois párocos, o padre Francisco Braz das Neves e o padre dr. Luís Andrade e Silva, o primeiro dos quais procura também contornar a dificuldade da profecia falha sobre o fim da guerra. No depoimento, com data de 27 de dezembro, o padre Braz das Neves diz que entrevistara Lúcia no dia 20 de outubro, tendo ela dito que a "Senhora" lhe prometera, no dia 13, "que a guerra havia de terminar naquele mesmo dia". Mas, continua o padre:

> Encontrando-se de novo com ela, Lúcia, no dia oito do corrente mês de dezembro, e sendo-lhe feita a observação de que a guerra não tinha acabado no dia designado nem tão-pouco até àquela data, por ela mesma foi respondido que talvez se tivesse enganado, pois que a sua companheira Jacinta dissera que Nossa Senhora havia dito por sua vez que a guerra acabaria, sim, mas se o povo se emendasse.[183]

O mais importante dos depoimentos desse conjunto é o do dr. Luís António Vieira de Magalhães e Vasconcelos, o futuro barão de Alvaiázere, que, a 30 de dezembro, garante ter ido à Cova da Iria, no dia 13 de outubro, convencido de que tudo "se tratava de uma 'blague'". Contudo, depois de ver o sol tomar sucessivas cores e aparentar deslocar-se "na sua primitiva posição", convenceu-se imediatamente de que estava perante uma "demonstração do Poder Divino".[184]

O futuro barão diz ter voltado a Fátima algumas semanas depois, encontrando primeiro Francisco, que convidou a acompanhá-lo de automóvel à Cova da Iria, onde estaria Lúcia. De novo, o menino se comportou como qualquer criança entusiasmada com um presente inesperado: "Convidámos o pequeno a acompanhar-nos, ao que ele se prontificou logo, saltando sorridente para o automóvel que nos conduzia. Fizemos-lhe várias perguntas, mas ele sorria mais do que falava, mostrando-se muito deslumbrado com as várias peças do automóvel", explicou.

Na Cova da Iria, Lúcia aparece com "um ar tristonho e sombrio", carregando "um pequeno cofre, onde tilintavam algumas moedas". Já Jacinta, que o homem encontra junto à igreja de Fátima, "subiu ao estribo do automóvel" que o conduzia, mas não foi possível "arrancar-lhe uma palavra, por mais diligências que empregamos para esse fim", confessa o homem. As conclusões do dr. Vieira de Magalhães e Vasconcelos sobre as crianças não são as melhores: "Tendo as mesmas pastoras declarado que a Virgem Nossa Senhora dissera que a guerra acabaria brevemente e sendo certo que esta ainda não acabou, teremos de concluir que as pastoras faltam à verdade, pois a Virgem é que por certo se não enganava, nem tal é admissível."[185]

Na imprensa, o mês de outubro foi ainda palco de outras batalhas a favor e contra o fenômeno de Fátima. A mais visível foi protagonizada pelo republicano *Jornal de Leiria* e pelo católico *O Mensageiro*, ou entre o jornalista Miguel Pinto de Figueiredo e alguém que assina com o pseudônimo Ignotus. Logo no dia 14, Pinto de Figueiredo assinava um artigo inflamado, indignando-se com a possibilidade de Nossa Senhora aparecer na inócua Cova da Iria, quando a Europa definhava sob um inimigo atroz, que dizimava igrejas, violava e matava milhares de inocentes. "Mas a 'senhora' de Fátima não fez nunca a sua *aparição* nas terras e nos mares onde está a luta acesa, onde existe o luto, a dor, a desolação e a morte! (...) Achou mais cómodo e *conveniente* fazer a sua *aparição* em Fátima, num ermo e num concelho e distrito onde o dogma religioso, parece, tem levado humildes e ignorantes trabalhadores até ao fanatismo, que causa alucinações em alguma pobre gente (...)",[186] escreveu o jornalista. No mesmo dia, uma nota curta indicava que "apareceram aí à venda dois grupos perfeitamente diferentes de criancinhas a quem a Virgem se dignou aparecer no escalvado terreno de Fátima",[187] em uma alusão aparente a uma imagem vendida na Cova da Iria, no dia 13, que representaria três crianças (que não os pastorinhos) contemplando Nossa Senhora. Uma "encenação" que seria um dos primeiros produtos a serem comercializados em Fátima, junto com outra imagem, também distribuída na Cova da Iria, representando um soldado do Corpo Expedicionário Português.

Em Lisboa, o diário *República* de 20 de outubro veicula um longo e irônico artigo descrevendo a visita do jornalista a um menino de Poiais de São Bento que também se diz vidente e que anuncia que a Senhora de Fátima vai aparecer de novo, mas em Lisboa, nos dias "1 e 2 do próximo mês",[188] enquanto em *O Mundo* de 22 de outubro Augusto José Vieira escreve "Uma especulação clerical", na qual acusa "um intrujão — ou um grupo de intrujões de mau gosto" de inventar "há meses uma aparição da pretendida mãe de Jesus Cristo, no dia 13 de cada mês para anunciar quando acaba a guerra". Fazendo ainda uma crítica muito pouco velada a Avelino de Almeida, pela forma como divulgara o que acontecera na Cova da Iria, o autor conclui: "Parece-nos estar a ver, oculta na sombra deste milagre, preparar-se alguma lucrativa especulação mercantil, alguma gruta de Lourdes transportada, com as suas águas milagrosas, para as faldas ou para os píncaros da Serra d'Aire."[189]

Antes de o mês terminar, os jornais ainda vão divulgar uma "procissão" organizada em Santarém, com artefatos retirados da Cova da Iria — incluindo uma azinheira, que os brincalhões julgavam ser aquela onde apareceria a "Senhora". Divulgada pelo *Diário de Notícias* e replicada por outros jornais, a notícia alimentou a indignação dos católicos, com *O Mensageiro* a pedir "chicote ou marmeleiro"[190] para os autores do ato.

A guerra em torno de Fátima continuava e, perante o avanço visível da vitória da Igreja nas últimas batalhas, a Comissão de Propaganda da Associação do Registo Civil decide avançar. Em *O Mundo* de 26 de outubro, a poderosa organização republicana anuncia as decisões tomadas na última reunião e dirigidas exclusivamente ao caso de Fátima. Assim, fora aprovado por unanimidade que se informasse o chefe de governo e os ministros do Interior e da Justiça "do ignominioso manejo clericorreaccionário", pedindo-lhes, "a cada um na sua alçada, enérgicas e imediatas providências"; "que se publique um manifesto fazendo ver o que há de insensato e de pernicioso em semelhante invenção, e os fins miseráveis a que obedecem os seus autores"; "que se consulte o delegado da Associação do Registo Civil em Vila Nova de Ourém sobre a conveniência de ir ali uma missão de propaganda que, expondo-se a todos os perigos, arrostando com todas as dificuldades e vencendo todos os obstáculos, oponha a essas tramoias horripilantes a luz esplendorosa da razão e da ciência"; e, por fim, que se enviassem ofícios a todos os representantes daquele organismo no país e nas colônias, pedindo-lhes que cada um fizesse "a mais intensa propaganda contra esta odiosa tentativa de fanatização do povo".[191]

Novembro e dezembro

O padre José Ferreira de Lacerda, pároco da freguesia de Milagres e diretor de *O Mensageiro*, esteve ausente do país durante quase todo o período das "aparições". No dia 2 de maio, partira para França, como capelão do Corpo Expedicionário Português, e só regressaria em 25 de setembro, para resolver questões relacionadas com sua paróquia. Mas, desde sua chegada, Fátima deve tê-lo cativado, não só pela promessa de verdadeiro milagre que encerrava, como também pelo uso que dela se poderia fazer, já que o objetivo central do semanário que dirigia era lutar pelo restabelecimento da diocese de Leiria.

Não é de se admirar, portanto, que, a 19 de outubro, quando o padre Manuel Nunes Formigão chega à casa dos Marto, tenha de aguardar sua vez para interrogar as crianças, que já estão sendo entrevistadas pelo padre Ferreira de Lacerda. É ele quem vai tornar públicas, pela primeira vez, em uma longa entrevista publicada ao longo de quatro semanas, as palavras dos pastorinhos, uma vez que os interrogatórios realizados até então pelo pároco de Fátima e pelo professor de liceu se mantinham exclusivamente no domínio privado. E é também *O Mensageiro* que vai manter Fátima viva, de forma mais assídua, durante todo o resto do ano de 1917, quando já não há novas "aparições" pelas quais esperar e quando a "vidente" Lúcia começa a se transformar cada vez mais em um estorvo.

De fato, ainda em outubro, começam a circular rumores de que as três crianças teriam morrido, o que motiva sentimentos nada piedosos de figuras que acompanham o caso de perto, como Maria Joaquina Tavares de Proença de Almeida Garrett (esposa de Gonçalo Xavier, autor do "protesto" enviado a Domingos Pinto Coelho), que em carta enviada a Manuel Nunes Formigão, em fins de outubro, pergunta a ele se Lúcia ainda está viva, já que na Granja constava que alguns jornais tinham noticiado sua morte. "Será verdade? Se o é e se é também o que há muito ouvira, que N. Senhora anunciara a Lúcia que em breve a levaria para o Céu, mais uma vez se irá confirmando a Aparição", escreve a mulher, para logo assegurar: "Tenha pois V. Rev.ª paciência em me aturar e queira dizer-me se a Lúcia terá morrido. E pela glória da SS.ma Virgem e pela felicidade da criança confesso que não tenho pena que ela morresse."[192]

Dias depois, em 1º de novembro, a mesma piedosa senhora volta a escrever ao dr. Formigão, com novas preocupações em relação a Lúcia.

Um destes dias foi daqui um sujeito casado com a mulher, pessoas de categoria e bons sentimentos, visitar o local da Aparição. Havia lá bastantes pessoas rezando e a pequena Lúcia lá estava, mas causou má impressão vê-la com um mealheiro pedindo esmolas. Será talvez para a construção da capela, mas se o for, ela não está autorizada a pedir e fá-lo sem autorização do pároco *que sei* está proibido pelo Sr. Patriarca, de aceitar esmolas para a capela. E como o pai da Lúcia é um alcoólico e pouco crente, fica a dúvida de que ele esteja explorando por meio da pequena os verdadeiros devotos de N. Snr.ª.

Maria Joaquina tem solução para o caso, como esclarece logo a seguir: "Seria um bem se se pudesse tirar aquela criança aos pais para a confiar a alguma pessoa verdadeiramente piedosa que a educasse e a escondesse do público." Até porque — acrescenta — Lúcia parece cada vez menos digna de credibilidade. A mesma família que não gostou de vê-la pedindo esmola garante que ficou mal impressionada com o fato de "a pequena responder às perguntas que lhe faziam, dizendo tudo como realejo, ou relógio de repetição". "Parecendo que repetia uma lição ensinada, sem um certo sentimento de piedade, e sem bem consciência da graça recebida. Fez-me isso tristeza",[193] conclui.

No dia 8, o padre José Ferreira de Lacerda dá início ao folhetim "Conversando com as 3 crianças", que vai ocupar todos os números de *O Mensageiro* do mês de novembro. No mesmo dia, *A Ordem* publica uma notícia enviada de Vila Nova de Ourém, ainda relacionada com "o cortejo sacrílego realizado em Santarém" dias antes. É bem notória, nessa nota escondida na seção "Pelo País", como a Igreja se sente mais confortável para criticar a República e suas organizações anticlericais. Afirmando, sobre o anúncio de um comício naquela localidade organizado pela Associação do Registo Civil, que "querem vir incomodar-nos (...) para falarem contra a religião, e escarnecer dos factos ocorridos em Fátima, aproveitando a ocasião, como de costume, para dizerem os maiores insultos contra tudo o que há de mais sagrado, contra a religião e contra os padres", o autor do texto deixa mesmo uma ameaça:

> Se a autoridade não proibir o anunciado comício devemos nós impedi-lo, pelo que já estamos fartos de tanto insulto e de tanta vilania. Exigimos o respeito da nossa crença e já basta de tanta infâmia, de tantas igrejas roubadas, de tantos desacatos cometidos, de tantas cruzes partidas, de tantos sacrários violados. A nossa medida está cheia, cautela pois, senhores do livre-pensamento. Muitas graças a Deus, mas poucas graças com Deus![194]

No dia 15, Lúcia apresenta aos leitores de *O Mensageiro* a "Senhora" que vira na Cova da Iria, na entrevista que dá ao padre José Ferreira de Lacerda, e esta, na primeira vez que se apresenta assim ao público, parece ter ganhado algum pudor, uma vez que, nas palavras impressas e atribuídas à criança, se apresenta agora com uma saia que lhe chega "aos artelhos". O padre põe na boca de Lúcia a confissão de que vira "a mesma Senhora numa terra chamada as Estrumeiras", no ano anterior, mas os investigadores da *Documentação Crítica de Fátima* defendem que essa suposta afirmação de Lúcia não passa de um equívoco do autor do artigo, que teria confundido as palavras da pequena sobre o vulto envolto em um lençol com uma "aparição" anterior da "Senhora".[195]

A entrevista continua a ser publicada no número de 21 de novembro, com Lúcia confirmando que a "Senhora" lhe dissera que a guerra acabaria no dia 13 de outubro e respondendo, quando questionada sobre se vira alguma coisa no sol: "Não distingui bem, mas pareceu-me ver a cara dum homem e a dum menino."[196] O padre reserva o último número de novembro para acomodar o pouco que lhe disseram Jacinta e Francisco. Sobre a menina, confessa que "foi preciso dar-lhe um terço, recordação que trouxera de Lourdes", para convencê-la a falar. E, mesmo assim, Jacinta respondia-lhe "ao ouvido o que se recordava das aparições, tendo como inabalável resposta a maior parte das vezes o silêncio ou não me recordo". Sempre que o padre lhe perguntava diretamente sobre as palavras utilizadas pela "Senhora", a criança respondia "não me recordo, a Lúcia é que deve saber", mas confirmou, também ela (e isso foi minutos antes de contar uma versão bem diferente ao dr. Formigão), que a data indicada para o fim da guerra fora o dia 13.[197]

Já Francisco, que, segundo o padre, chega à casa "vindo da escola", limita-se a dizer que a "Senhora" vestia branco, que nada ouvira, e que as ovelhas, em um determinando dia, tinham deixado um campo de ervilhas em paz. "Ao resto das perguntas que lhe fazíamos não sabia responder", conclui o padre Ferreira de Lacerda.[198]

O padre dos Milagres explica que, na mesma ocasião em que entrevistou as crianças, falou também com o pároco de Fátima (teria sido nessa altura que copiou os apontamentos que este fizera sobre os interrogatórios mensais às crianças), e deixa, no fim do texto de 29 de novembro, uma afirmação curiosa. "Como última nota elucidativa devo dizer que o pároco de Fátima, o meu amigo padre Manuel Marques Ferreira, se conservou sempre alheio a tudo, levando o seu proceder a nunca ter ido à Cova da Iria no dia das aparições. Só a muito rogo lá foi no último dia."[199] Ora, o padre Manuel Marques Ferreira garante ao arcebispo de Mitilene, em 1919, quando lhe envia o relatório do processo paroquial: "Eu apenas fui ao local três vezes, a 13 de setembro e outubro de 1918 e a 13 do corrente mês."[200] Ou o padre Ferreira de Lacerda se equivocou outra vez ou o padre Marques Ferreira mentiu para o arcebispo.

O mês de novembro de 1917 é também quando António Sardinha publica um vasto artigo filosófico em *A Monarquia* no qual teoriza sobre a possibilidade de existirem milagres, referindo-se concretamente ao caso de Fátima,[201] e quando Tomás da Fonseca volta a se referir a Fátima, já não no Senado, mas nas páginas de *O Mundo*, ironizando acerca desse "pequeno incidente da vida provinciana [que] há muito devia estar liquidado, com dois pontapés nos rabos dos fedelhos que lhe deram origem".[202] Mais interessante do que esses artigos, porém, e até mesmo denunciador de um certo mal-estar que Fátima estaria causando dentro de certos setores da Igreja, é o artigo que *A Ordem*, do Porto, publica no dia 17. No texto, assinado simplesmente por "Afonso", este católico esclarece:

FÁTIMA: MILAGRE OU CONSTRUÇÃO?

É preciso que todos saibam que a nossa religião está completa no seu todo. Não é possível acrescentar-lhe, diminuir-lhe nem alterar-lhe nenhum dos seus dogmas nem nenhum dos seus aspetos essenciais. (...) Não somos obrigados a crer em revelações particulares, nem a Igreja no-las propôs como verdades irrefragáveis. Podemos deixar de crer nelas, por mais bem comprovadas que se nos apresentem, sem que incorramos na nota de hereges.[203]

Que se saiba, é a primeira vez que de um órgão católico surge o aviso de que não é preciso acreditar em Fátima para se ser um bom membro da Igreja. O autor se mostra até mesmo um pouco irritado com os "católicos de vida estragada" que "diante de aparições e revelações particulares se mostrem mais afervorados na crença e mais inclinados à reforma de vida!". E frisa: "Para vivermos catolicamente como todos somos obrigados pela nossa profissão de filhos da Igreja, não precisamos de mais revelações nem de mais milagres."[204]

Curiosamente, no mesmo dia em que esse artigo saía na página 2 do periódico portuense, a primeira página era ocupada com uma farsa escrita pelo padre Benevenuto, de Assentiz, Torres Novas, na qual ele simulava uma visita do Diabo à redação de *O Século*, convencendo-os do ardiloso plano de fingirem acreditar nas aparições de Fátima, para que, assim, esse diário "que nasceu, que vive, que há de morrer a fazer guerra a Jesus Cristo" pudesse entrar na casa dos católicos. "O plano diabólico não falhou: Que mágoa! Que tristeza!",[205] conclui o padre que seria, posteriormente, acusado de estar envolvido em outra farsa — a das próprias aparições da Cova da Iria.

No dia 8 de dezembro, Sidónio Pais assume o governo do país e, para a Igreja, que já sentira uma diminuição da intransigência das políticas de Afonso Costa nos últimos anos, a situação melhora consideravelmente. A Lei da Separação é revista e, ainda que essa revisão não tenha sido feita de forma tão extensa como alguns católicos desejavam, há claros sinais de apaziguamento entre o Estado e a Igreja. O clero pode, por exemplo, voltar a usar as vestes talares na rua, as irmandades voltam a poder organizar os cultos, e o Estado abstém-se de se pronunciar sobre o ensino de Teologia. Os bispos que haviam sido afastados de suas dioceses, incluindo o cardeal patriarca, d. António Mendes Belo, podem regressar, e são retomadas as relações com a Santa Sé. Sidónio Pais será o primeiro presidente da República português a participar de uma cerimônia religiosa, ao estar presente em uma missa em honra dos mortos na Primeira Guerra, realizada no dia 2 de março de 1918, na Sé Patriarcal.[206] Enquanto Maria Joaquina de Proença Garrett confessa em carta ao dr. Formigão que lhe parecia "já resultado de Fátima o milagre do dia 8 em Lisboa", desejando que Nossa Senhora continuasse a sua proteção "e que os democráticos fiquem vencidos de vez",[207] *O Mensageiro* dava continuidade a sua obra de não deixar que Fátima fosse esquecida, publicando e republicando testemunhos de pessoas presentes na Cova da Iria no dia 13 de outubro. Já o anunciado comício organizado pela Associação do Registo Civil seria um verdadeiro fiasco. *A Ordem*, de Lisboa, conta que o comício de Vila Nova de Ourém, no dia 1º de dezembro, tivera como ouvintes "os poucochitos democráticos" e que no que fora marcado para o dia seguinte, em Fátima, "não apareceu ninguém".[208]

No fim de 1917, o que era Fátima? O local de seis "aparições" de uma "Senhora" vestida de branco que aconselhara três crianças a rezar o terço e o povo a fazer o mesmo e a "emendar-se" para não ofender a Deus; uma senhora que contou "um segredo" às crianças, concordando que lhe construíssem uma capela e fazendo uma profecia completamente errada, mas que ficou em segundo plano no interesse popular graças aos fenômenos solares que milhares entenderam como um "milagre". Quem conhece o tanto que seria, décadas mais tarde, atribuído à "Senhora", só pode ficar surpreso com quão básica era, de fato, a mensagem de Fátima no fim desse ano essencial, em que tudo parecia correr bem para a implementação desse novo culto. O fenômeno que se iniciara em maio parecia, agora, ter todas as portas abertas, incluindo uma maior complacência do governo, para se instalar confortavelmente. Contudo, curiosamente, os meses que se seguiram foram muito provavelmente aqueles em que as "aparições" da Cova da Iria mais perto estiveram de cair no esquecimento e em risco de não passar de mais uma história perdida no tempo, com uma pequena capela para recordá-la. A entrada em cena de uma nova e poderosa personagem, o novo bispo de Leiria, d. José Alves Correia da Silva, iria afastar de vez essa possibilidade.

A CONSTRUÇÃO DE FÁTIMA: ENTRA O BISPO, SAEM OS PASTORINHOS

No dia 17 de janeiro de 1918 foi restaurada a diocese de Leiria. A batalha travada durante muitos anos por órgãos como *O Mensageiro* obtinha, finalmente, resultados, poucos meses depois das "aparições" de Fátima. O bispo dessa nova diocese só seria nomeado, contudo, mais de dois anos depois, o que faz com que, por ora, poucas mudanças ocorram em torno da Cova da Iria. De fato, com exceção da publicação de mais um depoimento sobre o dia 13 de outubro[209] — recuperado do jornal *Beira Baixa* —, *O Mensageiro* parece esquecer o assunto de Fátima durante todo o ano que se seguiu às "aparições".

O próprio pároco de Fátima, Manuel Marques Ferreira, que ainda não dera início à audição de testemunhas para o processo paroquial solicitado pela diocese de Lisboa, limita-se a enviar uma carta ao cardeal patriarca, no dia 8 de janeiro, pedindo-lhe "instruções sobre a construção de uma pequena capela ou nicho significando a fé na Aparição de Nossa Senhora nesta freguesia a três crianças", procurando assim atender ao pedido que lhe fora feito "por uma comissão de paroquianos".[210] O pároco promete não dar nenhum parecer sobre o pedido até receber ordens de Lisboa.

A Guarda, jornal que a partir do fim desse ano assumirá particular importância na manutenção e divulgação da história de Fátima, publica a carta de uma mulher não identificada daquele distrito, contando ainda o que se passara no dia 13 de outubro. É um documento que transmite bem o exagero de alguns testemunhos, com a autora estimando os presentes na Cova da Iria em "oitenta mil pessoas" e descrevendo os já conhecidos movimentos do sol, dizendo, sobre as transformações que diz ter visto no astro: "De repente é a lua que aparece, mas é só um momento porque imediatamente se transforma na Sagrada Hóstia, vendo-se até a Cruz, como que cavada naquela matéria opaca, cor de farinha de trigo, muito alva." Além de tudo isso, Rita, que a acompanhava, "viu diante do sol a face de Nossa Senhora", e Betina, outra das presentes: "Essa viu vir Nossa Senhora do Rosário linda... a descer para nós... Para ela desvaneceu-se quando justamente se aproximou da terra."[211] Exagerada é também a mensagem que a mulher diz ter sido transmitida a Lúcia pela "aparição": "Nossa Senhora disse à Lúcia que São José tinha vindo abençoar o povo àquele lugar e que todos os crentes (ali presentes) ficavam perdoados até aquele momento. Aquele lugar ficou bento, pessoas e animais: tudo foi benzido",[212] escreveu.

Os três primos, nesse ínterim, frequentavam a escola, e sua reputação na aldeia parecia não melhorar. Enquanto Lúcia continuava a receber cartas e bilhetes com inúmeros pedidos de pessoas que esperavam obter "uma graça" de Nossa Senhora por intermédio da menina, oferecendo-lhe em troca presentes, vários eram os que continuavam a não acreditar no que as crianças contavam.

No fim do mês de março, Virgínia Batalha, de Lisboa, escreve a Lúcia um bilhete quase sem pontuação, mas perfeitamente compreensível. Diz ser "muito amiga" da criança e lembra-lhe que tem uma medalha de Nossa Senhora para lhe entregar, por conta de "um grande milagre a um afilhado". A mulher pede insistentemente a Lúcia que lhe escreva e, já agora, que lhe confirme se é verdade — como se dizia — que "o maior milagre" ainda não tinha acontecido e, sendo assim, quando voltaria Nossa Senhora.

> Não se esqueça de me escrever e mandar-me dizer o que sabe, porque também lhe quero levar um vestido e véu para esse dia escreva-me sim? Porque já muito tempo que não me escreve e eu desejo muito saber notícias e também tenho umas amigas que lhe querem mandar umas lembranças quando eu aí for, não se esqueça de me escrever, e mande-me dentro da carta a medida do seu pé para lhe levar uns sapatos.[213]

Presentes como esses provavelmente contribuíram para a descrença de alguns dos que continuavam a não acreditar nas crianças. Ana Maria da Câmara, que no dia 13 de maio de 1918 tinha ido à Cova da Iria, escreve à irmã, Maria de Jesus, em 1º de junho, contando-lhe, com tristeza, a opinião que seus hospedeiros "cristãos e praticantes" tinham sobre os acontecimentos de Fátima.

A CONSTRUÇÃO DE FÁTIMA: ENTRA O BISPO, SAEM OS PASTORINHOS

Ouvi isto tudo: "A pequena mais velha, a Lúcia, é uma espertalhona, sustenta o seu papel há um ano. Imita em tudo a Bernadette, descreve a N. Senhora tal qual como a de Lourdes, falando sempre na faixa azul; pede dinheiro a toda a gente etc., etc. Alguém que queria uma capela ali inventou isto tudo. O Francisco não fala com ninguém, e se o faz, é só para contradizer a Lúcia etc., etc."[214]

Mas Ana Maria da Câmara nem assim vê vacilar sua fé nas crianças e não perde a oportunidade de interrogá-los naquele dia 13 de maio na Cova da Iria, onde encontra "pouca gente". Dessa conversa surgem novidades na indumentária da "Senhora". Ana Maria escreve que Francisco lhe disse que ela "trazia uma coisa" na cabeça, o que Lúcia confirma, referindo-se a "um açafatico", que a autora da carta logo, esperançosa, transforma em coroa. A menina diz ainda que o traje "branco e oiro" da "aparição" não tinha cinto de cor, mas "com estrelas de oiro". O extenso testemunho que Ana Maria envia à irmã relata também os primeiros casos de supostas curas miraculosas, dizendo que "fala-se" de uma mulher tuberculosa milagrosamente curada, o mesmo acontecendo a outra que tinha um tumor e a uma criança que, tendo uma perna "encolhida", a viu subitamente estendida depois de a mãe prometer "duas velas e uma perninha de cera a N. Senhora da 'Azinheira'".[215]

Lastimosa com a forma como tudo se desenrola é como continua Maria Joaquina Tavares de Proença Garrett, que, em nova carta ao dr. Formigão, do dia 20 de agosto de 1918, enviada da Figueira da Foz, lhe diz: "E já depois que aqui estou, me disseram que ultimamente as crianças tinham caído em contradições e que estava provado que havia embuste. E a profecia sobre a guerra que se não realizou tem feito descrer muitas pessoas."[216]

Ela tinha razão quando, ainda havia uns meses, aconselhara o padre Manuel Nunes Formigão a retirar Lúcia dos pais. E também seu marido, Gonçalo Xavier de Almeida Garrett, quando, ainda antes de 1917 terminar, no dia 3 de dezembro, escreveu ao padre, avisando: "É indispensável separar a rapariga de tantas e tantas perguntas... Repito que é urgente evitar as múltiplas perguntas."[217]

E, para piorar ainda mais as coisas, a insistência de Gonçalo Xavier em que a prova do "milagre" de Fátima se baseasse na "nuvem de fumo" que seu filho lá vira no dia 13 de outubro, e que outras pessoas também relataram, parecia não angariar grandes adeptos. Até mesmo o depoimento que ele publicara em *A Ordem*, encontrando uma criativa justificativa para a profecia falha da "Senhora" — defendendo que ela se referia ao fim da guerra religiosa em Portugal, e não à Primeira Guerra que se combatia fora do país[218] —, "não foi muito do agrado dos diretores da *Ordem* e parece que o Sr. Patriarca não deseja que se bula nesse assunto", lamentou-se a esposa.[219] Gonçalo Xavier é que não desiste dessa ideia e, em uma carta que envia ao dr. Formigão, explica também o fato de Lúcia ter falado no regresso dos militares: "Quanto à vinda dos soldados portugueses, é uma ilação que Lúcia tirou da sua cabeça, e não que lho dissesse a Virgem, que não foi ter conversas com as crianças."[220]

A situação de Fátima estava nesse pé quando, no dia 28 de setembro de 1918, surge uma nova personagem na história das "aparições". Entra em cena o Visconde de Montelo, ou melhor, começam a ser publicados os artigos do padre Manuel Nunes Formigão, no jornal *A Guarda*, sob o pseudônimo Visconde de Montelo. "Os episódios de Fátima" vão, assim, manter viva a história da Cova da Iria na mente dos crentes, escrita de forma inteligente e muito romanceada, capaz de cativar quem tivesse o mínimo interesse pelo tema.

Logo no primeiro artigo — escrito como se fosse a resposta ao pedido de um amigo —, o autor aproxima Fátima de Lourdes, lembrando que andara por lá por "semanas e meses durante alguns anos", tendo desempenhado diversas funções e lembrando como as "aparições" francesas também foram alvo "da guerra mais formidável de que há memória a essas manifestações irrecusáveis do sobrenatural".[221]

No segundo artigo, o padre, de 35 anos, desculpa-se por sua "péssima caligrafia de velho", depois de se estender longamente na descrição da tal cura milagrosa da mulher "tuberculosa" da Maceira, a que também se referira Ana Maria da Câmara. Segundo o Visconde de Montelo — e o caso seria incluído também, posteriormente, no processo paroquial que o padre Manuel Marques Ferreira enviou a Lisboa —, a mulher teria ficado completamente curada de um gravíssimo problema de saúde associado à tuberculose depois de ter cumprido a promessa de ir quatro vezes a pé e descalça a Fátima.[222]

O padre Manuel Nunes Formigão teria, contudo, de interromper seus artigos em *A Guarda*, porque, nesse ínterim, uma terrível epidemia de pneumonia chegou a Portugal, dizimando milhares de pessoas. Para piorar tudo, Sidónio Pais é assassinado no dia 14 de dezembro, acrescentando mais um dado à já convulsionada vida política nacional.

A CONSTRUÇÃO DE FÁTIMA: ENTRA O BISPO, SAEM OS PASTORINHOS

O jornal, contudo, ainda publicaria naquele ano mais um artigo dedicado a Fátima, escrito pela já conhecida Maria Magdalena. O documento é um exemplo claríssimo de como a história do que aconteceu na Cova da Iria foi sendo manipulada por algumas pessoas com o passar do tempo. Maria Magdalena publica, no dia 23 de novembro de 1918, o artigo "A predição de Fátima", no qual afirma que, em 13 de outubro de 1917, os pastorinhos "prometeram que dentro de um ano a guerra acabava, e voltariam os soldados para as suas terras!".[223] É a essa pura invenção (a guerra terminara dias antes, em 11 de novembro) que a autora chama de "predição bendita" e que não passou despercebida a Nicolau de Pina, do *Jornal de Leiria*, que, em 5 de dezembro, chama a atenção para essa nova versão dos fatos.[224]

Enquanto isso, em Aljustrel, a chegada da pneumonia não é contida por nenhum milagre. O número de óbitos em Fátima, nos anos de 1918 e 1919, demonstra bem os efeitos desse surto — há 111 mortes na freguesia, em comparação com apenas 57 em 1911 e 40 em 1912. Dos 111 mortos, seis eram de Aljustrel. No ano seguinte, morrem ainda 71 pessoas em Fátima, sendo quatro adultos e cinco crianças de Aljustrel.[225] Na casa dos Marto, com exceção de Manuel Pedro, todos adoecem, incluindo os pequenos Jacinta e Francisco, que ficam acamados, praticamente ao mesmo tempo, pouco antes do Natal de 1918.

O menino não resistiria muito tempo, morrendo no dia 4 de abril de 1919. O padre Manuel Marques Ferreira inclui esse fato no relatório do processo paroquial, que vai, finalmente, remeter a Lisboa no dia 18 desse mês de abril. Em uma curta nota desapaixonada, o pároco escreve: "O Francisco — vidente — faleceu às dez horas da noite, do dia 4 de abril corrente, vitimado por uma prolongada ralação de 5 meses de pneumónica, tendo recebido os Sacramentos com grande lucidez e piedade — E confirmou que tinha visto uma Senhora na Cova da Iria e Valinho."[226]

A morte do menino não foi noticiada em nenhum jornal até o Visconde de Montelo se referir a ela no artigo que marca seu regresso às páginas de *A Guarda*, em 16 de agosto de 1919.

Um dos protagonistas do maravilhoso drama na Serra d'Aire, o humilde e inocente pastorinho, já não pertence a este mundo. A epidemia broncopneumónica, quase ao declinar, roçou com a sua asa negra a pobre criança, ferindo-a de morte. A mais nova dos videntes, irmã do finado, encontra-se atualmente no

FÁTIMA: MILAGRE OU CONSTRUÇÃO?

Hospital de Vila Nova d'Ourém com um tumor no estômago, sendo convicção dos médicos que está irremediavelmente perdida.[227]

De fato, entre algumas melhoras e outras tantas recaídas, Jacinta nunca mais se recupera totalmente da doença e, no dia 1º de julho de 1919, é internada no Hospital de Vila Nova de Ourém, onde ficará durante dois meses, até ser levada pelos pais para casa, no dia 30 de agosto. Nesse período, morre também o pai de Lúcia, no dia 31 de julho, fato que não é mencionado pelo Visconde de Montelo. Ele relata, sim, que a capela pedida pelos paroquianos na Cova da Iria "já se acha concluída".

A pequena construção, iniciada no dia 28 de abril de 1919, tinha ficado pronta no dia 15 de junho, e Gilberto dos Santos, que tinha se oferecido para encontrar uma imagem de Nossa Senhora adequada às "aparições" dos pastorinhos, andava em uma roda-viva em busca do exemplar perfeito. É o que ele comunica ao padre Manuel Nunes Formigão, em carta de 20 de agosto, na qual conta que fora "a Lisboa para comprar a Imagem de N. Senhora para colocar na pequena capela existente no lugar da Fátima". Mas a viagem foi infrutífera.

> Sou pois, a dizer a V. Ex.ª que nada encontrei que servisse. Tive, portanto, de mandar fazer aos Snrs. Fânzeres de Braga. Fiz a encomenda conforme as condições que V. Ex.ª diz em sua carta. Se acaso há mais alguma coisa que por acaso V. Ex.ª se esquecesse de dizer, agradeço dizer-me para eu transmitir aos Snrs. Fânzeres. Mandei fazer com um metro de altura, V. Ex.ª de acordo que fique assim bem?,[228]

escreveu ele, em um documento que deixa bem claro de quem partiram as instruções para a imagem que hoje se venera em Fátima — não dos pastorinhos, mas do dr. Formigão, que fez com que as saias da "Senhora" ficassem mais compridas, retirou todos os adereços que as crianças foram acrescentando ao longo dos anos e alguns dos originais, arrancando-lhe as "meias" e deixando-a mais humilde, descalça. E isso apesar de Gilberto dos Santos ter escrito, em um de seus livros, que interrogara cada um dos pastorinhos sobre a "Senhora", depois de ver a capela pronta e de decidir arranjar uma imagem para pôr ali.[229] Ora, levando em conta que Francisco já havia morrido a essa altura e o estado de fraqueza em que se encontrava Jacinta, pode-se dizer que é altamente improvável que isso tenha acontecido (para não dizer impossível, no caso de Francisco). Quanto à reação de Lúcia ao ver a nova imagem, ela parece pouco entusiasmada, o que não é de se admirar, se levarmos em conta as descrições que a criança fizera a seus vários interrogadores e o resultado final da imagem criada pelo escultor José Ferreira Thedim, a quem a Casa Fânzeres encomendara a peça: "A vidente Lúcia ao ver a Imagem de nada se admirou. Mostrou-se tranquila e quase insensível. Disse que estava bem. Que estava muito parecida. Que estava muito bem imitada."[230]

Em *A Guarda*, a apologia de Fátima continua, com artigos do Visconde de Montelo publicados em 30 de agosto, 13 de setembro e 11 de outubro. Depois do primeiro artigo do ano, no qual o autor afirma que a ida de peregrinos à Cova da Iria "longe de diminuir tem aumentado de dia para dia", garantindo que no dia 13 de julho ele mesmo tinha visto no local "milhares" de pessoas, e no qual volta ao tema das notícias que circulam em Fátima a respeito de "curas extraordinárias, de prodígios assombrosos, das inúmeras e admiráveis graças espirituais e temporais obtidas pela intercessão de Nossa Senhora do Rosário",[231] os dois artigos seguintes são quase exclusivamente dedicados à transcrição das cartas do seminarista Joel de Deus Magno que já conhecemos, mas convenientemente ajustadas.

Na carta referente aos fenômenos de agosto, o padre Formigão transforma o parágrafo da carta do jovem Magno no qual ele diz:

> Parece que teve grande influência no povo o ditado certíssimo — *"quod volumus facile credimus"* (o que não quer dizer que me atreva a negar porque não estava lá e disso tenho bem pena) porque algumas pessoas instruídas e ponderadas como o Mário Mourão, o Poças e outras de cá me disseram que não houve prova suficiente de sobrenaturalidade e isto... para não dizerem que nada tinham visto, o que eu ouvi também a outras pessoas[232]

Por um outro mais conveniente: "Algumas pessoas instruídas e ponderadas disseram-me que, embora se tivessem verificado sinais misteriosos, não havia prova suficiente de sobrenaturalidade. Outras asseguravam que não haviam notado nada de anormal. Outras finalmente proclamavam que, depois de se ter falado com as crianças, não se podia duvidar da realidade das aparições."[233]

Em outubro, o Visconde de Montelo inicia a divulgação dos interrogatórios das crianças, começando por transcrever o que lhe haviam dito

FÁTIMA: MILAGRE OU CONSTRUÇÃO?

Jacinta e Francisco, em 13 de setembro de 1917, e anunciando para um número posterior o depoimento "não menos interessante e mais extenso"[234] de Lúcia. Também em outubro, logo no dia 1º, com Jacinta já de volta à casa dos pais, mas sem sinais de recuperação, Maria Joaquina Tavares de Proença Almeida Garrett volta a escrever ao dr. Formigão, sempre preocupada com o desenrolar dos acontecimentos e com as dúvidas que não a abandonavam: "A Jacinta não diz se N. Senhora lhe anunciou que morreria depressa? E o segredo que N. Senhora lhe confiara morrerá com ela? Se assim é e se não tem relação só com ela, custa a crer que N. Senhora lhe confiasse um segredo."[235]

Segundo um relato do dr. Formigão, que só seria publicado no ano seguinte, no jornal *A Guarda*, Jacinta, tal como Lúcia, ainda foi à Cova da Iria naquele 13 de outubro. Seu estado de saúde continuava, contudo, deplorável. "Chega ao pé de mim Jacinta de Jesus Marto, uma das videntes de Aljustrel", escreve o padre.

> Ambas [mãe e filha] trajam rigoroso luto por motivo do falecimento de Francisco Marto, irmão de Jacinta, que também tinha sido favorecido com a visão da Virgem e que até ao último suspiro sustentou sempre a verdade das suas narrativas. A pequena está esquelética. Os braços são de uma magreza assombrosa. Desde que saiu do Hospital de Vila Nova de Ourém, onde durante dois meses se esteve tratando sem resultado, está sempre ardendo em febre. O seu aspeto inspira compaixão. Pobre criança! Ainda o ano passado cheia de vida e saúde, e já hoje como uma flor murcha, pendendo à beira do sepulcro! A tuberculose, depois dum ataque de broncopneumonia e duma pleurisia purulenta, mina-lhe desapiedadamente o débil organismo. Só um tratamento apropriado num bom sanatório é que poderia talvez salvá-la. Mas seus pais conquanto não sejam pobres, não podem fazer face às avultadas despesas que esse tratamento exige,

relata o padre, lembrando que a vidente de Lourdes recebera a promessa de que seria feliz "não neste mundo, mas no outro", e questionando-se: "Teria a Virgem feito idêntica promessa à pastorinha da Serra d'Aire, a quem comunicou um segredo, que a vidente a ninguém pode revelar? Assim os sofrimentos de Jacinta de Jesus, suportados com resignação cristã, serão para ela uma fonte de merecimentos que tornarão mais brilhante e preciosa a sua coroa de glória no Céu."[236]

A CONSTRUÇÃO DE FÁTIMA: ENTRA O BISPO, SAEM OS PASTORINHOS

1920

Não deixa de ser curioso que o dr. Formigão, que vai dedicar grande parte de seus artigos desse ano em *A Guarda* a descrever alegadas curas milagrosas — alcançadas depois de promessas, novenas ou da ingestão de terra de Fátima diluída em água —, defenda que "só um tratamento apropriado num bom sanatório" poderia salvar Jacinta. A verdade é que o padre ficou verdadeiramente impressionado com o estado de fragilidade da menina e seria graças a seu empenho que ela seria enviada a Lisboa, em uma última e infrutífera tentativa de salvá-la. Durante todo o mês de janeiro, o dr. Formigão desdobra-se em contatos para tentar convencer os Marto a dar continuidade ao tratamento da filha e encontrar quem a receba em Lisboa.

Logo no dia 7 de janeiro de 1920, o padre Manuel Bento Moreira escreve ao professor do Liceu de Santarém, invocando erroneamente o nome de Lúcia, quando a criança de quem fala é claramente Jacinta (o pai de Lúcia morrera em julho último), depois de uma tentativa de convencer Manuel Pedro Marto e Maria Olímpia de internarem a filha mais nova: "A resposta do pai da pequena foi que agradece muito o empenho e proteção do Snr. Dr., mas vê pouca vontade de a pequena sair daqui."[237] Dias depois, o dr. Formigão passa algum tempo em Fátima, onde se reúne com o dr. Luís António Vieira de Magalhães e Vasconcelos e o dr. Eurico Lisboa, oftalmologista. Os três vão tentar convencer os pais de Jacinta a deixá-la ir para Lisboa, o último assumindo um papel preponderante junto a Olímpia de Jesus. "Foi ele que na Fátima ralhou muito com ela dizendo-lhe que em consciência era responsável pela morte da filha e que Deus lhe pediria contas disso, por não a poder, nem saber nem querer tratar como era preciso para a salvar",[238] conta mais tarde o padre Formigão, em carta à irmã Godinho, que vai acolher a menina. Após sua partida de Fátima, é o futuro barão de Alvaiázere quem fica incumbido de continuar insistindo, tendo, finalmente, sucesso. É o que ele comunica ao padre, em 14 de janeiro:

> Os pais da pequena Jacinta, com quem acabo de falar, resolveram deixar ir a pequena para Lisboa a fim de se tratar, tomando eu a responsabilidade de que nada lhe faltaria e em Lisboa velariam por ela com todo o cuidado. Está pois a pobre pequena pronta para seguir. Ela está muito doente e fraquíssima e por isso não sei se conseguiremos salvá-la. Os pais apenas se responsabilizam

pela despesa da viagem e irão levá-la a Lisboa. Todas as despesas pois que a pequena fizer em Lisboa ficarão a cargo da tal benemérita Senhora em que V. Ex.ª me falou.

Magalhães e Vasconcelos avisa ainda: "Há muita urgência devido ao estado da pequena que não permite demoras."[239]

No dia seguinte, 15 de janeiro, Manuel Nunes Formigão escreve à irmã Maria da Purificação Godinho, que vai acolher a criança no Orfanato de Nossa Senhora dos Milagres, perguntando-lhe se ainda está disposta a receber a menina e se ela pode seguir de imediato.

No dia 21, Jacinta chega a Lisboa, acompanhada da mãe. Dois dias antes, Manuel Pedro Marto ditara uma carta de agradecimento à irmã Godinho na qual lhe pedia "que se os senhores médicos entenderem que ela não tem cura ou que lhe não podem fazer nada à sua saúde, para ela voltar com a mãe".[240]

A verdade é que o estado de saúde da criança tinha se agravado muito. Depois da internação no hospital de Vila Nova de Ourém, o médico que a tratara lá, António Justiniano Luz Preto, disse que não havia mais nada que pudesse fazer por ela e que a menina precisava ir para Lisboa, para ser submetida a uma operação. Mas, depois de ter alta, em 30 de agosto, Jacinta ficou em casa, sem qualquer tratamento adequado. Passaram-se, assim, quase cinco meses antes de ela voltar a estar sob o cuidado permanente de um médico. E, em Lisboa, a hipótese de operação esteve a ponto de não se realizar porque, dias depois de ter chegado à capital — e como se depreende de uma outra carta do dr. Formigão à irmã Godinho —, a mãe de Jacinta, atendendo à vontade da filha, demonstrou a intenção de regressar a Aljustrel com a criança. Insurgiu-se o padre:

Fiquei bastante contrariado. Não esperava que sucedesse o que sucedeu. Compreendo que a pequena não queira separar-se da mãe e que custe à mãe separar-se da filha. Mas, como o médico diz que tem toda a esperança de que a pequena melhore se aí ficar em tratamento e sendo certo ou quase certo que ela morrerá se voltar para a terra, a Senhora Olímpia tem obrigação de vencer o seu afeto de mãe e não sujeitar a filha a uma morte certa ou quase certa.[241]

Em Fátima manobra-se de novo para ultrapassar mais essa contrariedade. O futuro barão de Alvaiázere convence Manuel Pedro Marto a enviar uma carta à mulher, mandando-a voltar para casa e lembrando-lhe que tem outra filha doente — Florinda de Jesus, que também virá a falecer, em 7 de maio —, e Olímpia obedece.

Jacinta, que não queria ficar sozinha, é internada no Hospital de D. Estefânia no dia 2 de fevereiro. Três dias depois, Olímpia volta a Aljustrel, e no dia 10 a menina é finalmente operada. A irmã Godinho escreve ao dr. Formigão, informando-lhe que a criança "por enquanto está bem", apesar de os médicos se admirarem de "como ela resistiu" e explicarem que "precisa agora de bom tratamento porque está muito magrinha".[242] Pouco depois, contudo, a situação se agrava. No dia 19, nova carta segue para Santarém, onde está o padre e professor. "Vou dar-lhe uma notícia pouco agradável: a Jacintazinha vai morrer", escreve a irmã Godinho. A mulher conta que mandou chamar Olímpia, também por carta, porque não quer que a menina "morra sem lhe dizer adeus", mas já é tarde demais. No dia seguinte, 20 de fevereiro, às 22h30, Jacinta morre no hospital, sem nenhum familiar a seu lado.

Segundo a irmã Godinho conta ao dr. Formigão, a menina deixara-lhe um recado, para ser contado apenas "pessoalmente", e cujo teor ele vai revelar, muito tempo depois, em fevereiro de 1938, ao bispo de Leiria. O original, que teria sido escrito pela irmã Godinho, se perdeu, de forma que a mensagem pode ser confirmada apenas na versão transcrita pelo próprio dr. Formigão. O teor é mais uma profecia, dessa vez bastante catastrófica:

> Nosso Senhor está profundamente indignado com os pecadores e crimes que se cometem em Portugal. Por isso um terrível cataclismo de ordem social ameaça o nosso país e principalmente a cidade de Lisboa. Desencadear-se-á, segundo parece, uma guerra civil, de carácter anarquista ou comunista, acompanhada de saques, morticínios, incêndios e devastações de toda a espécie. A capital converter-se-á numa verdadeira imagem do Inferno. Na ocasião em que a divina justiça ofendida infligir tão pavoroso castigo, todos aqueles que o puderem fazer, fujam dessa cidade. Este castigo agora predito convém que seja anunciado pouco a pouco e com a devida discrição.[243]

Teria a enfraquecida e quase analfabeta Jacinta, à beira da morte, proferido, de fato, tal declaração? E, se assim foi, por que guardar segredo sobre ela durante dezoito anos?

FÁTIMA: MILAGRE OU CONSTRUÇÃO?

Com a morte de Jacinta, agiganta-se a lenda em torno da criança. Nos anos que se seguem, não param de aumentar os mitos em torno da menina, chegando mesmo a publicar-se que seu cadáver "fora encontrado a chorar sangue".[244] Mas a lenda em torno de Jacinta passa, antes de tudo, e como não poderia deixar de ser, pela caneta do dr. Formigão, que nas páginas de *A Guarda* desfia a história de como a menina teria, em Lisboa, recebido novas "visitas" da Virgem e, por meio dela, o anúncio prévio de que iria morrer. O Visconde de Montelo não deixou ainda passar a oportunidade de dar algumas alfinetadas, dizendo que se tinha procurado alojamento para Jacinta em Lisboa "em casa dalguma pessoa abastada, mas nada se conseguiu" e que "muitas das pessoas que a não quiseram receber em sua casa, depois da morte, já todas se mostravam solícitas em lhe prestar homenagem, até talvez com um bocadinho de exagero — o que provocou até alguns reparos justos dum ilustre sacerdote".[245]

O corpo da criança foi depositado na Igreja dos Anjos antes de ser trasladado, de trem, para Vila Nova de Ourém, no dia 24 de fevereiro. Ao contrário do que acontecera com Francisco, a notícia da sua morte é publicada em diversos diários — *O Dia*, *O Século*, *O Mensageiro*, *A Ordem*, do Porto —, mas sem grande destaque. O corpo de Jacinta não vai, como acontecera com Francisco, para o cemitério de Fátima, ficando no jazigo do barão de Alvaiázere, no cemitério de Vila Nova de Ourém.

Nas páginas de *A Guarda*, em 17 de abril de 1920, o Visconde de Montelo já se refere "ao falecimento da pequena Jacinta", afirmando que esse acontecimento "veio de novo trazer à tela da discussão este problema que parecia um pouco esquecido". E o problema é: "Nossa Senhora apareceu, realmente, em Fátima?" O padre diz que não se pode dar uma resposta concreta, mas nos artigos seguintes, desfia o rol de supostos "milagres" que estariam sendo produzidos na Cova da Iria. A verdade é que não havia nenhuma intenção, por parte do dr. Formigão, de deixar esquecer Fátima ou deixar que os acontecimentos seguissem seu curso, sem sua intervenção. Jacinta e Francisco tinham desaparecido, mas Lúcia ainda continuava em Aljustrel, sendo cada vez mais o centro das atenções de todos os que estavam convictos da veracidade das "aparições".

A sua casa chegam cartas constantes com pedidos e ofertas. Os convites para passar temporadas na casa de diferentes famílias sucedem-se, e a menina, já uma adolescente de 13 anos, aceita-os. A jovem teria ido, pelo menos, para a casa de uns tios (tendo, nesse período, pernoitado na casa de outras pessoas, a pedido destas), passou alguns dias na casa de Carlos Mendes e, logo após a morte de Francisco, passou uma temporada, com a mãe, na Quinta do Vallado.[246] A própria irmã Godinho, em uma carta que lhe envia no dia 16 de abril, diz-lhe: "Tenciono se Deus quiser ir aí para maio e depois trago-te para aqui para a nossa casa tu queres? Manda-me dizer."[247] Mas o dr. Formigão tem outros planos. Lúcia e a mãe irão para Lisboa, sim, mas para ficarem instaladas na casa de Maria de Assunção Ribeiro de Avelar, que, em 20 de abril, escreve ao padre, dizendo-lhe que terá "muita satisfação" em receber as duas e confirmando que também lhe parece "mais conveniente que por enquanto a mãe e a Lúcia não saibam do que V. Ex.ª pensa fazer em favor da querida pequena".[248] Nessa data, ainda antes de Leiria saber quem será o novo bispo, tudo indica que o dr. Formigão já se preocupa com a aquisição dos terrenos da Cova da Iria, como se depreende da mesma carta de Maria de Assunção, ao indicar: "Parece-me que não será muito difícil achar pessoas de confiança que se associem para a compra do terreno, que será muito conveniente possuir..."[249] E o dr. Magalhães e Vasconcelos, em 21 de abril, também comunica ao padre, por carta: "Em Aljustrel sondei o Marto sobre compra dos terrenos, mostrando este bastante relutância, mas não me pareceram irredutíveis."[250]

Essa parte essencial na construção de Fátima terá, contudo, de aguardar pela chegada de d. José Alves Correia da Silva, alguns meses depois. Enquanto isso, aproxima-se o 13 de maio, e a morte recente de Jacinta é mais um catalisador para voltar a encher os terrenos da Cova da Iria. O outro é, sem dúvida, a chegada — finalmente — da imagem que Gilberto dos Santos mandara esculpir. Os planos para aquele dia não escapam às autoridades civis e, mais uma vez, desastradamente, os diários republicanos espalham acusações sobre Fátima — sem apresentar provas.

Em 29 de abril, *O Debate* diz que "os reacionários de Vila Nova d'Ourém, e imediações, projetam, para o dia 13 do próximo mês de maio, uma grande parada das suas forças, no sítio denominado Cova da Iria", entendendo o autor da peça que "ao que parece, os exploradores da crença religiosa não desistiram de inventar uma nova Senhora de Lourdes, modelo daquela que, para mistificação dos ingénuos, o famigerado padre Benevenuto instituiu próximo de Torres Novas".[251] *O Século*, no dia seguinte, atribui a culpa aos "párocos de Ourém e Fátima", que, diz o jornal, "pretendendo explorar com a ingenuidade popular, resolveram conduzir, processionalmente, naquele dia até à Cova da Iria, uma santa de madeira, a que deram o nome de Senhora da Paz". O diário avisava temer pela "alteração da ordem", apelando, por isso, a "que as autoridades interviessem".[252] O governo responde ao pedido e ordena que seja proibida "a comemoração do milagre de Fátima", por razões de ordem pública, noticia *O Século* em 1º de maio.[253]

As manobras sucedem-se com a aproximação do dia 13. O dr. Magalhães e Vasconcelos escreve uma carta — que será remetida ao bispo de Lisboa em nome do pároco de Fátima — pedindo autorização para que, na Cova da Iria, seja realizada uma missa campal. O governador civil de Santarém dá instruções a António de Oliveira Santos (que voltara ao cargo de administrador do concelho de Vila Nova de Ourém depois de um interregno coincidente com as mudanças de governo), instruindo-o para que sejam proibidas as comemorações do 13 de maio.[254] Oliveira Santos remete a ordem a diversas pessoas, incluindo Gilberto dos Santos, que informa o Dr. Formigão, dizendo que, por causa desse fato, tenciona "mandar a Imagem para Fátima dias antes", para evitar que seja apreendida.[255]

Entretanto, d. António Mendes Belo — que nunca foi a Fátima nem se pronunciou publicamente sobre os acontecimentos da Cova da Iria — informa ao dr. Eurico Lisboa que "não pode conceder a licença solicitada" na petição que ele lhe enviara, para que se realizasse uma missa campal na Cova da Iria, lembrando que já tinha respondido o mesmo "a pessoas que para esse efeito o procuraram".[256]

E, assim, chegou o dia 13 de maio de 1920, que amanheceu bastante chuvoso. O Visconde de Montelo descreve o dia em seu estilo romanceado, contando como a Guarda Republicana atacou sem motivo os camponeses que procuravam passar para a Cova da Iria e referindo-se à imagem guardada na igreja de Fátima, que "um devoto convertido em 1917 mandara de propósito fazer"[257] — alusão que vai motivar um veemente protesto escrito de Gilberto dos Santos, cansado desse "horrível boato" que garante não corresponder à verdade. "Ora tenha paciência Snr. Dr. Formigão, mas eu não sou nenhum convertido e custa-me desculpá-lo pois que me parece que já contei minha vida. Salvo erro",[258] escreve-lhe.

O Mensageiro, já no dia 14, escreve que "a concorrência foi extraordinária, havendo a lamentar a agressão feita pela força pública a uns homens do povo". O semanário de Leiria diz ainda, no breve que dedicou ao tema e no qual menciona, erradamente, o ano das "aparições" como sendo 1918: "A mesma força impediu que a Lúcia, única sobrevivente das supostas ou verídicas aparições, fosse à Cova da Iria."[259] Também Oliveira Santos dá sua versão dos fatos, em um telegrama enviado ao governador civil de Santarém, no qual explica: "Regressaram forças Fátima ponto Alguns reacionários tendo provocado força foram dispersados à coronhada ficando um ferido ponto Protagonista mistificação Lúcia Santos apareceu vestida branco com coroa flores acompanhada bastantes mulheres tendo Comandante força entregue família ponto Povo Concelho indiferente tendo vindo muitas pessoas Concelho T. Novas acompanhadas padres."[260]

Dias depois, Lúcia e a mãe, Maria Rosa, deveriam partir para Lisboa, para a casa de Maria Assunção Ribeiro de Avelar, mas a viagem acaba sendo adiada para julho. Antes disso, a menina ainda passa alguns dias na casa dos pais de Gilberto dos Santos, em Torres Novas. "Esteve uma semana de visita",[261] contou este. O homem relata ainda o fato inédito de que Lúcia, recordando a primeira "aparição", teria dito que Jacinta perguntou à "Senhora": "Vossemecê quer uma cordeirinha?", recebendo como resposta: "Não. Não são tuas, são dos teus pais."[262] Uma afirmação curiosa, cuja veracidade nunca foi confirmada, e que é, claramente, uma adaptação da lenda em torno da Nossa Senhora de Ortiga, que não é mencionada em nenhuma outra literatura relacionada com Fátima, incluindo as Memórias de Lúcia. Confundiu-se Lúcia ou confundiu-se Gilberto? É certo que ambos relataram fatos impossíveis de comprovar por ausência de outras testemunhas, por isso é difícil dizer quem errou dessa vez.

Quanto à imagem destinada à capela da Cova da Iria, continuava à espera, guardada na igreja de Fátima, e só seria transferida para o local a que se destinava no mês seguinte. Aparentemente, essa transferência teve o beneplácito de Oliveira Santos, que, segundo relatou o dr. Magalhães de Vasconcelos em carta ao dr. Formigão, teria dito a uma paroquiana que não se opunha à transferência, desde que agissem como se ele nada soubesse e não fizessem do fato grande alarido.[263] Para Gilberto dos Santos, esse seria o dia de mais uma espetacular visão:

> Ao ser a imagem colocada sobre o pequeno altar, naquele mesmo momento, sobre Ela incidiu um foco de luz-colorida-transparente, vinda do Céu, também

com as cores do arco-íris. — Fenómeno semelhante aos que vi em 13 de setembro e 13 de outubro de 1917. Mas desta vez, como foco projetado do céu e não em feitio de estrada (semelhante à projeção dum holofote, projetado de cima para baixo). (...) As seis velas que estavam iluminando a Imagem davam as chamas coloridas e mudavam de cores. Enquanto uma vela dava a chama duma cor, as outras velas, no mesmo momento, davam as chamas de cores diferentes. E todas mudavam de cor periodicamente.[264]

No início de julho, Lúcia e Maria Rosa partem, finalmente, para Lisboa. A menina ainda vai passar um dia em Parede, com a família do dr. Eurico Lisboa, onde aprecia a delícia de ir à praia, mas a ordem (impossível de cumprir) é que a visita das duas seja segredo. Em 30 de julho, Maria Rosa volta para Aljustrel. Lúcia fica, supostamente, para ingressar em um colégio na capital. Em uma carta datada desse dia, Maria da Assunção diz que a entrada da jovem no colégio deverá acontecer "amanhã ou no domingo",[265] mas isso nunca viria a se concretizar. Em 8 de agosto, a menina é mandada de volta para Aljustrel, levando uma nova carta de sua hospedeira para o dr. Formigão, na qual se explica: "A Snr.ª D. Maria Emília Brandão, presidente da Comissão da obra de St.ª Marinha e Cintra, escreveu-me, dizendo ter a maior pena de ter contrariado os nossos projetos, mas que a preocupava tanto o sossego daquelas senhoras e a prosperidade daquela obra que tanto bem estava fazendo, que receou comprometê-la por uma imprudência."[266] Essa foi a verdadeira razão da partida de Lúcia de Lisboa, mas a história que foi contada à menina, para consolá-la, foi bem diferente. O que disseram a Lúcia foi que o governo soubera de sua presença na cidade e pretendia agir contra ela. Amedrontada, ela acreditou. Uma versão "evidentemente exagerada e urdida unicamente para consolar Lúcia".[267]

A jovem não ficaria, de qualquer modo, muito mais tempo em Aljustrel. Ao voltar para casa, já estava instalado em seu novo cargo o bispo de Leiria, d. José Alves Correia da Silva, que chegara à diocese no dia 5 de agosto, depois de ter sido formalmente nomeado para o cargo em 15 de maio. É esse homem, que o cônego Barthas descreveu como tendo uma "terna devoção por Lourdes", tendo realizado dezessete peregrinações àquele santuário, cinco das quais depois de se tornar bispo,[268] quem, no futuro, vai gerir o destino de Lúcia e tudo o mais que se relacionava com Fátima.

Criando um centro de peregrinação

Maria Rosa desconfiou quando viu a filha chegar em casa carregando toda a roupa que tinha levado para Lisboa. Apesar de a irmã do dr. Formigão, Antónia Formigão, lhe ter garantido, por carta, que a menina não podia, por enquanto, entrar no colégio, motivo pelo qual iria "passar as férias e depois se resolverá".[269] Ora, passar férias em Aljustrel era algo que deixava até Maria Rosa "muito satisfeita", mas a mulher não era tola. "Há uma coisa que me traz apreensiva, que é o motivo de ela ter trazido tudo quanto lhe pertence. Não sei por esse motivo se ela irá ou não para o colégio, em Lisboa, após a terminação das mesmas férias",[270] argumentou na resposta a Antónia.

O regresso de Lúcia não passa despercebido, e as solicitações para que ela vá passar temporadas na casa de algumas famílias continuam. Maria Pereira Neves escreve à jovem em 14 de setembro, perguntando-lhe quando ela volta à casa dela, em Torres Novas. "Tinha muito gosto de cá a ver",[271] diz. No dia 23, é Egilda Sequeira quem escreve de Leiria à menina, dizendo-lhe: "Vou-lhe pedir para vir aqui passar alguns dias como tínhamos aí combinado e prometeu-me de vir aqui estar alguns dias por isso peço-lhe para vir sim Lucinha."[272]

A essa altura, Manuel Nunes Formigão já tinha se encontrado, pela primeira vez, com o bispo de Leiria, a pedido deste. O encontro aconteceu em 15 de setembro e, apesar do entusiasmo do padre e professor — que em uma carta enviada a d. José Alves Correia da Silva, três dias antes, já se dizia convencido de que o que acontecera na Cova da Iria eram "fenómenos dignos do exame atento e refletido de pessoas estudiosas e por ventura da atenção da autoridade eclesiástica" —, não teria deixado o dr. Formigão particularmente satisfeito, já que ele teria encontrado no bispo "uma frieza e uma indiferença difíceis de disfarçar por tudo o que interessava ao fim principal da visita".[273] Uma atitude que, caso tenha existido, desapareceu completamente quando, em 12 de outubro, o bispo recebeu a visita do prior do Olival e vigário de Ourém, o padre Faustino José Jacinto Ferreira, ficando aparentemente tão entusiasmado com o que este lhe contou que o encarregou de comprar, em seu nome, os terrenos da Cova da Iria.[274]

O padre Faustino é uma das figuras mais curiosas de todo o processo de Fátima. Não só ele surge como figura central no aparente convencimento do bispo a respeito da importância de Fátima — o que teria para lhe dizer que o Dr. Formigão não soubera ou não quisera expressar? — como a própria Lúcia vai revelar mais tarde o que teria sido uma orientação muito próxima do clérigo durante as "aparições". O prior será também acusado, por alguns críticos de Fátima (como já fizera *O Século*), de ser responsável pela "invenção" de Fátima, mas, tal como aconteceu com outros nomeados, nunca foram apresentadas provas nesse sentido.

Certo é que é uma pena que a conversa mantida entre ele e d. José, nesse dia de outubro de 1920, não tenha ficado registrada. O resultado do encontro, contudo, é bem claro — a transformação da Cova da Iria em um centro de peregrinação deslancha definitivamente.

Conforme se viu, a ideia de comprar os terrenos já entusiasmava o dr. Formigão havia algum tempo, e o assunto foi discutido em Ourém, entre ele e o padre Faustino, em algum momento entre as visitas de ambos ao bispo. Em uma carta do dia 6 de outubro, que o professor envia ao vigário do Olival, comunica-lhe ter ido a Fátima para pôr o pároco a par dos planos de ambos, passando ainda pela casa de seus amigos de Montelo, que também se comprometeram a ajudar. Escreve ele:

> Entretanto, o Sr. Vigário de Torres Novas, que é natural de Fátima e parente próximo dos Gonçalves, teve de ir àquela povoação, onde reuniu os referidos proprietários, que se mostraram dispostos, atento o fim de que se tratava, a ceder gratuitamente ou por módicos preços a propriedade dos terrenos, com exceção dum irmão da Lúcia, que exige pela sua parte, aliás pequena, uns oito ou dez contos.[275]

Nessa fase do projeto, em que o bispo não dera ainda suas ordens, Manuel Nunes Formigão explica ao colega de Olival que Alberto Diniz da Fonseca

CRIANDO UM CENTRO DE PEREGRINAÇÃO

— ex-deputado pelo Centro Católico Português e outro dos fundadores do Centro Académico de Democracia Cristã — sugerira que a compra deveria ser feita por uma sociedade da qual fariam parte ele próprio, o dr. Formigão, e o dr. Eurico Lisboa, mas o professor defende que dessa comissão "não deve fazer parte nenhum eclesiástico, para se evitarem as insinuações malévolas das pessoas mal-intencionadas".[276]

A questão seria superada quando d. José, depois de ter recebido um memorando do padre Faustino dando conta da existência, em Fátima, de 1.500 escudos em esmolas, além de alguns objetos de ouro e prata, determinar, conforme deixou escrito no verso do documento: "No dia 12 de outubro de 1920, depois de ouvir os Rev. Consultores, encarreguei o Rev. Prior do Olival e Vigário de Ourém de comprar em meu nome os terrenos com o dinheiro das esmolas."[277] Ao mesmo tempo, o bispo inicia diligências para tirar Lúcia de Aljustrel o mais rapidamente possível.

Em 20 de outubro, informa ao dr. Formigão que recebeu uma carta da responsável pelo Asilo de Vilar, no Porto, comunicando-lhe a religiosa que "aceita a pequena, com a condição, porém, de ninguém saber que vai para lá nem ela se referir às visões". D. José diz ainda: "A pequena está aqui agora e não acho bem, como disse a V. Ex.cia quando fez o favor de aqui estar."[278] Lúcia tinha aceitado o convite de Egilda Sequeira e encontrava-se, naqueles dias, em Leiria. Curiosamente, apesar de o bispo dizer que a exigência de que se mantivesse segredo sobre a presença de Lúcia no Porto partira da própria responsável do asilo, a irmã Maria das Dores Magalhães, que era superiora de Vilar quando Lúcia lá chegou, diria, em uma carta de 1928, que fora o bispo quem ordenara que ninguém soubesse quem era a nova interna do asilo. "Fui eu que recebi a Lúcia em Vilar quando eu lá era Sup.ra, e ali a conservei escondida como o Snr. Bispo de Leiria me pediu", conta ela na missiva de 1º de março de 1928, dirigida à madre geral das doroteias. E, mais à frente, frisa: "E enquanto lá estive não se divulgou, porque o Snr. Bispo de Leiria assim mo ordenou."[279]

O futuro do que será Fátima — um enorme centro de peregrinação, com base nas palavras da única "vidente" viva, mas sempre ausente e resguardada do público — entra agora em fase acelerada.

Antes de o mês terminar, no dia 25, o padre Faustino escreve de novo ao dr. Formigão, lamentando-se por ignorar se ele cumprira o que lhe fora ordenado: "Ir à Fátima e comprar todos os terrenos na Cova da Iria junto ao oratório ali existente". A pergunta, explicava, vinha do próprio bispo, que "deseja fazer da Cova da Iria um grande centro de Piedade!". Há, apesar de tudo, algo que preocupa o padre Faustino: "Afigura-se-me que não será difícil fazer a compra dos terrenos, mas onde ir lançar mão das massas para o pagar?"[280]

Nesse ínterim, o Dr. Formigão confessa ao bispo que lhe parece irrealista que a família de Lúcia consiga manter segredo sobre o local para onde a jovem será levada, mas os passos para tirá-la de Aljustrel continuam. Depois de Assunção Avelar se negar a assumir as despesas inerentes ao internamento da jovem no asilo, argumentando ser "muito pesado"[281] para ela, d. José pede a ajuda[282] de uma conhecida sua de Braga, Maria da Conceição Maldonado Pereira. No ano seguinte, não só Lúcia sai definitivamente de Aljustrel, como são comprados muitos dos terrenos da Cova da Iria. Em fevereiro, o arquiteto Gerardus van Krieken, o primeiro a desenvolver um projeto para o santuário e seu entorno, já escreve ao bispo dizendo-lhe que está trabalhando nas modificações que este sugerira ao desenho original.[283] Além disso, em 10 de junho é finalmente publicado o opúsculo "Os Episódios Maravilhosos de Fátima", do Visconde de Montelo, alargando-se a propaganda em torno de Fátima, que salta assim das páginas de *A Guarda*, onde morava quase exclusivamente nos últimos anos, para a casa de muitas pessoas mais.

1921

Em 17 de abril de 1921, Manuel Nunes Formigão escreve ao padre Faustino, insistindo (agora ele) na necessidade de pôr "mãos à obra, quanto antes" nos projetos de aquisição dos terrenos e construção do santuário.

> Parece-me que os proprietários dos terrenos das imediações do local estão dispostos a cedê-los de graça ou por preços razoáveis e moderados, à exceção do irmão da Lúcia, que queria uns nove contos pelo seu pequeno trato de terreno, mas que já está disposto a cedê-lo por muito menos, por ver que até agora ainda não lho quiseram comprar. Talvez fosse conveniente comprar os outros terrenos, pois o dele não é absolutamente indispensável, podendo construir-se o Santuário e fazer-se o arruamento noutra direção. Vendo-se desprezado, o homem teria de ceder o terreno por um preço razoável. Ou talvez não fosse

CRIANDO UM CENTRO DE PEREGRINAÇÃO

pior o Sr. Bispo chamá-lo a Leiria e fazer o ajuste com ele em seu nome ou em nome de alguma comissão *ad hoc*.[284]

O ano de 1921 vai ser muito atarefado para os padres envolvidos na compra de terrenos para a diocese de Leiria. Em 2 de agosto, o padre Faustino comunica ao colega Formigão que tem ordens do bispo "para ir no dia 13 à Cova da Iria comprar os terrenos", apesar de "as massas existentes" serem "poucas".[285] Pergunta-lhe, por isso, se não haveria alguém que quisesse contribuir para a empreitada. Mas a verdade é que, no dia 16, ele anuncia, em nova carta enviada ao dr. Formigão: "Estão comprados os terrenos da Fátima, talvez mais de 100 jeiras, segundo os entendidos. Muito custou a converter o caturra do irmão da Lúcia, mas... já se pode ali formar uma cidade em toda a terra comprada que vai ainda desde a estrada da Batalha a Vila Nova." O padre diz que "está dado o 1.º passo", alertando que o mais necessário "é não recuar no caminho encetado", defendendo, por isso, que é essencial "mandar benzer o nicho na Cova da Iria a fim de haver ali missa ao menos nos dias 13 e sermão para mais se ir afervorando a piedade dos fiéis". Com esse incentivo, diz ele ao padre Formigão: "Creia que se há de fazer ali um grande centro de piedade."[286]

No dia 14 de setembro de 1921 são, assim, lavradas as primeiras escrituras de compra de terrenos na Cova da Iria, pela Igreja, em nome do prior de Santa Catarina da Serra, o padre Joaquim Ferreira Gonçalves das Neves, que assume essa responsabilidade por ordem do bispo de Leiria. Este, na mesma data, vai pela primeira vez à Cova da Iria, rezando o terço na capela e autorizando, formalmente, "que se celebrasse lá missa nos dias 13".[287] A primeira será celebrada no dia 13 de outubro do mesmo ano.

A visita deve tê-lo entusiasmado ainda mais para o projeto que tinha em mãos, porque, no dia 17 de setembro, de Olival, segue uma nova carta para o padre Formigão, na qual o padre Faustino conta quais são os planos do bispo para a Cova da Iria. "Quer fazer 14 capelas, sete de cada lado, a começar na estrada, e quase ao cimo da propriedade que era do irmão da Lúcia, construir um templo representando o último dos mistérios — Coroação da Maria Santíssima pelo seu Amado filho como Rainha do Céu e da terra!"[288] Aparentemente tocado por tudo o que está acontecendo, o padre Faustino confessa que começou "a ganhar um certo calor e gosto pelo culto na Fátima em honra de N. Senhora", admitindo: "E hoje em nada mais penso." O passo seguinte, deseja, é encontrar água naquele terreno árido. "Já dei ordens ao Sr. José Alves para mandar já fazer uma sonda à procura d'água e se ela aparecer, vamos ter uma Lourdes Portuguesa. — Assim o espero",[289] explica a Formigão.

Os trabalhos dão frutos, e em 9 de novembro o padre Faustino conta que já bebeu água "do poço que se anda a fazer com 25 palmos de circunferência". A água, confessa, não é muita,[290] e o poço será alimentado sobretudo pelas chuvas, que ficarão armazenadas naquela espécie de cisterna, mas não será preciso muito para que a pequena nascente encontrada junto da capela passe a ser vista como uma "nascente providencial",[291] capaz dos maiores milagres.

Não é hora de pôr freios na tarefa a que os padres, sob as ordens do bispo de Leiria, se lançaram, e a 10 de novembro o dr. Formigão está aconselhando o prelado "a adquirir mais terrenos, em volta dos já adquiridos". "Agora será fácil adquiri-los; mais tarde não sei", escreve em uma carta a d. José. No entanto, outra coisa incomoda o padre e professor: toda essa atividade, toda a compra de terrenos, projetos para o santuário e estruturas adjacentes, está decorrendo sem que a Igreja tenha ainda se pronunciado sobre a veracidade das "aparições". É por isso "urgente", avisa o dr. Formigão, "a organização de um processo episcopal de inquérito, à semelhança do de Mons. Laurence sobre os acontecimentos de Lourdes, coroado pela respetiva sentença acerca da sobrenaturalidade das aparições e de algumas curas escolhidas". E, acrescenta o padre, se ainda não fosse possível ter elementos suficientes para se obter, de imediato, uma sentença favorável também em Fátima, "o inquérito podia, sem inconveniente, prolongar-se por tempo indefinido". A opinião do dr. Formigão sobre o resultado desse inquérito estava, contudo, tal como já vimos, delineada:

> Mas eu tenho a convicção de que a sentença não deixaria de ser favorável ao reconhecimento da sobrenaturalidade dos acontecimentos, embora o processo canónico levasse anos a concluir, e nesse caso que liberdade de ação do clero e dos católicos para propagar desassombradamente o culto de N. S. do Rosário de Fátima e a grande obra para cuja realização V. Ex.cia Rev.ma foi escolhido pela Providência (!).[292]

A compra de terrenos vai, portanto, prolongar-se para o ano de 1922, quando outro acontecimento vai contribuir para dar um novo impulso à devoção na Cova da Iria. Mas, ainda em 1921, o bispo de Leiria dita, em carta

CRIANDO UM CENTRO DE PEREGRINAÇÃO

ao novo pároco de Fátima, Agostinho Marques Ferreira, as primeiras regras que devem ser implantadas no local. Chocado com o fato de ter ouvido que em 13 de novembro tinham sido lançados fogos na Cova da Iria e que "até havia vinho para vender", o bispo avisa: "Aquele lugar é d'oração e penitência. Mais nada." O documento, com a data de 18 de novembro, inclui as duas regras que D. José exige ver cumpridas:

> 1.º Não é permitido o uso de foguete na Cova d'Iria. No caso de algum devoto ter feito a promessa de os lançar, autorizo V. Rev.cia ou outro sacerdote, no exercício das suas ordens a comutá-la, revertendo a esmola a favor do culto a Nossa Senhora.
> 2.º Não é permitida a venda de vinho ou outras bebidas alcoólicas naquele lugar. O abuso de vinho é infelizmente causa de muitas profanações e muitas desordens. Não posso permitir que o culto a Nossa Senhora seja ocasião de pecados.

Dadas as ordens, o bispo deixa um último aviso: no caso de não ser obedecido, proibirá a celebração de missa na Cova da Iria "sob pena de suspensão do presbítero que ousar fazê-lo".[293]

*

Tudo isso acontece já sem a presença de Lúcia, que se encontra internada no Asilo de Vilar, no Porto, desde 17 de junho de 1921. Lá, é proibida de dizer quem é ou de falar de Fátima, e passa a ser chamada de Maria das Dores, em vez de por seu nome de batismo. Se pudesse escolher, Lúcia preferiria ter ido para Lisboa, mas não foram essas as ordens do bispo e, como ela escreveu em suas Memórias, após o primeiro encontro com o prelado, colocou-se em suas mãos, disposta a cumprir o que ele lhe exigia: "Guardar perfeito segredo de tudo que V. Ex.cia Rev.ma me tinha dito e ser boa."[294] O primeiro passo foi cumprir as determinações de uma viagem custosa, para uma jovem de 13 anos, feita, em parte, sob a cobertura da noite, para que ninguém soubesse que partia.

A descrição é da própria Lúcia:

> Sem me despedir de ninguém (...), às duas da manhã, acompanhada de minha mãe e dum pobre trabalhador que vinha para Leiria, chamado Manuel Correia,

pus-me a caminho, levando inviolável o meu segredo. Passámos pela Cova da Iria, para aí fazer as minhas últimas despedidas. Rezei, aí, pela última vez, o meu Rosário; e, enquanto avistei o local, fui-me voltando para trás, como que a dizer-lhe o meu último adeus. Chegámos a Leiria, aí pelas nove da manhã. Lá me encontrei com a Senhora D. Filomena Miranda, mais tarde minha madrinha de Crisma, encarregada por V. Ex.cia Rev.ma para me acompanhar. O comboio partia às duas da tarde e lá estava eu, na estação, a dar a minha pobre mãe o meu abraço de despedida, deixando-a mergulhada em abundantes lágrimas de saudade. O comboio partiu e, com ele, o meu pobre coração mergulhado em um mar de saudades e recordações que me era impossível esquecer.[295]

Na mesma Memória — a segunda, escrita em 1937 —, Lúcia conta como, antes de partir, fora se despedir dos locais de sua infância "bem certa de que era a última vez que os pisava",[296] mas é preciso levar em conta que essas palavras foram escritas dezesseis anos depois de a jovem deixar Aljustrel, para onde, entretanto, não regressara. Porque, nas primeiras cartas que escreve à mãe, do Porto, Lúcia não dá sinais de ter percebido que sua saída da aldeia seria uma espécie de exílio, ao qual só iria pôr fim, pela primeira vez, em 1946. Logo no dia 21 de junho, quatro dias depois de chegar a Vilar, ela escreve a Maria Rosa, explicando-lhe que qualquer correspondência terá de ser enviada através do bispo de Leiria e mandando "muitas saudades a todas as raparigas" da idade dela. Em julho, repete esse cumprimento e pergunta se "as casas" da irmã Glória estão muito adiantadas, dizendo: "Sempre hei de fazer o mais possível para lá ir."

A partida da "vidente" de Aljustrel acaba sendo notícia no republicano *O Mundo* apenas em 17 de outubro, com o jornal dando conta de que "a pequena Lúcia desapareceu há pouco de casa dos pais, para jamais ser vista, sem que os pais nem as autoridades tratem de averiguar o seu paradeiro".[297] Seguindo sua linha habitual, o jornal descreve a menina como "uma tarada, certamente devido à hereditariedade funesta que sobre ela pesa" — em uma referência ao alcoolismo do pai — e conclui: "De olhar baço, pálida, titubeando, esta pobre criança é uma degenerada que os clericais aproveitaram, especulando com o seu temperamento e que há muito devia estar numa casa de saúde."[298]

CRIANDO UM CENTRO DE PEREGRINAÇÃO

1922

No Porto, Lúcia aprende a escrever, ao mesmo tempo em que cumpre as tarefas diárias que lhe são dadas. Em 5 de janeiro de 1922, escreve o que se acredita serem os primeiros documentos de sua autoria sobre as "aparições". O mais curioso nesses documentos é a descrição que a jovem faz do "rapto" de 13 de agosto de 1917. A essa altura, a versão que seria mais tarde assumida como verdadeira — a de que as crianças tinham sido submetidas à tortura psicológica de pensarem que cada um seria queimado em um caldeirão de azeite fervente — ainda não tinha visto a luz do dia e Lúcia continuaria sem se referir a esse fato agora que, longe de Aljustrel e escondida do mundo, tinha a oportunidade de contar por suas próprias palavras o que acontecera. Tal como já foi referido, Lúcia assume nessa altura a confusão que vai repetir, dois anos depois, no interrogatório oficial para o processo canônico diocesano, defendendo que a "aparição" nos Valinhos aconteceu no próprio dia em que voltou a Aljustrel, 15 de agosto, e não 19, como de fato acontecera.

Sobre o dia 13 de outubro de 1917, a jovem faz uma descrição confusa de todas as criaturas celestiais que afirma ter visto junto ao sol e, quanto à profecia que teria recebido da "Senhora" sobre o fim da guerra, escreve: "Agora, eu compreendi que Ela disse assim: — Quando Eu chegar ao Céu, a guerra acaba hoje. Mas a minha prima Jacinta disse que Ela tinha dito deste modo: — Se o povo se emendar, a guerra acaba hoje. Por isto, não posso afirmar de qual foi o modo que Ela pronunciou estas palavras."[299]

*

Por volta das três horas da madrugada de 6 de março de 1922, uma série de estrondos acordou os povoados mais próximos da Cova da Iria. Quatro bombas colocadas na minúscula capela que o povo erigira no local das "aparições" explodiram, "derruindo por completo o telhado do pequeno templo e produzindo uma das bombas um enorme buraco numa das janelas."[300] Uma quinta bomba, colocada junto ao toco da azinheira onde teriam acontecido as "aparições", não chegou a explodir.

Nesse mesmo dia, às pressas, o pároco de Fátima, Agostinho Marques Ferreira, escreve duas cartas dando conta do sucedido. Uma a Manuel Nunes

FÁTIMA: MILAGRE OU CONSTRUÇÃO?

Formigão e outra ao bispo de Leiria. "Anda em chamas a capelinha da Cova da Iria!!! Era de madrugada quando se ouviu o estampido de bomba. Arrancaram o gradeamento que estava junto do altar e deitaram-no para fora; arrancaram também o que servia de resguardo ao sítio onde está a raiz da azinheira! Desculpe, é à pressa e nervosamente!",[301] dizia a primeira carta. A segunda não diferia muito desta.

A notícia é divulgada em vários jornais, e no Senado pede-se uma investigação do atentado. No dia 10, o ministro do Interior, António Maria da Silva, ordena ao governador civil de Santarém, Augusto de Castro, que o informe sobre o que aconteceu, perguntando-lhe se "ordenou inquérito" para averiguar quem tinham sido os autores do atentado.[302] De Leiria, o bispo instrui o pároco de Fátima a convocar os fiéis para uma ação de desagravo, indo à Cova da Iria "em verdadeira peregrinação de penitência" no dia 13 de março. O padre Formigão percebe imediatamente as vantagens que podem ser tiradas da situação, como se percebe em uma carta que ele envia a d. José no dia 10, na qual escreve: "Estou, porém, convencido de que esta selvajaria, aliás muito para lamentar, não fez mais que tornar a chamar as atenções do país inteiro para a Lourdes portuguesa e intensificar extraordinariamente a corrente de piedade, de generosidade e de dedicação em favor da obra de Fátima."[303] O mesmo entende *O Mensageiro*, que defende: "Atos como este obrigar-nos-ão a dar relevo ao que ali se passa e que, por mais dum motivo achamos extraordinário. O selvagem atentado terá o condão de chamar à Fátima maior concurso de povo do que todas as notícias mais pormenorizadas que se possa dar sobre o que ali se vai passando."[304] Dias depois, o semanário garantia que acontecera o que previra e que "a romaria à Cova da Iria no dia 13, como protesto contra o hediondo atentado cometido na capelinha ali ereta, foi uma imponentíssima manifestação de Fé".[305]

Diante desse chamariz, d. José se questiona se o melhor a fazer, para avivar ainda mais a devoção dos crentes, é restaurar a capela ou deixá-la como está. De novo, o dr. Formigão tem a resposta. Ele diz que começou por achar que o melhor era deixar a capela meio arruinada "pelo menos até ao fim do ano, para despertar a indignação dos peregrinos e aumentar a sua piedade, estimulando-lhe ao mesmo tempo a generosidade", mas depois de uma conversa com o pároco de Fátima e Maria da Capelinha, diz ter mudado de ideia. As obras devem ser feitas, mas não antes do dia 13 de maio que se aproxima, quando se espera, em resposta ao atentado, uma participação "assombrosa".³⁰⁶

Nunca se descobriu quem foi o autor ou os autores do atentado, mas na carta enviada ao bispo com data de 13 de abril, o padre Manuel Nunes Formigão indica os nomes dos supostos autores do crime, chefiados, diz ele, "talvez por um certo Artur d'Oliveira Santos".

> No atentado do dia 6 do mês passado tomaram parte António José da Silva Fialho, taberneiro e ex-regedor da freguesia de S. Nicolau, digo do Salvador de Santarém, Amadeu Torquato da Silva, chefe de conservação de estradas em V. N. de Ourém, carbonário, divorciado, Horácio Motta, contínuo do centro democrático e da Escola Primária Superior de Santarém, e um certo Barata, ex-seminarista e empregado na repartição de correios da mesma cidade.³⁰⁷

Os nomes não foram tornados públicos, nem sequer o resultado da investigação das autoridades — se é que ela se desenvolveu além dos princípios rudimentares. Mas não restam dúvidas de que o atentado teve um único beneficiário: o culto à "Senhora" de Fátima.

Em Leiria, o bispo dá o passo que faltava e que havia muito lhe era pedido por Manuel Nunes Formigão. Em 3 de maio escreve uma provisão, para ser lida em todas as igrejas e capelas da diocese, abrindo o processo canônico diocesano. Em vez dos "teólogos, médicos e astrónomos distintos"³⁰⁸ que o Visconde de Montelo, em entrevista ao jornal *A Guarda*, defendia como membros da comissão a ser criada para investigar o caso de Fátima, d. José escolhe apenas eclesiásticos. A comissão desenhada pelo bispo de Leiria é composta pelo vigário geral da diocese, João Quaresma; pelo prior de Olival, Faustino José Jacinto Ferreira; pelo professor do seminário de Santarém, o padre Manuel Marques dos Santos (que será designado promotor da Fé); pelo prior de Batalha, Joaquim Coelho Pereira; pelo dr. Manuel Nunes Formigão; pelo prior de Santa Catarina da Serra, Joaquim Ferreira Gonçalves das Neves, e pelo pároco de Fátima, Agostinho Marques Ferreira. No documento, que seria publicado na íntegra em *O Mensageiro*, em 13 de maio, o bispo ordena a todos os fiéis de sua diocese e pede aos das restantes "que deem conta de tudo quanto souberem quer a favor quer contra as aparições ou factos extraordinários que lhes digam respeito, e testifiquem especialmente se nelas houve ou há qualquer exploração, superstição, doutrinas ou coisas deprimentes para a nossa Santa Religião."[309]

Cinco anos depois das "aparições", muitos meses depois de começar a preparar a transformação da Cova da Iria em um centro de peregrinação, com a compra de terrenos e a encomenda de projetos, a Igreja manda, finalmente, que se investigue o que se passou ali com Lúcia, Jacinta e Francisco. Em 16 de novembro de 1921, diante da insistência de Formigão para que se iniciasse o processo canônico, o bispo justificara o atraso com o fato de que havia apenas pouco tempo que recebera "os papéis" referentes ao caso, que se encontravam ainda na diocese de Lisboa[310] — a responsável por Fátima, na época das "aparições". Agora, depois do atentado à bomba e quando se prepara o que se espera ser uma enorme peregrinação no dia 13 de maio, o bispo decide finalmente avançar.

Como reação imediata, o governo procura repetir a proibição da peregrinação de Fátima à Cova da Iria — como já fizera em situações anteriores, incluindo em 13 de junho de 1921 —, mas o novo administrador do concelho de Vila Nova d'Ourém, António Joaquim de Sousa Leitão, comunica que isso "é impossível", dado o elevado número de pessoas esperado — entre 30.000 e 50.000 pessoas, segundo se estima.[311]

Dessa vez, a profecia se cumpre. Em 13 de maio dezenas de milhares de pessoas se reúnem na Cova da Iria. O poço, apesar da água barrenta que o enche, é procurado por muitos peregrinos, que bebem sem se preocupar com as consequências nefastas, em busca de um dos "milagres" a que jornais como *A Guarda* vinham dando publicidade.

Nesse meio-tempo, a comissão canônica já se reunira — tanto quanto se sabe, pela primeira e última vez, até o dr. Formigão apresentar o relatório final, escrito exclusivamente por ele, para aprovação final, em 1930. Nessa primeira reunião, logo no dia 4 de maio, os membros da comissão acordam "na publicação de um boletim mensal a que se daria o nome de *Voz de Fátima* e que seria destinado a registar todas as notícias e informações relativas aos acontecimentos de Fátima".[312]

O boletim, sob a direção do padre Manuel Marques dos Santos e contando sempre com a colaboração indispensável do Visconde de Montelo, vai se tornar o mais importante órgão de propaganda de Fátima, mantendo-se em circulação até hoje. É por suas páginas que vão passando os relatos de supostas "curas miraculosas" que fazem crescer a devoção em torno da Cova da Iria.

CRIANDO UM CENTRO DE PEREGRINAÇÃO

E é esse, sobretudo, o maior feito da comissão, já que o relatório de 1930, apesar de permitir oficializar o culto de Fátima, aparece a uma altura em que todo o processo estava já demasiado adiantado para ser travado por um documento oficial qualquer — ainda mais porque, como já se tornara evidente, o Dr. Formigão estava havia muito convencido de que o resultado desse relatório seria a favor da veracidade das "aparições".

Entre 1922 e 1930, além de recolherem os depoimentos que lhes vão chegando — sobretudo e cada vez mais à *Voz de Fátima* —, alguns dos membros da comissão procedem a uns poucos interrogatórios. De 26 a 30 de setembro de 1923, os padres Manuel Nunes Formigão e Manuel Marques dos Santos ouvem Manuel Pedro Marto e Olímpia de Jesus, os pais dos já falecidos Francisco e Jacinta, Maria Rosa, mãe de Lúcia, Maria da Capelinha e o marido, Manuel António de Paula, e José Alves. Todos os testemunhos são orais e transcritos por um secretário, uma vez que nenhum dos depoentes sabe escrever. Em 8 de julho de 1924, depois de concedida a licença pelo Bispo do Porto, d. António Barbosa de Leão, Lúcia é submetida ao interrogatório oficial para o processo, pelos mesmos dois sacerdotes e na presença do padre Manuel Pereira Lopes, que serviu de notário. A menina já tinha 17 anos.

Anteriormente, Lúcia estimara a idade da "Senhora" em algo como 15 anos;[313] agora diz que ela teria "entre 18 a 22 anos".[314] Sobre o segredo, a jovem confirma que em 13 de julho a "Senhora" "disse umas coisas", indicando "que as não deviam dizer, senão ao Francisco". Esse é pelo menos o termo usado na primeira versão, com os apontamentos do interrogatório, surgindo, na versão final, uma expressão ligeiramente diferente: "Em seguida, confiou a mim e à Jacinta algumas palavrinhas, recomendando-nos que não as disséssemos a ninguém, só as podendo dizer ao Francisco", lê-se nesse documento.[315] Lúcia conta agora a versão mais assustadora dos dias passados na casa do administrador do concelho, Artur de Oliveira Santos, e insiste que a "aparição" de Valinhos se dera no próprio dia em que ele a mandou para casa com os primos, em 15 de agosto. Recorda-se de ter pedido ao primo João que fosse chamar a Jacinta, que ficara em casa, mas agora afirma que lhe ofereceu "2 vinténs",[316] e não um. E quanto à promessa feita pela "Senhora" sobre o que aconteceria em outubro, Lúcia afirma agora que ela lhe dissera que faria "um sinal no sol",[317] algo que nunca mencionara antes de 13 de outubro de 1917 e que seria uma declaração claramente influenciada pelos acontecimentos desse dia.

FÁTIMA: MILAGRE OU CONSTRUÇÃO?

Perto da conclusão do interrogatório, Lúcia dá outra informação que, mais tarde, vai desmentir. Diz a jovem que, depois da "aparição" de 13 de outubro de 1917: "Desapareceu tudo e nunca mais vi nada até hoje."[318]

Depois desse interrogatório, o único documento oficial que se conhece do "trabalho da comissão" é o relatório elaborado pelo dr. Formigão. A ata de aprovação desse documento é de 14 de abril de 1930, mas, até lá, muita coisa ainda iria acontecer, incluindo o fim da Primeira República.

*

Leonor das Dores Salema Manuel, de Cascais, não contava que lhe acontecesse aquilo. Em 13 de maio de 1922, na Cova da Iria, o sol voltou a lhe aparecer sob aspetos que a deslumbraram. Ela mal podia esperar para contar ao dr. Formigão que vira no sol "os mesmos prodígios que em 13 d'outubro de 1917, com a diferença de os ver agora menos intensos", motivo pelo qual dois dias depois da peregrinação já estava a lhe enviar uma carta, na qual descreve o que testemunhou, alertada por uma companheira, pelas sete da noite.

> Logo a seguir chamou pelo meu nome: "Veja, veja se foi isto que viu da outra vez." Eu tinha logo olhado, fitei e vi o sol tomar a cor verde, vi-o destacado do Céu, vi aquelas manchas amareladas aqui e acolá, vi as caras das outras pessoas e tudo tomar aqueles tons arroxeados e amarelados. Não tinha, aos meus olhos, aquele giro tão vertiginoso da outra vez nem aqueles raios luminosos que vinham até ao chão; mudava menos de cor, conservando-se sempre mais acentuadamente verde; mas por várias vezes, repito, vi as caras das pessoas arroxeadas e amareladas.[319]

Depoimentos como esse, descrevendo sinais extraordinários no céu, foram aparecendo, esporadicamente, ao longo dos anos. E, ainda que tenham sido mais frequentes nos primeiros tempos após as "aparições", nunca deixaram completamente de existir. Ainda em maio de 2016, um diário noticiava que "mais de uma centena de fiéis assistiu ontem, em Ourém, ao que dizem ser um novo 'milagre do sol', quando acompanhavam a saída da imagem peregrina de Nossa Senhora de Fátima da igreja matriz".[320] Ouvido pelo jornal, Alfredo Gonçalves, de 73 anos, disse: "Foi espetacular, até me

Jacinta, Lúcia e Francisco, em uma fotografia de 1917, junto à igreja de Fátima. Depois que as "aparições" se tornaram notícia, a vida dos três pastores nunca mais foi a mesma.

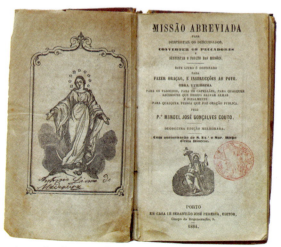

Página de abertura da *Missão abreviada*, do padre Manoel Couto. A mãe de Lúcia, Maria Rosa, admitiu ler várias passagens aos filhos, incluindo o relato das supostas aparições da Virgem, a dois pastorinhos, na França. Lúcia desvalorizou sempre este fato, negando ter sido influenciada por ele.

O cônego Manuel Nunes Formigão é apontado como um dos principais responsáveis pelas adaptações que a versão inicial da história sofreu. Chegou a Fátima em setembro de 1917, dando início aos interrogatórios às crianças e aos seus familiares. O padre, depois cônego, tomava notas das respostas que recebia, criando depois uma "versão literária" das conversas.

Com a cabeça coberta por um véu transparente e ornamentado com flores, Jacinta é carregada no colo até o local das "aparições", depois do alegado milagre do sol, em 13 de outubro de 1917. Em um artigo publicado em *O Século*, em 15 de outubro, o jornalista Avelino de Almeida refere-se a Jacinta como a criança que "está mais para desmaiar do que para danças".

Ao classificar o fenômeno como uma "intrujice" fabricada pela Igreja e os crentes como ignorantes, a imprensa anticlerical antagonizou o mundo rural profundamente católico, ao mesmo tempo que despertou a curiosidade do país, contribuindo para a divulgação dos acontecimentos da Cova da Iria.

Peregrinos olham para o céu durante o designado "milagre do sol" em 13 de outubro de 1917. O número de presentes não é consensual, variando, conforme os testemunhos, entre 15 mil e 80 mil. Avelino de Almeida, n'*O Século*, situava-o entre "30 e 40 mil criaturas".

A família de Lúcia, em Aljustrel. Ao contrário dos pais de Francisco e Jacinta, os pais de Lúcia sempre mantiveram reservas em relação ao relato das crianças sobre as aparições. A mãe de Lúcia chegou mesmo a ameaçar e bater na criança, com o propósito de obrigá-la a se desdizer, mas nunca conseguiu.

Judah Bento Ruah captou as mais famosas imagens de Fátima em 13 de outubro de 1917. As imagens da enorme massa de pessoas presentes na Cova da Iria e as expressões de alguns dos peregrinos, supostamente enquanto ocorria o "milagre do sol", encheram algumas páginas da *Ilustração Portuguesa* de 29 de outubro de 1917.

A azinheira sobre a qual os três primos diziam ter visto Nossa Senhora não sobreviveu à ânsia de todos os que queriam levar para casa um pedaço da árvore. Bem antes de outubro de 1917, a árvore ficou reduzida a um pequeno toco. Para assinalar o local, foi montado um pórtico de madeira, onde alguns peregrinos se fizeram fotografar na companhia de Francisco, Lúcia e Jacinta.

A pequena Capela das Aparições foi erguida pelo povo em 1919, mas só em 1921 foi celebrada a primeira missa. Aliás, quando a região ainda estava sob a alçada do bispo de Lisboa, este não permitira sequer que se realizasse uma missa campal no local. Tudo mudaria com a instauração da diocese de Leiria e a chegada de D. José Alves Correia da Silva.

Na madrugada de 6 de março de 1922 várias explosões danificaram seriamente a Capela das Aparições. As suspeitas recaíram sobre os republicanos anticlericais, mas nunca ficou claro quem colocou os explosivos. Os únicos beneficiários do atentado foram os defensores de Fátima, que viram reaparecer o fenômeno, já quase esquecido no país.

Depois de uma primeira fase de maior cautela, o jornal *O Mensageiro* se tornaria um dos mais ativos divulgadores do fenômeno de Fátima, com manchetes como esta estampando a primeira página depois de mais uma peregrinação.

O primeiro *Manual do Peregrino da Fátima* foi publicado em 1926, transpondo as regras ditadas por D. José em um ofício do ano anterior que, entre outras coisas, ditavam que "as peregrinações a Nossa Senhora do Rosário de Fátima devem conservar o seu caráter primitivo de piedade, penitência e caridade".

Sob o pseudônimo de Visconde de Montelo, o cônego Manuel Nunes Formigão publicou vários livros sobre Fátima, sendo, indubitavelmente, o seu maior propagandista. *As grandes maravilhas de Fátima*, editado em 1927, foi o terceiro título, mas outros seriam publicados posteriormente.

Apesar da aridez da serra de Aire, meses após o fim do ciclo de "aparições" foi aberta uma cisterna e encontrada uma nascente com águas a que eram atribuídos diversos "milagres". Aqui, em uma imagem de 1928, pode-se ver a afluência de peregrinos às diversas bocas da "fonte milagrosa" aberta nos terrenos do santuário.

Estes pequenos anúncios, publicados nas páginas do semanário católico de Leiria O Mensageiro, mostram como houve quem, muito rapidamente, percebesse o potencial econômico das "aparições" da Cova da Iria.

Em 1928 o arcebispo de Évora, D. Manuel da Conceição Santos, benzeu a primeira pedra da basílica de Nossa Senhora do Rosário, dando-se assim o impulso final ao projeto que D. José começara a idealizar anos antes, com os primeiros terrenos necessários a serem comprados logo em 1921.

A construção do santuário sofreu várias alterações à medida que os anos passaram. A imensa basílica da Nossa Senhora do Rosário, cuja construção fora iniciada em 1928, só ficou completamente concluída em 1953.

Esta imagem, presumivelmente tirada em 1926, mostra a Cova da Iria ainda com o seu ar campestre e a Capela das Aparições isolada entre azinheiras. Mas a transformação do local já estava em marcha.

O enorme recinto do santuário de Fátima na atualidade. A basílica de Nossa Senhora do Rosário é, agora, acompanhada no outro extremo da esplanada pela basílica da Santíssima Trindade, cujos custos foram estimados em 80 milhões de euros.

D. José Alves Correia da Silva, o primeiro bispo de Leiria, só foi nomeado em 1920, mas desde muito cedo pôs em marcha o processo de transformação da Cova da Iria em um centro religioso. D. José mandou comprar os terrenos e encomendou o projeto do santuário ainda antes de mandar abrir o inquérito diocesano às "aparições". Não há dúvida de que, sem a sua intervenção, Fátima não seria o centro de peregrinação que se tornou.

A irmã Lúcia com o bispo de Leiria, D. José Alves Correia da Silva, presumivelmente na data em que a jovem se tornou freira, em 1934. O bispo manteve sempre uma apertada vigilância sobre a vida de Lúcia, isolando-a dos que a conheciam e controlando a sua pouca correspondência com a mãe. Foi ele quem ordenou a Lúcia que escrevesse as memórias que acabariam por reformular por completo os acontecimentos de 1917.

Amélia da Natividade e a sua família tiveram honras de primeira página em *O Comércio do Porto* que, junto com o *Jornal de Notícias*, foi quem mais divulgou o caso que atraiu milhares de pessoas a Vilar Chão. Contudo, em 1951, a miraculada e estigmatizada "Amelinha" acabaria por ser exposta como "embusteira" nas páginas do *Diário de Coimbra*, depois de ter sido internada e submetida a exames nos Hospitais da Universidade de Coimbra.

O cardeal D. Manuel Cerejeira no santuário de Fátima, em 13 de maio de 1942, durante a celebração dos 25 anos das "aparições". O cardeal presidira a primeira peregrinação nacional a Fátima logo em 1931, alimentando o discurso de que o país estava sob uma proteção especial de Nossa Senhora e que, por isso, mantivera-se livre do comunismo e da Segunda Guerra Mundial.

Em 1967, no cinquentenário das "aparições", Paulo VI se torna o primeiro Papa a visitar Fátima. Esta foi também a única ocasião em que Salazar se deixou fotografar no santuário de Fátima.

Ao longo dos cem anos de Fátima, milhões de pessoas passaram pela Cova da Iria. Os maiores fluxos costumam estar reservados para os dias 13 de maio e as visitas papais, tal como a que é esperada em 2017, com a anunciada presença do Papa Francisco. A procissão do adeus, no final das cerimônias religiosas, é um dos momentos mais emocionantes destas celebrações.

comovi ao ver toda a gente olhar para o sol, orlado a vermelho e a mexer dentro desse círculo. Acho que foi um sinal divino, um recado de Nossa Senhora para nós, que andamos desatentos." Lucinda Miguel, de 80 anos, acrescentou: "Víamos o sol e à volta dele um clarão vermelho, que daí a um bocado era amarelo e depois azulado. Fazia um reflexo, como se fosse uma lâmpada a piscar. Como a imagem ia em viagem, talvez fosse um sinal." Já o padre Armindo Janeiro, pároco de Ourém, descartou tudo com um aparente encolher de ombros, garantindo "não ter visto 'nada de especial', defendendo que 'são assim as manhãs de Ourém'".[321] No dia seguinte, o mesmo diário noticiou, citando a diocese, que não iria haver nenhuma investigação do fenômeno, argumentando que os relatos "não são considerados relevantes".[322]

Hoje, Fátima está de tal modo enraizada que não é necessário que a Igreja dê importância a relatos de supostos milagres no sol, mas em 1922 ainda era tudo muito recente, o Santuário ainda não existia e qualquer relato de fenômenos que pudessem apontar para uma intervenção divina ou miraculosa era guardado como uma preciosidade, para eventual uso futuro. Os padres que agiam de forma mais premente na implementação do fenômeno tentavam não deixar nada ao acaso e, se a administração procurava intervir nas mudanças que estavam ocorrendo na Cova da Iria, eles tentavam, tanto quanto possível, controlar essa intervenção.

Sinal disso é a carta que o pároco de Fátima escreve ao padrinho, o vigário de Olival, em 20 de julho de 1922. A essa altura, Agostinho Marques Ferreira ainda andava às voltas com a aquisição de alguns terrenos — transmitindo criteriosamente o desenrolar das negociações ao padre Faustino — e a administração começava, certamente, a se perguntar de onde vinha todo o dinheiro para um número de transações que parecia não ter fim. Por isso, o administrador chamou a Vila Nova de Ourém Manuel Carreira, marido de Maria da Capelinha, para questioná-lo sobre as esmolas. E, no dia seguinte, chamou também Maria Rosa, para tentar saber onde estava Lúcia. O que o administrador não sabia era que os dois já tinham sido devidamente instruídos sobre as respostas a dar. Conta o padre Marques Ferreira ao padrinho:

> O Manuel Carreira foi chamado à administração dar conta das esmolas recebidas; saiu-se muito bem; tudo combinadinho, disse que tinha uns 600:000rs.; mas que o Senhor Bispo já os tinha mandado para ajudar a pagar a despesa feita com uma lagoa que tinham mandado fazer fora do terreno pertencente ao Snr.

Prior de S. Catarina; que até aqui se têm juntado uns 10:000rs, cada mês, e que é esse dinheiro que tem. Perguntado se os padres lhe têm pedido algum dinheiro, respondeu negativamente; perguntado com que dinheiro foram comprados os terrenos, feita a capela, celebradas as missas e pregados os sermões, respondeu que o dinheiro dos terrenos era do Snr. Prior de S. Catarina, que a capela tinha sido feita com dinheiro dele, Manuel Carreira, e de algumas pessoas mais e que para fazer a capela tinha licença dos pais da Lúcia, que eram os donos do terreno que esse terreno agora pertence também já ao Snr. Prior de S. Catarina; e enquanto a missas e sermões não sabe cousa alguma, mas julga que são missas e sermões que várias pessoas pedem. Perguntado pelo paradeiro do dinheiro recebido pelo Gilberto que, segundo dizem os vizinhos dele, enriqueceu à custa da Cova da Iria, respondeu que todo o dinheiro que o Gilberto recebeu, sempre o deixou, a ele Manuel Carreira, e que nunca ninguém tinha levado dessas esmolas. Perguntado sobre o paradeiro da Lúcia, disse que tem ouvido dizer que ela está a servir ou a educar-se, mas não sabe onde; a família é que o sabe.[323]

O desempenho de Maria Rosa também é minuciosamente relatado pelo padre.

No dia seguinte vai a mãe da Lúcia, e perguntada onde para a filha Lúcia, responde que há um ano ela se ausentou, na companhia de uma senhora que se comprometeu a fazer as despesas para a educação dela, no que ela, mãe, lhe ficou e está muito grata; a isto o administrador disse "tem razão"; — e em seguida pergunta "mas a senhora sabe de sua filha ou tiraram-lha e está onde a senhora não sabe, ou terá já morrido?" Responde "minha filha está onde eu muito desejo que ela esteja e onde ela deseja estar, e estará lá enquanto a dita senhora, eu e a minha filha quisermos". Mas onde é?, pergunta o administrador; e a mãe responde que se não lembra então da direção, mas que ainda há pouco recebeu uma carta da filha e que dizia estar muito bem. Pergunta o homem se lá tem alguma carta da filha, porque desejava muito ver se ela já escrevia bem; respondendo a mãe que não, disse-lhe que se lá voltar, à administração mais alguma vez, leve uma carta para ele ver. Mais lhe perguntou se ela já tinha ido alguma vez ver a filha, e respondendo que não porque é pobre e as viagens estão muito caras, ele responde que por causa disso não deixe de a ir ver e que quando for, para esse fim, vá pela administração, que ele, administrador, lhe dará para ajuda da viagem, ou que pagará, até toda a viagem, mas que vá breve;

e, quando menos a esperarem, lhe amanheça à porta. Assim se passaram as cousas. Ela está resolvida a nunca dizer onde para a filha, e se instarem com ela, dirá que quando lhe provarem que sua filha é criminosa ela a mandará vir à terra para falar por si.[324]

Maria Rosa parecia estar cumprindo o que lhe fora imposto — ninguém podia saber onde estava Lúcia. Cheia de saudades, a mãe da jovem envia-lhe dinheiro para que ela tire um retrato — querendo, talvez, confirmar com os próprios olhos se ela estava "muito gorda",[325] como dissera —, mas as desculpas sucedem-se nas curtas respostas que vai recebendo, por intermédio de d. José, e o retrato ansiado nunca chega. A verdade é que nunca houve nenhuma intenção de cumprir a vontade da mãe, como se depreende de uma carta do padre Manuel Marques dos Santos para o dr. Formigão, de 21 de dezembro de 1922, na qual o primeiro relata: "Não temos retratos recentes da Lúcia e o Sr. Bispo daqui disse-me que não era conveniente tirar-lhe agora o retrato."[326] Além disso, a mulher também não podia imaginar que não veria a filha durante tantos anos.

As cartas da jovem, inocentemente, alimentavam a expectativa de uma visita, e essa esperança decerto contribuía para que Maria Rosa se mantivesse calada, cumprindo o que lhe pediam. Em 23 de outubro de 1921, Lúcia escreve, sobre um casamento na família: "Ainda não perdi a esperança de lá ir, assistir a essa boda."[327] Em 27 de novembro de 1922, depois de Maria Rosa dar sinais de que queria ir vê-la, a jovem escreve-lhe: "E agora veio cá o Senhor Bispo e deu-me esta notícia que é a seguinte; é que eu por estes dias vou aí. E por isso não é preciso a mãe cá vir, pode-se evitar essa viagem, espero que assim a mãe ficará mais consolada tendo-me aí junto de si por alguns momentos."[328] Em janeiro de 1923, a expectativa se mantém, com Lúcia escrevendo à mãe:

> Com respeito à matança do porco, não espere por mim porque eu não sei quando vou; estou também à espera que me digam quando vou; só me disseram que eu ia passar aí algum tempo; e que era breve, mas não sei quando será. Matem o porco, façam uma festa muito alegre, façam tudo como se eu aí estivesse; e quando eu for quero ter boas notícias de toda a família.[329]

A verdade é que Lúcia só voltaria a Aljustrel em 1946, depois de a mãe já ter morrido. As duas voltaram a se ver, mas nunca na terra de origem da jovem e, quando a mãe estava à beira da morte, não foi sequer permitido que Lúcia falasse com ela ao telefone para se despedir.

1923-1930

A velha Cova da Iria, lugar ermo e agreste, pontuado por azinheiras e por onde não passava uma estrada decente, estava à ponto de desaparecer. Entre 1922 e 1926 surgem os primeiros residentes do local. É uma família de sete pessoas, chefiada por José Pereira, que se mudou para lá, vinda do Lugar da Lomba, que também pertencia à paróquia de Fátima.[330] Às 22h do dia 4 de fevereiro de 1924, nasce o primeiro bebé da Cova da Iria, José d'Oliveira Nora.[331] E em 12 de maio desse mesmo ano, a Divisão de Estradas do Distrito de Santarém passa a primeira licença de obras relacionada com a empreitada que se avizinhava: é uma autorização para o Santuário construir um muro de vedação.[332]

Apesar das primeiras regras impostas pelo bispo de Leiria, os dias de peregrinação eram chamarizes naturais para os vendedores ambulantes, alguns dos quais familiares de Lúcia, como contava, desagradado, o pároco de Fátima, em carta de 14 de agosto de 1922: "Como lá não há água, várias pessoas a vão vender bem cara, não sendo alheias a isso as irmãs de Lúcia. Eu lembrava-me de nos dias 13, enquanto o poço não tivesse água, mandar levar para o local algumas vasilhas com ela para dar a quem quisesse e evitar assim tanta exploração. Dizem-me que só num sítio alguém fez mais de 40:000 rs. em água, e isto dentro do terreno de N. Senhora!"[333]

A falta de condições para receber os peregrinos — incluindo água, mas também alojamento — não passa despercebida a quem vai até lá e, já em março de 1923, o dr. Formigão informa ao bispo o interesse de d. Luiza do Vadre Santa Martha, conhecida como Andaluz (que será a fundadora da congregação das Servas de Nossa Senhora de Fátima), em construir, em umas terras que possui entre Fátima e a Cova da Iria "um prédio para alojamento dos peregrinos com uma escola anexa e uma loja de venda".[334] O padre se mostra favorável a esse projeto — que também será bem acolhido pelo bispo —, até porque, argumenta: "As obras, depois de organizadas por pessoas de confiança, como estas, podem mais tarde ser adquiridas sem atritos e até em condições favoráveis pela Obra dos

CRIANDO UM CENTRO DE PEREGRINAÇÃO

Santuários que porventura venha a criar-se à semelhança da Hospitalité de Lourdes, ficando assim tudo sob a direção imediata de V. Ex.cia, como é para desejar."[335]

No mesmo documento, o padre Formigão pede autorização para mencionar, na segunda edição de *Os episódios maravilhosos de Fátima*, que "se atribuem curas maravilhosas" às águas da "fonte da Cova da Iria" e mostra-se preocupado com as condições da mesma: "Permita-me (...) que manifeste o meu grande receio de que suceda algum grande desastre se o poço não for sem demora completamente murado em volta ao menos e provisoriamente com uma armação de madeira."[336]

Enquanto os envolvidos na transformação da Cova da Iria em um grande santuário vão trabalhando discretamente, o semanário *O Mensageiro* aproveita as reportagens sobre as peregrinações de maio e outubro que se repetem no local para ir, publicamente, chamando a atenção para problemas que é preciso resolver e para dar conselhos sobre como isso deve ser feito. O padre José Ferreira de Lacerda parece cada vez mais empenhado em divulgar Fátima e em não deixar que os proveitos das peregrinações passem ao lado da cidade de Leiria.

Na edição de 19 de maio de 1923, na qual se refere à passagem, no dia 13 anterior, "pela atmosfera de pequenos glóbulos iluminados, brilhantes", já aparece um pequeno trecho dos conselhos, sob o título "O que é preciso fazer", que se tornará habitual nas longas reportagens do semanário dedicadas às peregrinações. Diz o jornal que "na Fátima (...) não faltam devotos, o que falta é ordem e disciplina". E aconselha:

> É necessário cuidar desde já em dividir em talhões o espaço, marcando entradas e saídas, limpar de pedras o local, regularizar o trânsito, vedar o terreno destinado aos doentes, para que lhes possa ser dada a bênção. É urgente a vedação do poço impedindo as cenas que ali se presenciam e que se são cheias de fé, esta nunca foi incompatível com a ciência. A ilustre Comissão nomeada tem muito em que empregar a sua atenção. As *Juventudes Católicas de Torres Novas e Leiria* muito podem fazer nos dias de peregrinação, regularizando o trânsito, prestando esclarecimentos. Serão os *brancardiers* portugueses.[337]

Segundo o semanário, neste 13 de maio terão estado em Fátima entre "80.000 a 100.000 peregrinos".

FÁTIMA: MILAGRE OU CONSTRUÇÃO?

Em outubro, o semanário volta a dar conselhos sobre a melhor forma de acolher os peregrinos, mas dessa vez, em Leiria: "Urge que em Leiria se organize uma comissão e que esta procure organizar o cadastro das pessoas que possam e queiram dar pousada nas vésperas das peregrinações aos que, vindo confiados nos recursos da cidade, estes lhes faltam."[338]

Se *O Mensageiro* seguia atentamente as grandes peregrinações, com manchetes como "Imponente manifestação de Fé!" (19 de maio de 1923), o boletim *Voz de Fátima* era cada vez mais o terreno onde se alimentava a fama milagreira da Cova da Iria. A veracidade das histórias contadas estava longe de ser escrutinada em pormenores, e casos como o de Judith Guimarães poderiam ter manchado a reputação do boletim e dos próprios supostos "milagres", mas os padres Manuel Marques dos Santos e Manuel Nunes Formigão estavam atentos, e percalços como esse só chegavam ao conhecimento de um punhado de pessoas.

Em 22 de março de 1923, Marques dos Santos envia um postal ao dr. Formigão contando-lhe sobre a "cura extraordinária" de uma mulher do Porto. Na *Voz de Fátima* de 13 de abril, o Visconde de Montelo escreve:

> Ouvimos falar vagamente de peregrinos vindos de terras distantes, entre eles uma senhora do Porto. (...) Três dias depois recebíamos de um amigo nosso do Porto um postal datado do dia 15, do qual tomamos a liberdade de transcrever o seguinte: "Escrevo-lhe sob a mais profunda impressão causada pelo milagre anteontem realizado na Fátima. Já sabe? Assistiu? Foi uma verdadeira ressurreição. A miraculada é daqui: mora na Rua de Cedofeita, 11. Uma maravilha! Os médicos tinham afirmado que ela estava perdida, pois o cancro no cólon tinha já ramificações medonhas e não puderam sequer começar a operação. Como descreve a impressão de tal prodígio?"[339]

Cerca de um mês depois, o padre Marques dos Santos, que continuava no Porto, envia novo postal ao dr. Formigão, informando que "chegou há pouco do estrangeiro o Dr. Abel Pacheco, médico assistente e operador da miraculada de Fátima, D. Judith Guimarães, a quem já examinou, declarando terminantemente que o estado atual desta senhora se não pode explicar sem uma intervenção sobrenatural". O padre relata que o médico aconselhou a que se "deixe passar mais algum tempo para lhe passar os respetivos atestados no que não tem a menor dúvida, pois

CRIANDO UM CENTRO DE PEREGRINAÇÃO

trata-se dum caso de cura extraordinária e sobrenatural tal qual como em Lourdes".[340]

Mas não houve mais tempo. Cerca de dez dias depois, o padre, já de regresso a Leiria, voltou a escrever ao colega. "Acaba de falecer no Porto a célebre miraculada do dia 13 de março. D. Judith! Adoráveis decretos da Providência!!! Trouxe-nos ontem esta notícia o telégrafo. Está claro, como medida de prudência, nada se publicará neste número a seu respeito."[341] A história do milagre que, afinal, não o era, pôde assim ser abafada junto do grande público leitor da *Voz de Fátima*, mas não de conhecedores do processo, como o padre Benevenuto de Sousa, que não deixou de admoestar o dr. Formigão por tão flagrante falta de cuidado, em uma carta de 23 de junho:

> Muito cuidado com as notícias das curas. É de toda a conveniência fazê-las dormir dentro da gaveta, por muito tempo. No n.º 7 da mesma "Voz", pág. 2 — col. 3 — diz o cronista depois de transcrever um postal: "Como descrever a impressão de tal prodígio?" Não houve prodígio nenhum. A doente (que eu mesmo procurei no Porto) não se curou, e poucos dias depois da sua peregrinação à Fátima, morreu. Coisa quase parecida se deu com a notícia do P.e Larangeiro. Muito cuidado, repito. Nada de precipitações ao dar notícias de curas.[342]

O aviso não foi totalmente acatado, já que, em 7 de agosto, o padre Manuel Pereira da Silva (administrador e autor do boletim) pergunta, por carta, a Manuel Nunes Formigão se não pode mesmo incluir em um dos próximos números o caso de outra "miraculada", que o professor preferia ver publicado apenas no número de maio do ano seguinte. "Maio vem tão longe e estava tanta gente à espera... Demais os médicos não fazem cá falta para nada. Os fiéis não precisam do seu depoimento e outros não se fiam deles (...). A notícia do milagre mesmo com carácter provisório produz o seu efeito espiritual e para o processo virão depois os médicos quando perderem o medo."[343]

Número a número, o boletim continua a citar várias "Curas de Fátima", a maior parte das quais sem certificado médico que as comprove e muitas vezes atribuídas à aplicação sobre alguma ferida de terra da Cova da Iria misturada com água do local ou à ingestão dessas duas substâncias. No jornal

FÁTIMA: MILAGRE OU CONSTRUÇÃO?

O Rebate, o antigo administrador do concelho, Artur de Oliveira Santos, no mesmo discurso inflamado que caracterizava os críticos de Fátima nesses primeiros anos, voltou a acusar "os jesuítas" e "embusteiros" que lucravam com o que lá se passava, lançando um novo apelo: "Feche-se o poço de água pútrida onde os leprosos, tuberculosos, alguns cheios de chagas, se lavam, ao mesmo tempo em que outros a ingerem e outros enchem vasilhas."[344] O cenário, algo dantesco, não impediu que os crentes continuassem a fazer, por muito tempo, exatamente o que Oliveira Santos descrevia.

Nesse verão de 1923, o bispo de Leiria já instava o Dr. Formigão a dar "andamento às investigações aproveitando as férias", mas d. José teria de esperar ainda quase sete anos para que o relator da comissão canônica diocesana apresentasse algum resultado. Até lá, discretamente, Fátima vai-se construindo pouco a pouco. Quem vai até lá ainda se lembrará de Lúcia e dos dois primos, que estiveram na origem de tudo? Jacinta e Francisco não estão mais vivos para testemunhar e Lúcia, escondida no Porto, é mantida à margem de tudo o que acontece na Cova da Iria. Nem sequer pode trocar correspondência diretamente com a mãe, já que "é contra a vontade do Senhor Bispo", explica ela em uma carta a Maria Rosa, em 13 de abril de 1924, acrescentando: "E eu tenho de procurar fazer o possível para nunca o desgostar porque nunca poderei pagar tantos favores que me tem feito."[345]

Em 1924, Artur de Oliveira Santos envia ao governador civil de Santarém, a pedido deste, um relatório sobre tudo o que acontecera na Cova da Iria. O antigo administrador do concelho à época das aparições descreve como Lúcia disse ter visto uma "Senhora" sobre uma azinheira em 13 de maio, acrescentando:

> Os dois parentes (da Lúcia) nada presenciaram; só mais tarde, a instâncias de interessados, se lembraram de dizer que também tinham visto a senhora. Convém aqui esclarecer que a Lúcia é, na opinião de muitas pessoas, uma doente mental, certamente devido à hereditariedade que sobre ela pesa, pois o pai morreu vitimado pelo alcoolismo, sendo considerado o homem mais ébrio da freguesia. Regressando à casa, a Lúcia repetiu aos pais e aos vizinhos o que dissera aos dois parentes.

Nessa versão, que difere muito da que foi contada por Lúcia e por seus familiares, e aceita como a verídica, o administrador procura claramente atribuir à criança mais velha toda a responsabilidade pelas "visões" em torno de Fátima. Oliveira Santos destaca ainda como "interessante" o fato de "o povo da freguesia de Fátima, sendo profundamente religioso", ser "quase indiferente (aparte o interesse mercantil) à realização destas manifestações". Sobre o mês de agosto de 1917, e o rapto das crianças, o antigo administrador escreve:

> Eram então governadores civis efetivo e substituto os Srs. Drs. Manuel Alegre e Manuel Branco, respetivamente, e era minha opinião que as crianças fossem inspecionadas por uma junta médica e internadas numa casa de educação, subtraindo-as, deste modo, aos clericais, de maneira firme e precisa, para que lhes não servissem de instrumentos de exploração. Compartilhava desta opinião o segundo daqueles cidadãos, sendo de parecer contrário o primeiro, convencido de que, deixando-se os clericais à vontade, a mistificação, com todos os seus elementos, cairia pelo ridículo.[346]

Ao relatório de Oliveira Santos, com data de 31 de outubro de 1924, não passa despercebida a atuação de d. José Alves Correia da Silva, referindo-se a ela no documento:

> O mesmo Bispo de Leiria foi quem veio dar alento à mistificação. Inteligente e astuto como é, procede com discrição e prudência. O dinheiro recebido na Cova da Iria (larga depressão de terreno, como o seu nome indica), remetido, todos os dias 13, à consignação do bispo, é incalculável. Em maio de 1923, o semanário republicano *A Voz do Povo*, de Leiria, que não foi desmentido pelos jornais católicos, noticiava que o dinheiro recolhido no dia 13 do referido mês somava 200 contos. Por informações que reputo fidedignas, a receita nos dias 12 e 13 do corrente mês de outubro de 1924 foi de 120 contos. E há a notar que, encontrando-se a igreja paroquial em obras, nenhuma das importâncias recebidas na Cova da Iria foi entregue para a referida igreja. É tudo ensacado e levado a S. Ex.cia, para Leiria, no próprio dia 13 de cada mês.[347]

E, um pouco mais à frente, acrescenta: "São muitos os promotores ou interessados desta peregrinação, mas o principal é o Bispo de Leiria. É quem tudo orienta e dirige."

FÁTIMA: MILAGRE OU CONSTRUÇÃO?

Artur de Oliveira Santos não tem dúvidas em classificar o que acontece na Cova da Iria como um fato político, mais do que religioso. "Fátima é hoje, no país, uma etapa da Reação, que procura ponto de apoio para base da sua resistência", escreve, para logo concluir:

> A Reação vai triunfando, hipocritamente, e a Liberdade perde terreno, fazendo-lhe concessões. Aquela está fora da lei e é necessário metê-la na ordem. Julgo que há maneira de jugular a Reação na Cova da Iria. Quando o Governo não possa, ou, para melhor dizer, não queira mobilizar os meios de transporte em diversos distritos, tomar-se-iam, a pouco distância da Cova da Iria, as embocaduras das estradas que conduzem à Fátima, anunciando-se devidamente o caso com certa antecedência. Fazendo isto, durante meses consecutivos, estou certo de que a Reação sofreria um grande golpe, deixando de ter a pretensão de ser um Estado dentro do Estado.[348]

O conselho do ex-administrador não foi seguido e, apesar de algumas tentativas de proibir as peregrinações entre a igreja de Fátima e a capela da Cova da Iria, a verdade é que a concentração de fiéis foi se mantendo, sem grandes incômodos. O fenômeno se alastrava, cada vez mais centrado na esperança de obtenção de um dos milagres tão propagandeados pelo Visconde de Montelo e cada vez menos nas figuras dos pastorinhos.

*

É em 1924 que Lúcia responde, finalmente, ao interrogatório oficial para a comissão canônica diocesana e é também este o último ano completo que vai passar no Porto. E sem ver a mãe. Enquanto, na Cova da Iria, as coisas vão se organizando — O Mensageiro, em 16 de agosto, congratula-se por seus conselhos e apelos estarem sendo escutados —, a jovem se prepara para ingressar na vida religiosa, como postulante. Em junho de 1925 escreve ao bispo, descrevendo-lhe "o ardente desejo" de seguir esse caminho. Em agosto, quatro anos depois de ter deixado Aljustrel, Lúcia se reencontra, finalmente, com a mãe.

O encontro acontece na Quinta da Formigueira, em Braga, para onde as duas tinham sido convidadas pelo bispo de Leiria. A jovem obtém ali a autorização da mãe para se tornar religiosa, depois de Maria Rosa pedir, obedientemente, a orientação do bispo nessa matéria.

CRIANDO UM CENTRO DE PEREGRINAÇÃO

De volta a Leiria, d. José escreve ao padre Manuel Nunes Formigão, contando-lhe como Lúcia passou alguns dias em sua quinta e como recebeu ali a crisma, em 24 de agosto, mas o bispo deixa também muito claro que qualquer tentativa para que a jovem regresse a Aljustrel deve ser esquecida.

> A entrada dela nas Doroteias é caso resolvido e tem a minha aprovação plena. A Lúcia foi um instrumento de que a Providência se serviu. Desempenhou o seu papel: não tem mais nada a fazer senão santificar-se procurando corresponder às abundantes graças que N. Senhora lhe concedeu. Não deve intrometer-se com nada na obra porque sendo esta de Deus não precisa das criaturas sejam elas quais forem. Este é o motivo por que não gostaria que fosse à Fátima. É preciso que, como S. João, ela se humilhe para a obra crescer. A organização em que V. Ex.cia e a Ex.ma Sr.ª D. Luísa Andaluz, a quem apresento os meus respeitos, vai por diante logo que V. Ex.cias queiram mas sem a Lúcia.[349]

Em Fátima, o bispo procura exercer um controle cada vez mais rígido sobre a forma como se desenrolam as peregrinações. Um ofício de 13 de junho de 1925 — que será transposto para o "Manual de Peregrino" publicado no ano seguinte — recorda a todos os envolvidos que "as peregrinações a Nossa Senhora do Rosário de Fátima devem conservar o seu carácter primitivo de piedade, penitência e caridade". Os peregrinos devem ajudar uns aos outros, estabelece o documento, os doentes têm sempre prioridade, as instruções dos Servos de Nossa Senhora são para ser cumpridas e a ordem é uma obrigação, porque "a desordem desagrada a Deus",[350] escreve o prelado.

Em outubro, Lúcia deixa definitivamente o Porto, entrando na Casa da Congregação de Santa Doroteia, em Pontevedra, na Espanha, no dia 25, depois de passar por Tui. Só voltará a viver em Portugal em 1946, mas seus anos em Pontevedra vão ser ricos em escritos — por ordem do bispo — e em "visões" que vão mudar completamente a história de Fátima. Já em Pontevedra (talvez no próprio dia 25), Lúcia escreve duas cartas, que são extremamente curiosas pelo que demonstram da capacidade da jovem de adaptar o que revela a quem sabe ser seu interlocutor. Uma delas é dirigida ao bispo de Leiria, a outra ao cônego Manuel Pereira Lopes, que fora seu confessor e orientador espiritual em Vilar.

Os dois documentos são muito similares, quase decalcados, na descrição da partida do Porto e na forma como, já em Pontevedra, Lúcia é informada de que seu tempo de postulante pode terminar em abril do ano seguinte. Mas é muito diferente a descrição que a jovem faz, a um e a outro, da noite passada em Tui. Ao bispo de Leiria, Lúcia diz que, ao chegar a Tui, foi rezar, descrevendo assim o que aconteceu a seguir:

> Logo as lágrimas de saudades e mais ainda de alegria por ter chegado aonde eu tanto desejava interromperam a minha oração chorei um momento então bateram-me no ombro que fosse cear; ceei e fiz recreio com as professas no dia seguinte por obediência levantei-me um bocadinho mais tarde sono não tinha nenhum em toda a noite só pensei na minha felicidade e como tinha de ser boa para agradecer a Nosso Senhor tantas graças recebidas e sem ter merecido nenhuma pensava também nos favores sem número que a minha querida Mãe do Céu até ali me tinha dispensado e pedia-lhe que se dignasse amparar-me sempre pois sem o seu auxílio eu nada posso (...).[351]

A noite que Lúcia descreveu a seu confessor foi, contudo, bem diferente. Escreve a jovem:

> Estava ansiosa que chegasse a hora de eu me levantar para ir falar um bocadinho com Jesus Sacramentado pois estava a sentir uma tristeza tão grande ao lembrar que nunca mais tornava a bordar aqueles trabalhos que eu fazia tão lindos e com tanto gosto quando eram para Nosso Senhor; vinha-me também ao pensamento que tinha sido muito tolinha em querer ir para irmã coadjutora porque ficava com os ofícios mais humildes e que iria ser uma criada das outras irmãs sentia-me triste e por mais esforço que fizesse não encontrava meio de afastar tais pensamentos se me representava diante de Nossa Senhora logo os pensamentos me interrompiam e parecia mesmo uma pessoa que ali me estava falando e me diz não agradaria mais a Nossa Senhora se estivesses ainda em Vilar a bordar aquele manto a oiro que é para Ela do que vir agora para uma casa destas fazer um trabalho qualquer?[352]

Na carta para d. José, Lúcia pergunta ainda se pode dar o endereço de onde se encontra à mãe, para que esta possa, por fim, escrever-lhe diretamente. Ao cónego Manuel Pereira Lopes, Lúcia faz uma primeira abordagem escrita ao que serão as "comunicações íntimas" que dirá receber a partir daí. A jovem conta como, ao receber a comunhão e ao contar a Jesus "toda a luta que até ali tinha sofrido", pedindo-lhe compaixão, algo aconteceu: "Então Ele se dignou falar-me interiormente dizendo que era muito feliz se com alegria imitasse a minha Mãe do Céu, dizia-me olha minha filha a tua Mãe Santíssima também sabia bordar muito bem e por meu amor deixou o seu colégio e veio fazer o trabalho da sua casa varria cosia a roupa do seu esposo e sua e a minha e nunca mais bordou." Lúcia diz que depois disso ficou "feliz e contente".[353]

*

D. José tirou Lúcia de Fátima, mas não conseguiu tirar Fátima de Lúcia. Com 18 anos, entregue aos cuidados das doroteias, mantida à margem de tudo o que acontecia na Cova da Iria, a jovem continua a dar testemunho de um mundo maravilhoso, recheado de visões e mensagens, que lhe cabe transmitir. Uma das primeiras (Lúcia irá acrescentando outras visões à medida que os anos passam) aconteceu nesses meses iniciais que passa em Pontevedra, em 10 de dezembro de 1925.

Lúcia teria contado o sucedido a seu confessor de Vilar, o monsenhor Manuel Pereira Lopes, mas esse documento perdeu-se, e o primeiro relato existente que se acredita ter sido escrito pela jovem sobre o tema é de 1927, quando Lúcia, obedecendo a seu confessor de então, o padre José Aparício da Silva, descreve, na terceira pessoa, o que teria acontecido naquele dia de inverno, dois anos antes.

No dia 10 de dezembro de 1925, apareceu-lhe a SS.ma Virgem e, ao lado, suspenso em uma nuvem luminosa, um Menino. A SS.ma Virgem, pondo-lhe no ombro a mão, mostrou-lhe, ao mesmo tempo, um coração que tinha na outra mão, cercado de espinhos. Ao mesmo tempo, disse o Menino: "Tem pena do Coração da tua SS.ma Mãe, que está coberto de espinhos, que os homens ingratos a todos os momentos Lhe cravam, sem haver quem faça um ato de reparação para os tirar."[354]

A "aparição" da "Senhora" teria então dito a ela ao que vinha:

Olha, minha filha, o Meu Coração cercado de espinhos, que os homens a todos os momentos Me cravam, com blasfémias e ingratidões. Tu, ao menos, vê de

FÁTIMA: MILAGRE OU CONSTRUÇÃO?

Me consolar, e diz que todos aqueles que durante cinco meses, no primeiro sábado, se confessarem, recebendo a Sagrada Comunhão; rezarem um Terço, e Me fizerem 15 minutos de companhia, meditando nos 15 mistérios do Rosário, com o fim de Me desagravarem, Eu prometo assistir-lhes na hora da morte, com todas as graças necessárias para a salvação dessas almas.[355]

Quando Lúcia contou isso ao monsenhor Pereira Lopes, provavelmente ainda em dezembro de 1925 ou no início de 1926, não obteve grande apoio. Como se percebe em uma segunda carta que ela envia ao confessor de Vilar — e na qual se refere a esse primeiro documento, perdido —, este lhe teria dito que, para que a "visão" e sua mensagem se confirmassem "era preciso que aquela visão se repetisse; que houvesse facto para que fosse acreditada, e a Madre Superiora só a espalhar este facto nada podia". Além disso, o padre argumentava também que "esta devoção não fazia falta no mundo porque já havia muitas almas que vos [a Jesus] recebiam, aos 1.ºs sábados em honra de Nossa Senhora e dos 15 mistérios do Rosário".[356]

É a própria Lúcia quem recorda essas respostas, em carta de fevereiro de 1926, dando conta de uma nova "visão". Dessa vez, a jovem conta que, quando estava varrendo no exterior da casa das doroteias, se deparou com uma criança que julgava ser a mesma que tinha visto algum tempo antes e a quem aconselhara que rezasse "Ó minha Mãe do Céu dai-me o vosso Menino Jesus". Quando pergunta ao rapazinho se tinha repetido essa curta oração, ele pergunta-lhe "e tu tens espalhado pelo mundo aquilo que a Mãe do Céu te pediu", ao mesmo tempo em que "transforma-se num Menino resplandecente". O diálogo que Lúcia descreve a seguir com a criança que ela identifica como o Menino Jesus é, no mínimo, estranho, porque a jovem começa a negociar com a criança, que, aparentemente, não está tão interessada em que se cumpra exatamente o que fora pedido em dezembro, mostrando-se disponível para ajustar o pedido inicial a todas as dificuldades que Lúcia vai apresentando. Se a confissão não puder ser no primeiro sábado, há problema? Não se pode dar validade à confissão de oito dias? Sim, pode até ser "de muitos mais dias, contando que estejam em graça no 1.º sábado". E se as pessoas se esquecerem de formular a intenção de "desagravar o Sagrado Coração de Maria"? Também não faz mal, "podem-na formular logo na outra confissão seguinte". Depois de descrever esse diálogo, Lúcia escreve: "Nisto desapareceu sem que até hoje eu saiba mais nada dos desejos do Céu."[357]

CRIANDO UM CENTRO DE PEREGRINAÇÃO

Lúcia iria insistir, com frequência, nos anos seguintes, para que essa consagração dos cinco primeiros sábados fosse declarada pelo bispo de Leiria, mas a verdade é que, sem que nem uma vez explique o porquê de prestar tão pouca atenção a um suposto pedido direto da Virgem Maria e do Menino Jesus, ele aprovaria tal devoção apenas mais de dez anos depois, em 13 de setembro de 1939.

*

Apenas alguns dias antes de Lúcia escrever ao monsenhor Manuel Pereira Lopes, Portugal vivia uma segunda tentativa frustrada de golpe de Estado. A Primeira República, que vira nascer Fátima à sombra de uma guerra declarada entre o Estado e a Igreja, estava prestes a sucumbir. Desde o final da Primeira Guerra, em 1918, que a fortíssima crise financeira, social e política se adensara. Entre as eleições de 11 de março de 1919 e o golpe militar (este bem-sucedido) de 28 de maio de 1926, o país viu tomar posse 25 governos. A direita e os militares ganhavam novo fôlego, não apenas porque a República parecia não ser capaz de encontrar soluções estáveis, mas também incentivados pela mística de ditaduras fortes que na Espanha, com Primo de Rivera, e na Itália, com Benito Mussolini, concretizavam o que para muitos era, cada vez mais, a única solução em um mundo em que o outro bloco de possibilidades era encarnado pelo impensável comunismo, que desde 1917 se instalara na Rússia. Posição bem marcada em um artigo de *A Guarda*, intitulado "O Fascismo", no qual se fazia a apologia das qualidades do ditador italiano. O fascismo de Mussolini, dizia o artigo,

> é já governo. Domina e atua. Preside aos destinos da pátria. É a aspiração tornada facto, e um facto que quatro anos de duração rodeiam dum valor impressionante que o mundo olha com admiração e interesse. O bolchevismo e o fascismo... Eis a ação revolucionária e a reação tradicionalista, eis o mal e o remédio, eis a ruína e a esperança. Não será e não é, incontestavelmente, um remédio com todas as propriedades terapêuticas, nem tão-pouco a esperança fascista é tão fagueira que nos deslumbre. É, no entanto, um ensaio de reabilitação social, é o primeiro passo para a vitória nacionalista, e o primeiro dique a opor-se à onda vermelha dos *soviets*.[358]

FÁTIMA: MILAGRE OU CONSTRUÇÃO?

Alguns anos depois, será o próprio Visconde de Montelo, em um de seus livros, quem vai fazer a apologia do ditador italiano, em um parágrafo que hoje surge como amargamente irônico, e no qual escreve: "Mussolini, o grande génio que salvou a Itália do caos político e social em que se debatia, proclama no dia 11 de fevereiro, em que os plenipotenciários da Santa Sé e do Rei de Itália assinam o memorável acordo na Sala dos Papas de S. João de Latrão, que 'era um dos dias mais felizes da sua vida esse em que se levava a paz definitiva ao povo italiano.'"[359]

Em Portugal, os apologistas da ditadura tinham ainda a seu lado a experiência do governo de Sidónio Pais, ancorada exclusivamente na figura do presidente, como única personalidade capaz de mudar o destino do país. Com Sidónio "encenava-se a imagem do presidente da República transformado em chefe carismático", do líder que "pretende distanciar-se dos 'políticos', cuja imagem fora corroída por desilusões e pela crise decorrente da guerra".[360] Os militares assumem o caso e, em 19 de abril de 1925, Lisboa é abalada por uma tentativa de golpe, que seria debelada pelas forças leais ao governo. Em 2 de fevereiro de 1926, novo golpe avança na Escola Prática de Artilharia de Vendas Novas, mas, de novo, sem resultado positivo. No entanto, em 28 de maio desse mesmo ano, tropas chefiadas pelo general Gomes da Costa iniciam, a partir de Braga, o golpe que acabaria por pôr fim à República e instaurar no país uma ditadura militar.

Nem todos os que dele participaram intuíram que essa seria a porta de abertura para a instalação no país de uma ditadura de décadas, havendo quem acreditasse que era apenas um interregno na democracia, tão breve quanto possível, para se restabelecer a ordem. Contudo, a ditadura militar acabaria por ser apenas a antecâmara que permitiria o acesso ao poder de António de Oliveira Salazar e de seu Estado Novo, que ditaria os destinos de Portugal de 1932 (ano em que Salazar assume a chefia do Conselho) até 25 de abril de 1974, e que permitiria a Fátima instalar-se, agora praticamente sem oposição, como o grande centro de peregrinações do país.

Em Fátima, a criação desse centro continua. Depois de ter murado a área dos terrenos já adquiridos (a compra continuaria nos anos seguintes), construiu-se, em 1925, a casa do futuro capelão permanente do local, que seria nomeado pelo bispo de Leiria em 1927. Nesse ano é também construída a fonte da "água milagrosa", e em 1929 conclui-se o hospital-sanatório, cuja edificação se iniciara cinco anos antes. Em 13 de maio de 1926, dias antes

CRIANDO UM CENTRO DE PEREGRINAÇÃO

do golpe de Gomes da Costa, é criado o Serviço de Verificações Médicas, à frente do qual é colocado o já nosso conhecido médico José Pereira Gens. Criada à semelhança do *Bureau de Constatations Médicales* de Lourdes, a versão portuguesa estava longe de ter "o rigor de observação e diagnóstico" da congênere francesa, como o próprio médico admitiu em entrevista ao cônego C. Barthas, em uma entrevista na década de 1950 ou 1960. Nessa entrevista, Pereira Gens queixava-se de não possuir pessoal nem equipamento suficientes para uma análise minuciosa dos casos que lhe chegavam e lamentava que muitos fossem parar lá "sem nunca terem consultado um médico". O médico admitia ainda que "não enjeitava a oportunidade de atestar, sob juramento, a cura dos doentes, uma vez que" — como também esclareceu — "a decisão final sobre o seu sentido sobrenatural não era do seu pelouro".[361]

Em 1928, constrói-se a Capela das Confissões, mas, mais importante ainda, em 13 de maio de 1928 é lançada a primeira pedra da Basílica do Rosário. Um ano depois, o presidente da República, Óscar Carmona, acompanhado de vários ministros, incluindo Oliveira Salazar, acompanha d. José na inauguração da central elétrica de Fátima.

Do Vaticano, os sinais para a instauração e credibilização do culto de Nossa Senhora de Fátima também são favoráveis. O papa Bento XV (1914–1922) nunca se referiu ao caso, mas foi ele quem restaurou a diocese de Leiria e, em uma carta enviada aos bispos portugueses em 1918, referiu-se à "proteção particular da 'Virgem Imaculada' à terra de Portugal, de quem era padroeira",[362] durante os anos mais complicados de convivência da Igreja com a República. Durante o pontificado de seu sucessor, Pio XI (1922–1939), o núncio apostólico monsenhor Nicotra fez a primeira visita à Cova da Iria, a 1º de novembro de 1926. "Aí rezou o terço junto dos peregrinos que se encontravam perto da capelinha e fez uma curta alocução aos fiéis presentes, 'enaltecendo a devoção a Nossa Senhora e pedindo que rezassem por ele uma ave-maria, concedendo 200 dias de indulgências.'"[363] Em janeiro de 1927, a Sagrada Congregação dos Ritos envia de Roma a permissão para que se celebre a missa votiva do Santíssimo Rosário e em novembro desse ano é concedida nova indulgência, dessa vez de 300 dias, a quem rezasse a jaculatória *Nossa Senhora do Rosário de Fátima, rogai por nós*.

No ano seguinte, segundo Luís Filipe Torgal, em 3 de junho de 1928, o poderoso órgão oficioso do Vaticano, *Osservatore Romano*, publica uma reportagem sobre a peregrinação de 13 de maio. Foi esse artigo, que se referia a uma "peregrinação gigantesca de 300.000 pessoas, efetuada em Fátima de 11 a 13 de maio de 1928",[364] que encaminhou para lá o padre alemão Ludwig (Luís) Fischer, quando este pretendia, inicialmente, fazer apenas uma visita de estudo à Espanha.

Autor de vários livros sobre Fátima, Luís Fischer acabaria por ser um dos principais divulgadores, no estrangeiro, da mensagem da Cova da Iria, depois de visitá-la pela primeira vez em 1929. É também nesse ano que, no Vaticano, o papa Pio XI oferece estampas com a imagem de Nossa Senhora de Fátima aos alunos do Colégio Português em Roma e abençoa uma nova imagem esculpida por João Ferreira Thedim para aquele local. Todos esses pequenos passos são essenciais para que o investigador Luís Filipe Torgal conclua: "O discreto e paulatino abraço do Vaticano ao culto de Nossa Senhora de Fátima, que será depois confirmado e ampliado por Pio XII (1939–1958), o qual mereceu o título de 'Papa de Fátima', foi decisivo para o processo de internacionalização do Santuário, que começou a esboçar-se sobretudo a partir da segunda metade do decénio de 30."[365]

O complexo de Fátima crescia com pujança suficiente para que o dr. Formigão recebesse os parabéns de um colega, que vivia na França, por ver "enfim realizado o seu antigo ideal de iniciar em Portugal alguma coisa semelhante a Lourdes!".[366] Mas a forma como o local se desenvolve está longe de ser ideal. Em 21 de junho de 1928, quando já existiam quatro hotéis em Fátima capazes de acolher os peregrinos, *A Voz* descreve a situação do espaço de forma desoladora.

> A maioria das construções que se acham feitas em Fátima, e nas quais a Divisão de Estradas não devia consentir, são pardieiros, indecentes e impróprios do local que é visitado todos os meses — e a afluência aumenta sempre — por centenas, milhares de pessoas. A Câmara Municipal não querendo que sobre ela recaia o odioso, proibindo uma coisa para que não concorreu, continua inerme, e sem fiscalização de qualquer espécie, sem peias, sem ordem e sem método continuam os atropelos ao bom gosto e o que é pior — à higiene do local.[367]

Em sua diocese, o bispo exerce um controle sempre rígido sobre tudo que acontece e não se furta de enquadrar quem tenta contrariá-lo. Depois de inúmeros artigos em *O Mensageiro* dedicados às peregrinações, e nos

CRIANDO UM CENTRO DE PEREGRINAÇÃO

quais ia sendo feito um apelo cada vez mais premente para que as pessoas de Leiria beneficiassem dessas ("Com profunda mágoa vamos registando de mês para mês a diminuição da passagem por Leiria de peregrinos para Fátima (...) Triste é dizê-lo, por a cidade não lhes oferecer a uns, nem o que se adquire honestamente com dinheiro, a outros aquele carinho com que são acolhidos noutras terras", escrevia-se na edição de 24 de outubro de 1925), o padre José Ferreira de Lacerda anuncia aos leitores do semanário que dirige a edição de uma revista chamada *Fátima*. O anúncio foi mal recebido pelo bispo, que proibiu a edição da revista, não deixando ao padre outro remédio senão voltar atrás. Na carta que lhe dirige, em 5 de novembro de 1926, D. José é duríssimo, afirmando:

1.º (...) não permito que V. Rev.cia se vá intrometer em assuntos de que não o encarreguei: tal é o caso de Fátima.
2.º Não consinto que (...) no seu jornal — *O Mensageiro* — censure qualquer membro do R. Clero seja ele quem for, pois a direção do R. Clero pertence-me e não abdico desse direito em ninguém.
3.º Fica (...) proibido de publicar qualquer artigo de elogio à minha pessoa.
(...)
5.º (...) disse-me que queria empreender a publicação da projetada — Revista — a pedido do Rev. Clero. Aceitando como verdadeira essa afirmação, tenho a dizer a V. Rev.cia que na S. Igreja não se admitem essas democracias.[368]

Nos últimos anos da década de 1920, os apelos do bispo ao Dr. Formigão para que conclua o trabalho da comissão canônica diocesana vão sendo cada vez mais prementes. Mas o padre, nomeado cônego em 1925, demora a cumpri-lo. Em maio de 1927, o padre Manuel Pereira da Silva conta a Manuel Nunes Formigão que o bispo lhe dissera, talvez "por brincadeira", que a culpa de não ir a Fátima "às claras" era deles, que não tratavam do processo. "Estava mesmo a calhar que em outubro, o 10.º aniversário da última aparição ele já lá pudesse ir, visto estar o decreto concluído e dada a sentença",[369] escreve o padre. Porém, em janeiro de 1929, o Dr. Formigão ainda continua a desculpar-se com o bispo pelo atraso no trabalho.

O que me confunde e penaliza em extremo e que me faz quase envergonhar de aparecer diante de V. Ex.cia é a quebra do meu compromisso de apresentar o trabalho sobre Fátima até ao fim de agosto último. Eu queria fazer um relatório perfeito, completo, absolutamente inatacável sob todos os pontos de vista, e por conseguinte um trabalho de longo fôlego, uma espécie de obra-prima do género, que fosse condigna de Nossa Senhora, honrasse a comissão canónica, não merecesse reparos da Santa Sé, se ela a quisesse ver, nem de qualquer Prelado a quem fosse facultada a sua leitura, e sobretudo satisfizesse cabalmente a V. Ex.cia. Parece-me que não era por vaidade que eu tinha essa pretensão. Mas agora estou convencido de que devo contentar-me com um trabalho mais comezinho, um relatório de poucas páginas, só com os argumentos e as conclusões, indispensáveis, reservando a história completa e documentação para mais tarde, se Nosso Senhor se dignar conceder-nos vida, saúde... e tempo para isso.

O cônego compromete-se então a concluir o relatório "até maio"[370] — mais um prazo que não iria cumprir.

A essa altura, Lúcia já tinha regressado a Tui, onde iniciara o noviciado, em 2 de outubro de 1926. Em 3 de outubro de 1928, com 21 anos, faz os votos temporários, em uma cerimônia que deveria ter sido presidida pelo próprio bispo de Leiria, mas à qual este acaba por não comparecer ("por causa duma pane que teve no automóvel em que seguia para o rápido", segundo o dr. Formigão). O padre Manuel Nunes Formigão é, assim, o único rosto associado a Fátima que está presente e também o único a quem, na véspera da cerimônia, fora concedida a autorização para estar com a jovem a sós.[371]

Nesse encontro, Lúcia aproveita para lhe falar, de novo, da devoção dos cinco primeiros sábados e entrega-lhe um postal destinado ao bispo, insistindo para que este autorize essa prática. No ano anterior, em uma carta enviada a Maria Rosa no dia 24 de julho, Lúcia já falara à mãe dessa devoção — sem revelar que tivera uma "visão" sobre ela —, pedindo-lhe que a praticasse.[372] Em Braga, onde foi visitar o bispo depois da viagem a Tui, o dr. Formigão obtém a autorização para "propagar, desde já, particularmente, a devoção reparadora, que Ele promulgará brevemente, recomendando-a e indulgenciando-a em documento público e oficial",[373] conta o clérigo e professor a uma afilhada. Como já vimos, o "brevemente" acabaria se transformando em uma espera de ainda onze anos...

A d. José chegam, entretanto, mais informações sobre as revelações de Lúcia. Dias depois de a jovem ter professado os votos temporários, o padre José Aparício da Silva escreve ao bispo, enviando-lhe uma cópia de alguns escritos de Lúcia, feitos a seu pedido. Repetem-se ali as "visões" de dezembro de 1925 e fevereiro de 1926, mas um novo dado é agora acrescentado. Lúcia (que continua a escrever na terceira pessoa) revela ter tido uma nova "visão", dessa vez em 17 de dezembro de 1927.

> Foi junto do sacrário perguntar a Jesus como satisfaria o pedido que lhe era feito, se a origem da devoção do Imaculado Coração de Maria estava encerrada no segredo que a SS.ma Virgem lhe tinha confiado. Jesus com voz clara fez-lhe ouvir estas palavras: minha filha, escreve o que te pedem e tudo o que te revelou a SS. Virgem na aparição em que falou desta devoção; escreve-o também, quanto ao resto do segredo continua o segredo. O que em 1917 foi confiado a este respeito é o seguinte: Ela pediu para os levar para o céu: A SS. Virgem respondeu: sim a Jacinta e o Francisco levo-os em breve mas tu ficas cá mais algum tempo; Jesus (quer) servir-se de ti para me fazer conhecer e amar. Ele quer estabelecer no mundo a devoção ao meu Imaculado Coração; a quem o abraçar prometo a salvação e serão queridos de Deus estas almas, como flores postas por mim a adornar o seu trono. Fico cá sozinha? Disse com tristeza. Não filha, Eu nunca te deixarei, o meu Imaculado Coração será o teu refúgio e o caminho que te conduzirá até Deus.[374]

Pela primeira vez, Lúcia dispõe-se a revelar parte do "segredo", deixando antever que, afinal, não se resume a algumas meras "palavrinhas", mas a algo complexo, com mais de uma parte. Pela primeira vez também ela altera significativamente o diálogo que diz ter mantido com a "Senhora", deixando antever que Jacinta e Francisco teriam sido avisados, já em maio de 1917 (data em que ela dizia ter perguntado à "Senhora" se iriam para o céu), que iriam morrer "em breve". E, afinal, quantos segredos havia? Porque nunca antes Lúcia dissera que lhe fora comunicado um segredo em maio de 1917, mas agora descrevia essa conversa como estando "encerrada no segredo" que lhe fora confiado. O que pensaria o bispo de Leiria de tudo isso? E o que pensaria dessa insistência para estabelecer a devoção ao Imaculado Coração de Maria quando — como lembraria alguns anos depois o padre Oliveira Faria — "em Portugal, pelo menos desde 1876, havia a devoção ao Imaculado Coração de Maria"? "Como se compreende que Nosso Senhor quisesse estabelecer no Mundo a devoção ao Imaculado Coração se ela já

FÁTIMA: MILAGRE OU CONSTRUÇÃO?

estava estabelecida?",[375] questionava o pároco na primeira das suas obras com várias perguntas sobre Fátima.

Se d. José se inquietou com essa insistência de Lúcia ou outras atitudes que a jovem tomaria em fins de 1929 e no início de 1930, não o demonstrou publicamente. Se alguma dúvida o assaltou, o mais provável é que a tenha abafado rapidamente. Já não era possível voltar atrás. Impensável duvidar agora de Lúcia e questionar Fátima. Os peregrinos eram milhares, a obra física crescia, e o governo já não representava nenhum tipo de oposição à transformação da Cova da Iria em uma nova Lourdes — muito pelo contrário. Só faltava encerrar todo o processo com chave de ouro apresentando um relatório que permitisse tornar oficial o culto a Nossa Senhora do Rosário de Fátima. Em 27 de dezembro de 1929, o bispo insiste, mais uma vez, com o dr. Formigão: "Não ponha de parte o relatório, pois com a extensão que o culto a N. Senhora de Fátima vai tomando, não podemos deixar de tomar uma resolução breve."[376]

Finalmente, em 13 de abril de 1930, a comissão canônica, constituída em 1922, volta a se reunir para aprovar o relatório que o dr. Formigão "apresentou aos outros membros"[377] e que redigira sozinho. O documento é aprovado por unanimidade, com exceção do problemático capítulo sobre a falsa profecia do fim da Primeira Guerra, que é alvo de algumas alterações. No dia seguinte, o relatório é aprovado e enviado a d. José.

O relatório, que o dr. Formigão sonhara vir a ser uma "espécie de obra-prima do gênero", está muito longe de sê-lo. É até um pouco constrangedor. Muitos dos capítulos não passam de reapresentações de artigos que ele já escrevera, sob o pseudônimo de Visconde de Montelo, e há muitos erros sobre datas, idade dos pastorinhos e referências utilizadas, além do romancear da realidade que lhe é característico. A explicação para a previsão falha sobre o fim da guerra é transformada em seis hipóteses pouco críveis, com o relator dizendo que "esta dificuldade, porventura aparentemente a mais grave que há a opor contra a origem sobrenatural das aparições de Fátima, pode, segundo parece, resolver-se de vários modos, qualquer deles razoavelmente satisfatório para inteligências sensatas e cultas".[378] E com esse "razoavelmente satisfatório" se resolve a questão, bem como todas as dúvidas que poderiam subsistir, considerando o relator que "ninguém pode duvidar" da "sinceridade" das crianças que afirmaram ter tido contato com Nossa Senhora na Cova da Iria e em Valinhos.

O documento é acompanhado de 17 casos de "curas extraordinárias", várias das quais sem nenhuma comprovação médica e todas elas já devidamente divulgadas na *Voz de Fátima*. Segundo contabilizou Luís Filipe Torgal, desde 13 de novembro de 1922 (quando se iniciou a seção Curas de Fátima) até abril de 1930, foram publicados naquele boletim 198 casos de "curas, milagres ou graças" atribuídos à Senhora do Rosário de Fátima. Das 138 curas relatadas entre 1927 e 1931, apenas 28 estavam acompanhadas de um atestado médico — que confirma a doença e as melhoras inesperadas e nada mais.[379]

Mais curioso no relatório do dr. Formigão é o capítulo intitulado "As contrafações", no qual o padre assume a linguagem dos periódicos anticlericais da Primeira República para se referir a outras "aparições" de que Portugal teria sido palco nos anos em torno de Fátima. Escreve ele que "as potências do Inferno aliadas com as do mundo lançavam mão de todos os meios para desacreditar as aparições de Fátima, cobrindo-as de ridículo" e que um dos instrumentos utilizados "foi o lançamento pelo país inteiro duma larga rede de fictícias visões a aparições celestiais". As frases seguintes poderiam ter saído diretamente da caneta de um dos redatores de *O Mundo*, caso se substituísse "autoridade eclesiástica" por "governo" e "religião" por "República":

> E desde então até hoje jamais cessaram as maquinações do espírito das trevas, procurando arrastar nas malhas dessa rede as massas populares, ignorantes e facilmente crédulas, servindo-se para a execução dos seus planos de auxiliares ambiciosos, interesseiros e sem escrúpulos. Barral, Alcanhões, Póvoa de Santarém, Estremoz, Póvoa do Varzim, Estarreja, Bitarães, Abelheira e Constância são outras tantas malhas dessa rede que, mercê da má-fé de alguns e da ignorância e espírito supersticioso de muitos outros, têm forçado a autoridade eclesiástica a adotar medidas severas, mas justas e necessárias, para pôr cobro a explorações ignóbeis que redundavam em desprestígio e menosprezo da Religião.[380]

Diante do relatório, o Bispo de Leiria publica, com data de 13 de outubro de 1930, a carta pastoral na qual expressa a tão esperada conclusão:
"Havemos por bem:
1.º declarar como dignas de crédito as visões das crianças na Cova da Iria, freguesia de Fátima, desta diocese, nos dias 13 de maio a outubro de 1917;
2.º permitir oficialmente o culto de Nossa Senhora de Fátima."[381]

FÁTIMA: MILAGRE OU CONSTRUÇÃO?

A parte mais difícil do trabalho do bispo e do Dr. Formigão estava feita. A fragilidade do trabalho da comissão canônica (ou de sua ausência) não foi colocada em pauta. Nem sequer a incapacidade do professor de liceu de acertar datas — fatos muito simples e de fácil correção — foi notada ou corrigida. E teria sido simples. Por exemplo, teria impedido que o Dr. Formigão situasse o caso das aparições do Barral como uma reação para desacreditar Fátima. Ou então (não acreditamos nisso) o cônego estaria insinuando que Fátima foi, de fato, uma fabricação da qual alguém tomou conhecimento e que decidiu atacar antes que começasse. Porque o caso das "aparições" do Barral, assim como outros aos quais ele se refere, é anterior a Fátima. Aconteceu exatamente três dias antes de Lúcia, Jacinta e Francisco irem pastorear as ovelhas na Cova da Iria, em 13 de maio de 1917. O caso do Barral aconteceu em 10 de maio de 1917.

As outras aparições

O menino se chamava Severino Alves e, tal como Lúcia, tinha 10 anos, era pastor e vivia em uma aldeia onde "quando toca o sino do campanário todos deixam a sua enxada e correm para a igreja". No dia 10 de maio de 1917, ia o menino a caminho do monte "rezando o terço, como costumava fazer", quando "numa ramada próxima da Ermida de Santa Marinha, sentiu um relâmpago que o impressionou". Ali, na aldeia do Barral, em Ponte da Barca, a criança teria visto "uma Senhora, sentada, com as mãos postas, tendo o dedo maior da mão direita destacado, em determinada direção". Severino ficou tão surpreso que "caiu para o lado", mas antes ainda foi capaz de olhar para a "aparição" por tempo suficiente para fazer uma breve descrição da mulher: "O seu rosto era lindo como nenhum outro, toda Ela cheia de luz e esplendor, de maneira a confundir a vista, cobrindo-lhe a cabeça um manto azul, e o resto do corpo um vestido branco."[382]

O relato foi publicado na primeira página de *A Ordem*, do Porto, antes de qualquer notícia de Fátima ter chegado aos jornais. O autor era o advogado Sebastião dos Santos Pereira de Vasconcellos, conforme desvendaria o semanário no número seguinte, e o que tinha para contar não ficava por aí. Pereira de Vasconcellos escreveu ainda que Severino falou imediatamente com o pároco da localidade e que, quando voltou ao local da "aparição", no dia seguinte, já foi instruído por ele.

E no dia 11 de maio, à mesma hora (às 8h, segundo o advogado), agora já sem sinais de relâmpago, Severino lá encontrou a mesma "Senhora", sorrindo.

FÁTIMA: MILAGRE OU CONSTRUÇÃO?

Quando a viu caiu de joelhos e disse um pouco surpreendido (para não dizer assustado), o que o seu pároco lhe havia aconselhado: *Quem não falou ontem fale hoje*. Então a Aparição, com uma voz que era um misto de rir e cantar, diferente do falar de todos os mortais que tem visto, tranquilizou-o, dizendo-lhe: Não te assustes, sou Eu, menino. E acrescentou:
Diz aos pastores do monte que rezem sempre o terço, que os homens e mulheres cantem a Estrela do Céu. E as Mães que têm os filhos lá fora, que rezem o terço, cantem a Estrela do Céu, e se apeguem comigo, que hei de acudir ao Mundo e aplacar a guerra.
Depois de dizer o que fica escrito, sem que a criança tivesse mais tempo que responder a tudo — sim, Senhora, a Visão olhando para uma ramada acrescentou: Que gomos tão lindos, que cachos tão bonitos.
Mal o rapazinho tinha acabado de olhar para a ramada, voltando a cabeça já a Visão tinha desaparecido.[383]

Para além de ser, aparentemente, mais bem-disposta do que a "Senhora" de Fátima (a do Barral tinha um rosto que "desprendia-se em sorrisos" e a da Cova da Iria estava, segundo as crianças, "sempre séria"), a "visão" descrita pelo pequeno Severino é, em tudo, similar à que Lúcia vai descrever depois. Faz-se anunciar por um relâmpago (pelo menos na primeira vez), tem um rosto lindo como nenhum outro e está cheia de luz e esplendor, além de pedir que rezem o terço e "se apeguem" com ela, que dessa forma vai aplacar a guerra. Ao contrário da "Senhora" da Cova da Iria, essa "Senhora" não tem uma oração nova para ensinar ao pastor, mas aconselha-o, e ao restante dos habitantes, a recuperar uma velha oração, que o advogado garantia estar praticamente esquecida havia décadas.

Muito similar foi também o entusiasmo que o caso suscitou entre os que sobre ele leram, com *A Ordem* anunciando, em 23 de junho, que "tem sido uma verdadeira peregrinação para o lugar do Barral". Diligente, na edição anterior, do dia 16 de junho, o jornal avisava que já estava à venda uma edição especial da oração mencionada pela "Senhora do Barral", para ser comprada em separado (10 réis) ou, com desconto, em grupos de 25 exemplares (100 réis). Até na questão da escola Severino parece ter algumas semelhanças com o que já estava se passando em Fátima. Porque se Lúcia anunciava que a "Senhora" mandara que ela aprendesse a ler, o menino, que já ia à escola, entrega-se, depois da "aparição", com afinco "ao estudo das letras, para que dantes mostrava pouca inclinação".[384]

O semanário vai continuar a acompanhar o caso até fins de julho, altura em que Fátima começa a se tornar popular nos jornais e Barral praticamente desaparece da imprensa. E, aparentemente, nem haveria motivo para tal, uma vez que, de acordo com o jornal do Porto de 21 de julho, "já se iniciaram oficialmente os trabalhos canónicos para apurar a verdade acerca da aparição do Barral". Enquanto "milhares de pessoas" acorriam àquela aldeia do Alto Minho e havendo "até quem já cite milagres", o prior de Vila Nova de Muía, José Maria Martins, fora ao local e apresentara um primeiro relatório "que conclui pela afirmativa".[385] Em 28 de julho, o mesmo periódico anunciava que uma comissão canônica "de graves e conceituados teólogos da diocese" já tinha se deslocado para o local para "inquirir da verdade dos factos sobrenaturais que se diz haverem ali ocorrido".[386]

O caso nem sequer ficou circunscrito ao Norte do país, com *O Mundo* de 24 de julho, em uma das primeiras notícias a criticar Fátima, trazendo também a seguinte referência: "Há dias era a um pastorinho lá do Minho que aparecera e receitar a Estrela do Céu para quem tivesse filhos lá fora na guerra. Agora é mais perto, ali pelas alturas da Serra d'Aire, segundo dizem da Meia Via a um jornal de Lisboa."[387] Em novembro, no semanário do Porto que revelara o caso de Barral, é publicado o artigo já aqui referido e que lembra que não é obrigatório acreditar em "revelações particulares" para se ser um bom católico. Os casos dados como exemplo para serem vistos com cautela são, precisamente, o de Fátima e o de Barral.[388]

Apesar do pedido feito, não foi possível saber do arquivo da diocese de Braga — a arquidiocese tinha sob sua alçada Ponte da Barca, em 1917 — se o processo relativo a Barral existia e qual a conclusão a que chegara. O trabalho anunciado por *A Ordem*, do Porto, em julho de 1917, parece ter ficado completamente esquecido, com notícias recentes apontando qualquer tentativa de investigação para o pós-25 de Abril. "Na minha opinião houve qualquer coisa fora do comum. Mas não se desenvolveu um processo pois havia debilidade na mensagem. Por razões de natureza humana ou sobrenaturais, o fenómeno não teve continuidade", disse à *Notícias Magazine* o bispo emérito de Viana do Castelo, José Augusto Pedreira, que, em 1978, ainda sacerdote, entrevistou um Severino septuagenário, gravando "duas cassetes" que foram, depois, entregues ao bispo de Viana de Castelo. "Não me pareceu que fosse invenção. Mas depois não se avançou mais",[389] disse.

Terá sido Barral simplesmente "engolido" pela simultaneidade do fenômeno de Fátima ou o clero preferiu esquecer o caso por, nas investigações iniciais, ter detectado uma fraude? A verdade é que esse está bem longe de ter sido um caso único em Portugal. Lá, tal como em tantas outras localidades — lembram-se da Senhora da Ortiga, em Fátima? —, fez-se uma capela e, por mais que a Igreja não tenha reconhecido a veracidade da "aparição", não faltou povo devoto que continuasse a dar-lhe crédito e a manter a crença em mais uma Nossa Senhora que se mostrava ao país.

O século XX foi pródigo em casos como esse, mas as "aparições" acontecem há séculos e as similaridades entre algumas delas são extraordinárias. São milhares, espalhadas por todo o globo, mas apenas 16 foram oficialmente reconhecidas pelo Vaticano. Entre essas está Fátima. Em Portugal, contudo, não faltam relatos de outras "aparições", quase todas vistas por crianças. O antropólogo Aurélio Lopes contabiliza 15 "aparições" nacionais, 14 das quais a crianças.[390] Mas há mais e todas com similitudes.

Desde pelo menos 1300 há relatos de "aparições" em território português, mas em vários casos pouco mais se conhece além da data e do local onde esse fenômeno teria acontecido. Mais desenvolvida é, por exemplo, a história da "aparição" de Vilas Boas, no concelho de Vila Flor, em 1673. Aqui, a vidente também é uma menina de 10 anos, Maria Trigo, que estava lavando roupa em um córrego quando diz ter visto uma "senhora de beleza sem igual", que a tratou pelo nome e lhe "deu a bênção". Conta Aurélio Lopes: "Conduziu-a a uma ribanceira próxima onde terá feito brotar, milagrosamente, uma fonte. Com as mãos, passou, então, a água sobre a cabeça da menina, curando-a, deste modo, das doenças que a apoquentavam. Apresentar-se-á como a Virgem da Assunção e terá recomendado que reatassem o culto a Nossa Senhora da Assunção (ou seja, ela própria) cuja capela, tal como a devoção estavam, há já algum tempo, ao abandono."[391]

Cerca de um século depois, em 1757, acontece em Folhada, no Marco de Canaveses, a "aparição" que tem, provavelmente, mais semelhanças com Fátima. O caso foi relatado pelo padre local, José Franco Bravo, em um documento que se encontra guardado na Torre do Tombo e que foi divulgado na obra *As Freguesias do Distrito do Porto nas Memórias Paroquiais de 1758*, editado em 2009. No texto, escrito um ano depois da suposta "aparição", o padre conta como, em 13 de maio de 1757, três pastorinhas "com menos de 12 anos" ouviram alguém chamá-las pelo nome — duas Marias e uma Teresa — e viram uma mulher "de brilhante e resplandecente rosto". O caso foi relembrado nas páginas do *Público*, em 2012: "Uma das meninas perguntou à mulher quem era, e esta respondeu-lhe que o saberiam depois de fazerem durante 'nove dias contínuos, ao redor daqueles penedos, uma romaria em louvor de Nossa Senhora'. E naquele mesmo sítio, a 14 de agosto, véspera da Assunção, 'de noite se viu uma luz tão resplandecente quase a horas de meia-noite, que afirmam se podia ler uma carta à sua claridade.'" Tal como em Fátima, o povo acorreu de imediato àquele recanto da Serra da Aboboreira, e surgiram relatos de milagres, que o padre Bravo não especifica, apesar de constatar: "O maior que tenho observado é o infinito povo que continuamente concorre àquele sítio."[392] Mais documentadas estão as "aparições" do século XX — algumas das quais anteriores a Fátima, outras posteriores e, por isso, apelidadas, tal como fez o cônego Manuel Nunes Formigão, de "contrafações".

Em 17 de junho de 1916, o jornal *Concelho d'Estarreja* contava:

> Corre de boca em boca que junto duma estrela muito brilhante que todas as noites reluz lá no firmamento, de certa hora por diante, aparece uma figura de mulher envolta num longo manto de impecável alvura. Que é uma santa, dizem uns, que é Nossa Senhora, afirmam outros. A misteriosa aparição está por toda a parte fazendo subir aos pontos mais altos uma curiosa e enorme multidão vendo-se até mesmo doutros pontos, parecendo a esta santa gente que essa figura de mulher vem anunciar o fim da guerra ou o fim do mundo (...).[393]

E, um ano depois de Fátima, em 1918, na ilha de São Miguel (Açores), duas crianças de 8 anos disseram ter visto, por duas vezes, uma "Senhora muito linda", "vestida de branco e envolta num clarão", recebendo a população também seu "milagre do Sol", que alguns relatos descrevem como tendo durado cerca de quinze minutos, em que o astro, "despido do seu brilho", se comportou depois como "uma roda de fogo preso", mostrando a quem quis ver as imagens de "Nossa Senhora, de Nosso Senhor, de anjos, e de uma igreja!".[394] Em 18 de outubro de 1920, um novo caso é relatado, em tom irônico, pelo diário republicano *Situação*:

FÁTIMA: MILAGRE OU CONSTRUÇÃO?

Fomos ontem a Alcanhões ver o milagre da aparição da santa, nova edição de Fátima, que nos diziam aparecer num quintal, no lugar dos Sete Pés, na mesma freguesia. No local estavam umas 107 pessoas, na maioria crianças e mulheres. Algumas pessoas observavam o sol com vidros fumados, como se estivessem observando algum eclipse. Nós nada vimos de anormal, mas a maior parte do mulherio afirmava ter às 11 horas visto nitidamente uma cruz no sol, outras diziam ter visto no mesmo umas bolas amarelas. Quase todas diziam ver, nos astros, fumo; e estes esverdinhados ou amarelos, apesar de em todo o tempo que lá estivemos, o dia se conservar lindo e bastante claro. O petiz a quem a santa aparece, e a quem lá chamam o "vidente", não o vimos. No quintal uma pequena capela (segundo nos dizem feita pelo petiz) formada de terra e tendo dentro qualquer coisa feita em barro, cacos, papel, etc., figurando santos. No dia 13 de novembro torna a aparecer o milagre e é de crer, com o mesmo aparato. Parece-nos impossível que numa terra como Alcanhões ainda se consintam disparates desta ordem. Para quem estes "milagres" não são bons, são para o dono da propriedade, porque a tem plantada de nabos, couves e vinha, e tudo ficou num... "santo sudário"![395]

De todas as histórias de "aparições" que atravessam o território português, uma das mais interessantes (e documentadas) é a de Vilar Chão (Alfândega da Fé), em 1946. A personagem principal é Amélia da Natividade Rodrigues — a Amelinha, como ficaria conhecida —, de 22 anos, e sua história iria alimentar várias páginas do *Jornal de Notícias* e de *O Comércio do Porto*.

Amelinha, doente e praticamente confinada a uma cama desde os 15 anos, contou ao enviado especial do *JN* a Vilar Chão que tinha 16 anos quando "Nossa Senhora" lhe apareceu pela primeira vez. "Eu sofria do coração. Estava a ser tratada pelo Sr. Dr. Flores. Nossa Senhora disse-me então: vais ficar a 'construir' uma doença horrível, mas sofre com paciência, que eu fico sempre a auxiliar-te. Não voltei a vê-la. Meti-me numa tristeza..."[396] Na época, admitiu, não contou a ninguém essa estranha visita, que só voltaria a receber em 25 de maio de 1946, quando, já padecendo de um enorme inchaço em um dos braços e em uma das pernas, além de uma ferida na boca que lhe colava os lábios e quase a impedia de comer, pensou que ia morrer. No dia 24, dia em que piorou, mandou chamar o padre Humberto Flores (irmão do médico Artur Flores, um dos que tratavam a jovem), que a confessou, e, no dia seguinte, voltou a chamá-lo, dando-lhe conta da "aparição". "Não quis o pároco, bondoso, contrariá-la. Simulou acreditar. Só lhe disse, que se na verdade era assim, se Nossa Senhora lhe aparecera, devia aproveitar o momento e pedir-lhe a cura da perna. Sempre se poderia levantar",[397] relatava o *JN* na primeira notícia sobre o caso. No dia seguinte, segundo as crônicas, a perna estava curada. Nos dois dias seguintes, repetiu-se o pedido do padre para que Amélia pedisse à "Senhora" a cura do braço e depois da boca. Ambas se concretizaram.

Depois disso, a fama da moça se espalhou. Contava-se que misteriosas flores tinham caído sobre sua cama, sem que ninguém conhecesse sua origem, embora Amélia garantisse que tinha sido "um anjo" que as depositara. As visitas da "Senhora" se sucediam, de forma quase diária, e Amélia relatava que a "aparição" a levara para visitar o céu. Quando o padre Flores lhe pediu uma prova dessa visita "com surpresa de todos a Amélia aparece, no dia seguinte, com uma cruz bem visível na testa!".[398] A jovem já não era apenas vidente e miraculada, tornara-se também estigmatizada, com cruzes a aparecerem-lhe marcadas na testa e em uma das mãos.

O caso era de tal forma extraordinário que, depois de publicar o relato do correspondente no local, o *JN* mandou para Vilar Chão um enviado especial, que entrevistou o médico Artur Flores e Amélia, em sua cama de doente. Quando o jornalista perguntou à mulher se a "Senhora" tinha lhe dito muita coisa, a resposta foi um pouco estranha: "Muita. Mas hoje faz-me falta aqui à minha beira o Sr. padre. Ele é que tem tomado nota." O jornalista pergunta-lhe então se a "Senhora" aparecera naquele dia. "Apareceu, sim. E perguntou: 'O Sr. padre?'. Sabe uma coisa? Ela fala muito alto. Tão alto que se devia ouvir em toda a aldeia. Pois ninguém a ouve!" E continuou: "O Sr. padre outro dia mandou perguntar o que quer a Senhora que façamos em sua honra. E ela respondeu que só pode dizer isso no dia 11 de outubro."[399] Nessa altura, Amélia garante que já tinha visitado, além do Céu, também o Inferno e o Purgatório...

O médico Artur Flores sentenciava, no mesmo artigo, que "a rapariga é uma histérica" e que "a inchação da perna e do braço não era senão de origem nervosa", mas se mostra impotente para explicar a ferida "muito estranha" da boca e sua cura.[400] E a fama de Amélia foi crescendo.

O padre Joaquim Leite tinha 9 anos quando a história de Amélia irrompeu nas casas de Alfândega da Fé e, depois, de todo o país. Sua mãe, recorda, quis ir ver o que se passava e partiu, estrada afora, de Vale da Vilariça, onde moravam, até Vilar Chão. Voltou animada, comprara uma fotografia de Amélia e tinha-a em casa, emoldurada. Pouco depois, quis voltar lá com o filho. Ele, hoje com 79 anos,[401] não se recorda bem da data, mas sim de que o pai da "vidente" estava "amortalhado" em casa, com base no que a visita deveria ter ocorrido em setembro, o mês em que Joaquim Bernardo Rodrigues morreu. "Saímos de noite, devia ser uma meia-noite. Eu e uma prima minha montados em burros, e os nossos pais a pé", conta o padre. Em Vilar Chão, a cama de Amélia estava já rodeada por cordas, para que ninguém se acercasse demasiado da moça, e só às crianças era dado o privilégio de tocá-la. O pequeno Joaquim Leite foi uma delas. "Ainda ficamos à espera na fila para poder entrar. Éramos crianças inocentes e privilegiadas que na casa da Amélia puderam passar a barreira das cordas para junto da cama onde ela estava semideitada, com a mão estendida onde tinha escrita a letra 'J' — não sei se na outra tinha a tal cruz... Eu acreditei no que contavam, claro", diz.

Joaquim Leite não voltou a Vilar Chão, contentando-se em ver passar a sua porta os milhares de pessoas que, desde a zona de Mirandela ou de Carrazeda de Ansiães, passavam pelo Vale de Vilariça a caminho da aldeia da "miraculada".

Nas feiras, os cegos que cantavam histórias de heróis e santos em busca de esmola faziam quadras sobre Amelinha, das quais o padre Leite ainda recorda alguns versos: "Amélia da Natividade/ Na flor da sua idade/ Sofria martírios tais/ Que a toda a hora e momento/ No seu grande sofrimento/ Fazia chorar seus pais." As fotografias da "estigmatizada" — uma exclusividade do fotógrafo Zeca Peixe, acordada por este com os irmãos Flores — eram vendidas por toda parte. E quando o 11 de outubro chegou, a mãe do padre Joaquim Leite pôs-se a caminho, para ver que revelação seria então feita. Conta o padre:

> Lembro-me de ouvir durante toda a noite, já de véspera, a multidão de pessoas que passava. Havia um grande entusiasmo ao partir, mas de manhã, ao acordar, o que notei foi a deceção das pessoas que não viram Nossa Senhora alguma. A minha mãe descreveu depois tudo, que ouvi atentamente. Contou que havia gente nos telhados, em cima dos sequeiros (o que desagradou aos moradores da aldeia, por causa dos danos causados) e que de vez em quando alguém dizia: "Lá vem Nossa Senhora, naquela nuvem." As pessoas dirigiam-se em massa nessa direção e depois não era nada. Veio para casa dececionada, porque acreditava mesmo que algo podia acontecer. A partir daí, foi a deceção completa.

AS OUTRAS APARIÇÕES

Mas quem lesse a edição de 12 de outubro de 1946 de *O Comércio do Porto* dificilmente acreditaria nesse cenário. O enviado especial Jaime Ferreira, em duas páginas, descrevia o inusitado movimento na aldeia, a organização e ordem mantidas por agentes da Guarda Nacional Republicana e da Polícia de Segurança Pública e o "sinal divino" no sol, que ele admitia não ter visto, mas que, garantia, "com exceção de uma ou outra pessoa", fora testemunhado por todos os presentes. "Todos diziam ter observado o Sol, em rotação, a largar chispas de luzes e transformar-se nas mais variadas cores. No rosto da maioria daquela gente, notava-se algo de perturbação, de espanto, de místico. Muitos olhos ainda húmidos de chorar porque — dizem — o Sol, que não cansava a vista, transmitiu emoção e convenceu tratar-se de espetáculo sobrenatural e nunca visto."[402]

Recorrendo ao relato de "dezenas de pessoas consideradas idôneas", o jornalista descreveu ainda:

> Deviam ser sete horas. De repente, o povo, eletrizado, voltou os olhos para o céu. Alguma coisa se passava de extraordinário. O Sol, tendo ao centro um disco azulado, no dizer de uns, cor de prata, na interpretação de outros, estabeleceu dois movimentos de rotação, para a direita e para a esquerda. Em volta, num círculo maior, o Sol irradiava luz viva, em transformação de cores circundadas por auréolas vermelhas. O momento foi emocionante. Dezenas de milhares de pessoas, em gritaria, que era prece, ou desfiando, em silêncio, as contas do rosário, mantiveram-se de joelhos.[403]

Familiar? Talvez demasiado, e nem a descrição seguinte de "milagres" que estariam acontecendo por intercessão de Amelinha nem o fato de o padre Humberto Flores ter declarado "que nem com uma pistola à frente" negaria as "aparições" — "Agora, sim, agora acredito que a Amélia é vidente e fala com Nossa Senhora",[404] disse — convenceram a hierarquia eclesiástica.

"É pela segunda vez que o tristemente célebre caso de Vilar Chão entra nas colunas deste jornal. E entra, simplesmente, para o denunciarmos ao público, como mais uma indigna comédia, que, necessariamente, havia de ter o desenlace que merecia",[405] anunciava, em 17 de novembro de 1950, na primeira página, o *Mensageiro de Bragança*, órgão da diocese.

No artigo fica perceptível como a casa de Amelinha continuava a ser procurada por quem acreditava na mulher. E também se percebe que, nos

FÁTIMA: MILAGRE OU CONSTRUÇÃO?

anos anteriores, a diocese tentara convencê-la a ser "examinada" no Porto e em Bragança — o que ela sempre recusou "com o veto: 'Nossa Senhora não quer', 'Nossa Senhora não gosta de luz'". Mas a verdade é que a fama de Amelinha continuava a atrair crentes, tendo surgido, nos últimos tempos, um novo "sinal": "uma chuva de origem misteriosa" que caía no quarto "a certa hora da madrugada". Um sacerdote foi enviado ao local, porque, relatava a notícia, "Sinceramente temos lastimado tantas canseiras, tanto desassossego e dinheiro gasto por parte de multidões incautas."[406]

O veredito vinha no mesmo artigo. Amélia fora surpreendida "de seringa na mão a fabricar habilmente o novo milagre (!!!)" e a história tinha de terminar: "É tempo de acabar esta comédia, que tanto mal tem feito à Igreja. Tem-se tornado instrumento do demónio para lançar a dúvida e o descrédito sobre as aparições de Fátima e a doutrina católica",[407] escreveu o autor do texto.

No ano seguinte, Amélia seria efetivamente internada nos Hospitais da Universidade de Coimbra, onde, sujeita a uma rígida vigilância, acabaria por ser desacreditada e tratada como "embusteira" nas páginas do *Diário de Coimbra*. Em uma descrição minuciosa, o jornalista explicava como uma das responsáveis por sujeitar Amélia "ao serviço de higiene", apesar de sua oposição, "ouviu tilintar debaixo dos lençóis quaisquer objetos metálicos". "Procurou-se descobrir do que se tratava e foi então encontrado um pequeno embrulho contendo dois crucifixos de rosário ligados por uma linha, um espelhito redondo e um pequeno frasco com um líquido."[408] O jornalista asseverou que "estava desfeita, em face do ocorrido, a lenda da 'miraculada'", explicando: "As cruzes, embebidas no líquido do frasco, utilizava-as ela para 'fabricar' os estigmas, numa grosseira habilidade que parece impossível ninguém ter ainda descoberto!" Depois disso "resolveu-se recambiá-la para a terra da sua naturalidade", mas o *Diário de Coimbra* não abandonaria o caso sem colocar o dedo na ferida:

> E cabe aqui perguntar, porque é lógico: Não estariam ocultas por detrás dos bastidores pessoas que auxiliassem e incitassem a Natividade ao desempenho do papel? Como é que uma criatura boçal, sem conhecimentos de qualquer espécie, "descobriu" um líquido que servia, como uma almofada de carimbo, para utilizar na impressão dos estigmas na fronte e na mão, e assim se ludibriarem os ingénuos? E que espécie de líquido era esse que não produzia ferimentos graves,

mesmo com a assiduidade da aplicação? Tudo isto, parecendo que não, é muito estranho. E não nos convencemos que uma criatura do campo, uma rapariga, especialmente, levasse a sua audácia até ao ponto onde ela se alcandorou.[409]

A versão que posteriormente se espalhou pela região — e que ainda corre — é que os autores de todo o embuste foram os irmãos Flores, o padre e o médico, e que a "cura milagrosa" de Amélia se devera, na verdade, à aplicação de penicilina, introduzida em Portugal apenas em 1944. O padre Joaquim Leite confirma ter ouvido essas histórias, mas sem que fossem apresentadas provas. O mesmo diz o bispo de Bragança-Miranda, d. José Cordeiro. A resposta pode estar no inquérito diocesano que foi feito para apurar o caso, mas, por enquanto, o acesso a esse documento está vedado. Por um lado, porque é preciso encontrá-lo. "Em termos documentais não podemos avançar com nada. Um dia espero que seja possível, estamos a reorganizar o arquivo e esperamos que esses dados possam vir a público, quando não existirem pessoas que possam ser beliscadas", explica. E este é o segundo argumento: é que em junho de 2016, Amélia da Natividade ainda estava viva. Aida Borges, que nasceu em Vilar Chão e escreveu um romance baseado na história de Amélia (*Corpo sem chão*, 2013) contou à *Notícias Magazine* ter falado com a idosa, que, disse: "Confirmou toda a história, validou tudo."[410] E a história que Aida Borges contou, ouvindo várias testemunhas do caso, incluindo a própria Amélia, é que a mulher nunca desmentiu o alegado milagre e os encontros com Nossa Senhora, mas que os dois irmãos Flores e o fotógrafo que tinha a exclusividade das imagens da jovem eram os supostos responsáveis pela história e que seriam eles a lucrar exclusivamente com ela, dividindo entre si os proveitos obtidos, não só das fotografias mas, no caso dos dois irmãos, o dinheiro e as joias oferecidos à "santinha" de Vilar Chão. A família de Amélia, depreende-se da história de Aida Borges, nada lucrou com o caso.

Além dos casos de Amélia e de Severino, o século XX teve ainda outras "aparições" célebres, que nunca atingiram a dimensão de Fátima ou foram mesmo negadas pela Igreja.

O pequeno Carlos Alberto da Silva Delgado, de 11 anos, da aldeia da Asseiceira (Rio Maior) preparava-se para fazer o exame da quarta classe. A professora aconselhou os alunos a rezarem por uma boa nota e Carlos, afastando-se para junto de uns loureiros para fazê-lo, anunciou ter visto, nesse dia 16 de maio de 1954, uma "Senhora" que se apresentou como "a Mãe do Redentor"[411] e lhe anunciou o regresso para dali a um mês.

As "aparições" da Asseiceira se repetiram até janeiro de 1955, com Carlos anunciando que a "Senhora" recomendava "a prática rigorosa dos Dez Mandamentos" e que fizesse também "uma declaração sobre a qual lhe pediu que guardasse segredo".[412] Seguiram-se as habituais declarações de milagres e os sinais no céu — não só no sol, mas também luzes vistas durante a noite —, mas, de novo, o fenômeno que atraiu milhares de pessoas para a Asseiceira acabou por não ir além da construção de uma capela, que ainda hoje existe.

A verdade é que Fátima não deixava espaço para mais nada. Por mais que os outros "videntes" não se contradissessem, que não fossem encontradas causas médicas para as "visões" anunciadas — o que aconteceu, por exemplo, com Carlos Alberto — e que o povo afluísse aos milhares aos novos locais de cada "aparição", seria extremamente complicado colocar novos locais "sagrados" em confronto com o que fora já assumido, em 1953, como o "altar do mundo" — nome dado à obra sobre Fátima coordenada por João Ameal. E, por isso, não é de estranhar que em vez da bonomia encontrada por Lúcia e pelos primos em 1917, em plena guerra religiosa, a Igreja tenha reagido de forma categórica contra fenômenos como o que ficou conhecido pela Santa da Ladeira e que teve como protagonista Maria da Conceição Mendes Horta. A mulher dizia ter visões, curar pessoas, ser levada a visitar o Céu e o Inferno, levitar, e acabou sendo julgada em um tribunal e encerrada alguns meses em um hospital psiquiátrico. Além disso, foi agredida, fecharam o acesso a sua casa, na Ladeira do Pinheiro (Torres Novas), a menos de 40 quilômetros de Fátima, e a Igreja condenou veementemente os fenômenos que começaram no fim da década de 1960 e se prolongaram até a morte da "vidente". Mas Conceição nunca voltou atrás. O culto da Senhora da Ladeira chegou a ser acolhido por um ramo da Igreja Ortodoxa, mas também esta se afastaria. Em 17 de junho de 1977, diante do entusiasmo em torno do fenômeno, o bispo de Santarém, d. António Francisco Marques, publicou o seguinte aviso:

1. Os acontecimentos ocorridos na Ladeira do Pinheiro não apresentam quaisquer indícios de intervenção extraordinária de Deus, sendo muitos os sinais contrários a tal presença sobrenatural, pelo que carecem inteiramente de crédito as supostas aparições.

AS OUTRAS APARIÇÕES

2. Desautorizados tais fenómenos falsamente sobrenaturais, estão igualmente reprovadas quaisquer manifestações religiosas, naquele local e com eles relacionadas, porque podem induzir em erro e confusão aqueles que, não estando esclarecidos, se deixam sensibilizar por enganadoras aparências.

3. A todos os sacerdotes, seja qual for a sua nacionalidade, é proibido celebrar, na Ladeira do Pinheiro, qualquer ato litúrgico, tanto em público como em particular, ou participar noutros atos religiosos.

4. Nenhum sacerdote, que incorra na transgressão referida no número anterior, terá licença para exercer o ministério nesta diocese.

5. Do mesmo modo, os fiéis se devem abster de participar em quaisquer atos religiosos que se realizem na Ladeira do Pinheiro e, se advertidos, continuarem em desobediência, manifestam claramente que não estão em comunhão com a Igreja.[413]

Em Fátima, o bispo d. Alberto Cosme do Amaral emitiu uma nota pastoral, em 24 de novembro do mesmo ano, lembrando as indicações deixadas pelo prelado de Santarém e acrescentando:

É do nosso conhecimento que alguns organizadores de excursões, peregrinações, visitas, se servem de Fátima como ponto de passagem ou simplesmente como pretexto para levarem as pessoas à Ladeira do Pinheiro, induzindo-as assim em erro grave. Consideramos que as peregrinações e visitas ao Santuário de Fátima não podem, de maneira nenhuma, constituir ocasião ou apoio que favoreçam a participação em acontecimentos que só redundam em prejuízo da autenticidade da nossa fé de cristãos. Pensamos ainda que é nosso indeclinável dever preservar Fátima de todas as deturpações e descréditos, ou manipulações, defendendo-a ao mesmo tempo de todos os parasitismos ideológicos ou pseudoespirituais que pretendam medrar à sua sombra.

Nas regras que se seguiam, o bispo exortava os peregrinos de Fátima a "observarem (…) as normas da Autoridade Eclesiástica da Diocese de Santarém, abstendo-se de visitar o referido lugar da Ladeira do Pinheiro, mesmo que o fizessem a título de simples curiosidade" e dirige o mesmo apelo "aos organizadores de peregrinações, excursões, visitas que passem por Fátima". O bispo conclui: "Achamos preferível que não visitem este Santuário se persistirem em frequentar a Ladeira."[414]

LÚCIA E A NOVA FÁTIMA

Em 24 de fevereiro de 1930, o bispo de Leiria escreve uma provisão relativa à Rússia, na qual defende: "As perseguições religiosas na Rússia excedem tudo quanto se possa imaginar. É a guerra ímpia a Deus e opressão horrorosa às consciências. (...) A peregrinação ao Santuário de Nossa Senhora do Rosário de Fátima, no próximo dia 13 de março, será principalmente para orar pela Rússia segundo os desejos do Santo Padre.[415]

Depois do período da Primeira República que vira nascer Fátima, o mundo estava mudando de novo. Na Igreja nacional, o cardeal Manuel Cerejeira tornara-se patriarca de Lisboa no fim de 1929 e logo em 1931 presidiu a primeira Peregrinação Nacional a Fátima, fazendo, com todo o episcopado, a consagração de Portugal ao Coração Imaculado de Maria.[416] Na política, a ditadura militar persistia, apesar de algumas tentativas de contragolpe. O país se preparava para a ascensão de António de Oliveira Salazar a chefe de governo — cargo para o qual seria convidado pelo presidente Óscar Carmona em 28 de junho de 1932, depois de ter assumido a pasta das Finanças em 1928. Mas, na Espanha, a ditadura de Primo de Rivera dava lugar à Segunda República, proclamada em 14 de abril de 1931, após a vitória republicana nas eleições municipais de dois dias antes. Agora, é no país vizinho que o clero assiste à destruição de igrejas e conventos e, no ano seguinte, à expulsão da Companhia de Jesus. Na Alemanha, Adolf Hitler chega ao poder em 1933 e Benito Mussolini continua a manter pulso forte sobre a Itália que dirige desde 1922. A Rússia comunista, com a perseguição à Igreja, que ganhara novo fôlego em 1929, vai crescendo como o mais odiado e temido inimigo do catolicismo, e quando estoura a Guerra Civil

FÁTIMA: MILAGRE OU CONSTRUÇÃO?

Espanhola (1936-38), o receio de que "os vermelhos" possam sair vitoriosos e levar suas ideias para Portugal é real. Isso mesmo traduz o bispo de Leiria, em uma carta enviada ao Papa em 1937, na qual descreve a devoção dos primeiros sábados e afirma:

> Segundo as recomendações feitas pela Santíssima Virgem em 1917, especialmente a devoção do Santo Rosário, aversão à luxúria e penitência, vê-se que Nossa Senhora preparava a luta contra o comunismo de que Portugal tem sido até agora preservado, apesar da sua proximidade da Espanha. Os Bispos portugueses prometemos no ano passado, depois do nosso retiro que fizemos neste Santuário, promover uma grande peregrinação nacional se até ao fim de 1937 não invadisse o nosso país a terrível calamidade do comunismo. Graças à Santíssima Virgem temos estado em Paz.[417]

É nesse contexto que vai nascer o que se tornou comum designar por "Fátima II". Uma história de Fátima baseada exclusivamente nos escritos e palavras da irmã Lúcia, que redige suas Memórias em obediência às ordens de d. José. A obra começa em 1935, cerca de quatro anos depois de um período particularmente agitado para a jovem de Aljustrel e já depois de Lúcia ter feito seus votos perpétuos, em 3 de outubro de 1934, tendo regressado a Pontevedra.

Em janeiro de 1930, Maria Rosa se sente debilitada e acha que vai morrer. Pede à filha que a visite, mas a resposta não é encorajadora. No dia 23, Lúcia explica-lhe que a Madre Superiora está ausente e que não pode partir sem a autorização dela. "Por isso não posso dizer-lhe nada a respeito de a ir ver; se Deus quiser este sacrifício oferecemo-lo com generosidade",[418] escreve. Maria Rosa haveria de melhorar (morreu em 1942), mas seu pedido para ver a filha provoca uma troca de correspondência agitada entre a madre Eugénia Monfalim e d. José, a quem a primeira pede conselho sobre a irmã Dores, nome que fora adotado por Lúcia.

> Confesso que tenho um grande desgosto que a I. Dores vá agora a Fátima, que não pode passar despercebida, e dará lugar a que se fale de novo sobre ela. Para ela mesma também acho muito prejudicial que vá ver desde já o que ela tem ignorado mais ou menos até agora com tão grande proveito para o bem da sua alma! Parece-me que se vai perder o fruto de tanto trabalho! Ela é boa

e fervorosa, mas não a acho ainda bastante forte para resistir ao caso e elogios que decerto lhe vão fazer! Receio pelo nosso tesouro, que eu um dia quereria ver digno de ser canonizado![419]

De fato, Lúcia andava agitada. Depois de, no fim de 1929, ter descoberto em um jornal o retrato que tiraram dela, quando da tomada de votos provisórios, e com a desculpa de que o retrato seria para entregar a sua mãe, a jovem não consegue pôr de lado uma ideia que a consumia havia meses, que era a de deixar as doroteias e fundar ou instalar-se em outra congregação. Uma ideia que teria sido plantada em sua mente "imprudentemente" no ano anterior, por dois padres que a visitaram e lhe disseram "que o seu lugar não era ali, mas noutro Instituto".[420] Em fevereiro, o novo confessor de Lúcia em Tui, o padre Alexandre Faria Barros, alertava d. José: "A nossa boa Lúcia não aquietou ainda acerca da mudança de Congregação. Sei confidencialmente que ainda há poucos dias nisso falou a outra e o pior é quase convidando a essa outra a mudar também."[421] De novo, o bispo tem de intervir, dizendo a Lúcia que deve permanecer onde está.

Apesar da situação política favorável à implementação de Fátima, a basílica ainda nem sequer está pronta (só será completamente concluída em 1953) e d. José nunca demonstrou ser homem que gostasse de ser contrariado ou de ter algo que fugisse a seu controle. E, além disso, há ainda demasiado trabalho a fazer em Fátima, conforme se percebe pela descrição que o jornal *A Voz* faz da localidade, às vésperas da peregrinação de 13 de maio de 1930.

> No recinto vedado, em que ficará a grande Basílica, prosseguem os trabalhos de construção. Ao lado do templo, cujos fundamentos começam já a elevar-se dando-nos já uma ideia da sua grandeza, ergue-se a frontaria, alta, de linhas sóbrias e elegantes do edifício da Hospitalidade. No terreno, abriram as alamedas em que de futuro desfilarão ordenadamente as procissões e os peregrinos. E cá fora? Cá fora, além do mau estado de algumas secções de estradas de Leiria e de Ourém — que, apesar disso, se podem percorrer sem sacrifício, fora do recinto sagrado a urbanização continua a ser um projeto e uma aspiração.[422]

É certo que o culto em torno da Nossa Senhora do Rosário de Fátima não para de crescer e já ultrapassa fronteiras, sendo espalhado com

FÁTIMA: MILAGRE OU CONSTRUÇÃO?

entusiasmo por vários membros do clero das então colônias portuguesas e também do Brasil. A *Voz de Fátima* continuava seu enorme trabalho de propaganda e o Visconde de Montelo também prossegue com a publicação de várias obras dedicadas a Fátima — depois de *Os episódios maravilhosos de Fátima* (1921) e *As grandes maravilhas de Fátima* (1927). saem títulos como *Fátima, o Paraíso na Terra* (1928), *A Pérola de Portugal* (1929) e *Fé e pátria* (1937). Para os leitores de alemão (as obras serão posteriormente traduzidas), *Fátima, a Lourdes Portuguesa* (1930) e *Fátima à luz da autoridade eclesiástica* (1932) são as contribuições essenciais do padre Luís Fischer.

Mas a obra que verdadeiramente revolucionaria Fátima seria o conjunto de quatro Memórias escrito pela Irmã Lúcia — sob o nome geral de *Memórias da Irmã Lúcia I*, no qual vão se basear muitos dos escritos apologéticos (e também os críticos) de Fátima e no qual vai se fundar a nova mensagem atribuída à "Senhora" da Cova da Iria.

Em 12 de setembro de 1935, foram trasladados os restos mortais de Jacinta para o cemitério de Fátima. O caixão foi aberto e o rosto da criança, mumificado, fotografado. Uma cópia dessa fotografia foi enviada a Lúcia, que agradeceu tão entusiasticamente a lembrança da prima a d. José, que ele a mandou "escrever tudo o que se recordasse dela".[423] Essa primeira Memória, escrita em cerca de 15 dias no mês de dezembro (estava pronta no dia de Natal), mostra Jacinta a uma luz que vai surpreender todos os que a conheceram.

A Jacinta que Lúcia descreve — e de quem diz ter sido "catequista", bem como de Francisco, aprendendo os dois "com um entusiasmo único" — é uma menina de 6 anos que vive obcecada com a necessidade de fazer sacrifícios "pela conversão dos pecadores". A menina se recusa a beber, mesmo quando a sede lhe dá dores de cabeça, entrega o farnel que leva para os montes às ovelhas ou a outras crianças, recusa as ofertas de uvas ou figos, como mais um sacrifício, e promete mesmo deixar de dançar ou brincar, para agradar ao "Jesus escondido". Já em maio de 1917, preocupa--se com o Inferno — porque a "Senhora" teria dito que "iam muitas almas para lá", conta agora Lúcia — e fica aterrada com a descrição que a prima lhe faz: "É uma cova de bichos e uma fogueira muito grande (assim mo explicava minha mãe) e vai para lá quem faz pecados e não se confessa e fica lá sempre a arder."[424]

LÚCIA E A NOVA FÁTIMA

Além disso, Lúcia revela agora que a prima sabia que ia morrer — não porque a "Senhora" lhe tivesse dito que a levaria "em breve", como antes revelara, mas porque a visitara já depois de ela adoecer, em 1918.

Nossa Senhora veio-nos ver e diz que vem buscar o Francisco muito breve para o Céu. E a mim perguntou-me se queria ainda converter mais pecadores. Disse-Lhe que sim. Disse-me que ia para um hospital, que lá sofreria muito; que sofresse pela conversão dos pecadores, em reparação dos pecados contra o Imaculado Coração de Maria e por amor de Jesus. Perguntei se tu ias comigo. Disse que não. Isto é o que me custa mais. Disse-me que ia minha mãe levar-me e, depois, fico sozinha!,[425]

escreve Lúcia, supostamente citando a prima. De acordo com Lúcia, a "Senhora" visitou ainda uma outra vez a criança doente, na casa dos pais, depois da internação no hospital de Vila Nova de Ourém. "Disse-me que vou para Lisboa, para outro hospital; que não te torno a ver, nem aos meus pais; que, depois de sofrer muito, morro sozinha, mas que não tenha medo; que me vai lá Ela a buscar para o Céu."[426]

A nova imagem da mais nova dos três "videntes", apresentada por Lúcia, tornou-se pública em 1938, quando surgiu, sem assinatura, o livro *Jacinta*. A obra, do padre José Galamba de Oliveira, reproduzia o que Lúcia escrevera e acrescentava uma nova aura à criança, afirmando que, no momento da trasladação, ao abrir-se o caixão: "Todos os assistentes ficam espantados ao reparar que o rosto de Jacinta está perfeitamente conservado. Milagre? Facto natural? — Que respondam os entendidos. O certo é que a Jacinta morrera vítima duma pleurisia purulenta; ademais, sobre o corpo da defunta lançaram a cal do costume. Não era, pois, muito de esperar que, nestas circunstâncias, o cadáver ficasse isento de corrupção total."[427]

Não era natural e não aconteceu, apesar de os leitores que esgotaram, em Fátima, os 1.600 exemplares do livro no mesmo dia em que foi posto à venda, ou os outros que compraram toda a primeira edição de 3.000 exemplares em três semanas, provavelmente não o terem sabido. Para isso teriam de ter lido, em 1975, o padre Oliveira Faria e a citação do que escreveu o padre José de Castro del Rio em sua obra *As aparições da Santíssima Virgem de Fátima*, na qual este diz: "Quando se fez a exumação (12-IX-1935), afirma o Sr. Barão de Alvaiázere, o cadáver apresentava sinais evidentes de decomposição, contrariamente ao que se diz."[428] Ou então terem lido o relatório da segunda exumação da menina, quando de sua transferência para a Basílica de Nossa Senhora do Rosário de Fátima, em 1951, realizada pelo dr. Hernâni Monteiro e anexado à obra *Era uma senhora mais brilhante que o sol*, cuja primeira edição saiu em 1966. O médico descreve:

> Mumificada a fronte cuja pele apresentava as marcas do tecido do véu que o cobria; na face e pescoço, sinais nítidos de saponificação. Membros mumificados; na mão direita, já destruição dos tecidos moles, com os ossos descobertos e separação das últimas falanges. No lado esquerdo do tórax, por debaixo do algodão do penso, um dreno de borracha metido na cavidade pleural, sinal evidente da operação (ressecção de duas costelas) que sofrera no hospital de D. Estefânia em que esteve internada, em Lisboa, por motivo da pleurisia purulenta.[429]

Lúcia escreve a segunda Memória em novembro de 1937, novamente por ordem de d. José, à qual obedece, dizendo: "Aqui estou, com a pena na mão, para fazer a vontade do meu Deus."[430] Agora, Lúcia tem muito mais aparições das quais falar.

A mulher conta que, ainda em 1915, estando em um lugar chamado Cabeço, com três companheiras pastoras — Teresa Matias, Maria Rosa e Maria Justino — "vemos, como que suspensa no ar, sobre o arvoredo, uma figura como se fosse uma estátua de neve que os raios de Sol tornavam algo transparente". A figura nada disse e as crianças continuaram a rezar, tendo desaparecido assim que terminaram. Seria essa a figura que parecia "embrulhada num lençol" sobre a qual o dr. Formigão tanto interrogara Lúcia? Aparentemente, não, porque a jovem sempre situara essa aparição, repetida pelo menos três vezes, em 1916. Mas a verdade é que Lúcia também diz que essa figura apareceu mais duas vezes, quando estava com as mesmas companheiras, sem se referir a qualquer troca de palavras. E, logo a seguir, esclarece que, afinal, houve uma outra "visão", em 1916.

Em 1917, a criança não sabia descrever o que vira apenas um ano antes, mas agora, 21 anos depois, Lúcia não só o identifica como sendo "um jovem dos seus 14 a 15 anos, mais branco que se fora de neve, que o sol tornava transparente, como se fora de cristal e duma grande beleza", como diz que ele se identificou como "o Anjo da Paz" e transcreve o que diz ter sido uma jaculatória ensinada por ele e uma série de mensagens e experiências que a envolveram, bem como a Jacinta e a Francisco, que também a acompanhavam, e que nunca fizeram qualquer referência a terem visto fosse o que fosse de estranho antes de maio de 1917. Agora, Lúcia diz que foi esse "anjo" quem primeiro os intimou a oferecer "constantemente, ao Altíssimo, orações e sacrifícios", instruindo-os: "De tudo que puderdes, oferecei a Deus sacrifício em ato de reparação pelos pecados com que Ele é ofendido e súplica pela conversão dos pecadores. Atraí, assim, sobre a vossa Pátria, a paz. Eu sou o Anjo da sua guarda, o Anjo de Portugal. Sobretudo, aceitai e suportai, com submissão, o sofrimento que o Senhor vos enviar."[431]

Lúcia tinha 9 anos quando diz ter ouvido essas palavras, que foi incapaz de traduzir quando interrogada pelo dr. Formigão. Questionado, em 1955, sobre o porquê de ter dado tão pouca importância à "aparição" anterior a 1917 de que lhe falara Lúcia quando criança, o cônego respondeu: "Perante declarações tão vagas, que, a meu ver, podiam comprometer em certo modo a obra admirável que se iniciara com as aparições da Santíssima Virgem, aconselhei a Lúcia a manter-se em silêncio sobre o assunto e não procurei mais informações neste particular."[432] Também sobre a descrição que Lúcia faz agora de Jacinta, nomeadamente a forma como ela agira ao ser presa pelo administrador Artur de Oliveira Santos, dançando com os presos, rezando com eles, o cônego afirma: "Quanto a expansões piedosas da Jacinta na prisão, só os posteriores manuscritos da sua prima as revelaram, assim como a devoção dos Videntes ao Imaculado Coração de Maria e ao Santo Padre, a que não encontro qualquer referência nos meus manuscritos, aliás minuciosos, nem tenho a mais vaga ideia de ter percebido nas três crianças durante o tempo que privei com elas."[433]

Mas Lúcia conta mais. Essa "visão", que identifica como um anjo, apareceu duas outras vezes, a última das quais "tendo na mão esquerda um Cálix, sobre o qual está suspensa uma Hóstia, da qual caem algumas gotas de Sangue dentro do Cálix". Então, escreve a jovem freira: "o Anjo deixa suspenso no ar o Cálix, ajoelha" junto dos primos e faz com que repitam uma jaculatória, antes de dar a Lúcia a "Sagrada Hóstia" e de dividir "o Sangue do Cálix" entre os dois irmãos, Jacinta e Francisco.[434]

Revelação a revelação, Lúcia chega a 1917 e acrescenta, outra vez, uma nova informação à mensagem recebida em 13 de maio. "Depois de nos haver dito que íamos para o Céu, perguntou: Quereis oferecer-vos a Deus para suportar todos os sofrimentos que Ele quiser enviar-vos, em ato de reparação pelos pecados com que Ele é ofendido e de súplica pela conversão dos pecadores?" Diante da resposta afirmativa das crianças, a "Senhora" disse então: "Ides, pois, ter muito que sofrer, mas a graça de Deus será o vosso conforto."[435] À lista dos sacrifícios que dizia praticar com os primos, Lúcia acrescenta agora o uso de uma corda na cintura, dia e noite, entre agosto e a "aparição" de setembro, altura em que a "Senhora" teria dito a eles: "Deus está contente com os vossos sacrifícios, mas não quer que durmais com a corda; trazei-a só durante o dia."[436]

Outro aspecto curioso desta segunda Memória da irmã Lúcia é a descrição da proximidade que teria mantido com o vigário de Olival, o padre Faustino José Jacinto Ferreira. Lúcia já se referira a ele em sua primeira Memória, dizendo que o consultara sobre se devia manter o segredo, recebendo como resposta: "Fazeis bem, meus filhinhos, em guardar para Deus e para vós o segredo das vossas almas; quando vos fizerem essa pergunta, respondei: Sim, disse; mas é segredo. Se vos fizerem mais perguntas a respeito disto, pensai no segredo que vos comunicou essa Senhora e dizei: Nossa Senhora disse-nos que não disséssemos a ninguém, por isso não o dizemos. Assim guardais o vosso segredo ao abrigo do da Santíssima Virgem."[437] Agora, Lúcia acrescenta que esse mesmo sacerdote ensinou a ela e aos primos "o modo de dar gosto a Nosso Senhor em tudo e a maneira de Lhe oferecer um sem--número de pequenos sacrifícios".[438] O padre os ensinou, conta ela, a não comer algo que lhes apetecesse e a não brincarem se fosse essa a vontade das crianças, tudo para oferecer mais "um sacrifício" a Deus.

> Compreendi verdadeiramente a linguagem do venerável Sacerdote e como fiquei a gostar dele! Sua Rev.cia não perdeu mais de vista a minha alma e, de vez em quando, dignava-se, ou passar por ali, ou se servia duma piedosa viúva que vivia em um lugarzito perto do Olival; chamava-se Senhora Emília. Esta piedosa mulher ia várias vezes à Cova da Iria rezar. Depois, passava por minha casa, pedia para me deixarem ir passar uns dias com ela e depois levava-me a casa do Senhor Vigário. Sua Rev.cia tinha então a bondade de me mandar ficar dois ou três dias em sua casa, dizendo que era para fazer companhia a uma sua irmã. Tinha, então, a paciência de passar a sós comigo largas horas, ensinando--me a praticar a virtude e guiando-me com os seus sábios conselhos.[439]

LÚCIA E A NOVA FÁTIMA

A veneração pelo sacerdote era tão grande que, um dia, contando a Jacinta um conselho que ele lhe dera, e perguntando a prima se Nosso Senhor ficaria contente, lhe respondeu: "Fica. Nosso Senhor quer que a gente faça o que o Senhor Vigário nos manda."[440] Essas declarações de Lúcia serviriam para que, mais tarde, o padre Faustino fosse acusado de ter orquestrado todo o cenário das "aparições", mas, tal como em relação a outras figuras da Igreja acusadas do mesmo, nunca foram apresentadas provas.

A terceira Memória de Lúcia é a mais curta de todas, mas também, provavelmente, a mais importante, pois é nela que afirma que o "segredo" transmitido pela "Senhora" tem três partes e se prontifica a revelar duas delas. As curtas páginas foram escritas entre o fim de julho e 31 de agosto de 1941, depois de o bispo de Leiria mandá-la "recordar tudo mais" de que pudesse se lembrar sobre Jacinta, para ser incluído na terceira edição do livro que o padre José Galamba de Oliveira estava preparando. O mundo em que Lúcia, agora uma freira de 34 anos, escreve, é totalmente diferente daquele em que ela, uma criança de 10 anos, se movia em 1917. E as partes do "segredo" que Lúcia se dispõe agora a revelar, por lhe parecer que, na ordem de d. José, "era Deus que falava" e por já ter "a licença" do "Céu",[441] demonstram bem essa mudança, sobretudo com a introdução de um novo tema: a Rússia.

Desde, pelo menos, a provisão de d. José sobre a Rússia, em 1930, que o assunto passa a ser tema corrente na correspondência mantida entre Lúcia e seu novo confessor, o padre jesuíta José Bernardo Gonçalves. Logo em uma carta enviada pela freira, em 29 de maio de 1930, ao confessor, Lúcia começa por interrogar — como se respondesse a uma pergunta prévia que ele lhe tivesse feito: "O que me parece ter-se passado entre Deus e a minha alma, a respeito da devoção reparadora do Imaculado Coração de Maria e da perseguição da Rússia?"[442] A mulher responde então que lhe "parece" que Deus quer que o Papa aprove a devoção reparadora que lhe fora revelada em 1925 e que, diz, "se me não engano, o bom Deus permite terminar a perseguição na Rússia, se o Santo Padre se dignar fazer, e mandar que o façam igualmente os bispos do mundo católico, um solene e público ato de reparação e consagração da Rússia aos Santíssimos Corações de Jesus e Maria, prometendo na sua Santidade, mediante o fim desta perseguição, aprovar e recomendar a prática já indicada devoção reparadora."[443] Logo a seguir, contudo, Lúcia afirma: "Declaro recear muitíssimo enganar-me. E o motivo deste receio é por não ter visto pessoalmente Nosso Senhor, mas só sentido a sua Divina Presença."[444]

Nesse mesmo mês, o padre insiste no tema, enviando-lhe um conjunto de perguntas que inclui: "Com relação à salvação da pobre Rússia, o que é que desejava ou queria?" Lúcia responde em 12 de junho, dizendo exatamente o mesmo que respondera no documento anterior.

O assunto parecia, contudo, não ser de maior gravidade, porque, em outubro de 1934, em uma nova carta enviada ao padre Gonçalves, na qual se refere a outra missiva dirigida a d. José, escreve: "Quanto à consagração da Rússia, esqueci-me de falar nisso ao Senhor Bispo, o que parece incrível! Paciência! Tenho pena que fique assim, porque o bom Deus creio que se desgosta; mas não posso fazer mais que orar e sacrificar-me por amor."[445] Em janeiro de 1935, nova carta para o confessor, nova referência à Rússia: "Quanto à Rússia, parece-me que dará muito gosto a Nosso Senhor, trabalhando para que o Santo Padre realize os seus desejos. (...) Ele parece-me que está disposto a usar da misericórdia com a pobre Rússia, como prometeu há cinco anos, e que Ele tanto deseja salvar. Mas já vê que falar intimamente com Deus é muito diferente de falar pessoalmente; é que fica sempre muito maior a dúvida do engano."[446] Em maio de 1936, Lúcia dá nova resposta a uma aparente pergunta do padre Gonçalves: "Se será conveniente insistir para obter a consagração da Rússia." A mulher diz lamentar que não se tenha já feito, admite que não sabe se vale a pena insistir e diz que lhe "parece" que era "um gosto" que se dava a Nosso Senhor e ao Imaculado Coração de Maria. Mas, de novo, as dúvidas a assaltam: "Agora, Padre, quem me assegura que tudo isto não é uma mera ilusão?! Com este receio não tenho falado disto a ninguém, nem mesmo ao confessor. Temo enganar-me a mim e aos outros, o que desejo evitar a todo o custo."[447]

Em 1938 termina a Guerra Civil Espanhola e o cardeal Cerejeira, em acordo com Salazar, organiza "uma peregrinação nacional em prece pela vitória da cruzada franquista contra o comunismo".[448] Um ano depois começava a Segunda Guerra Mundial, da qual, para alívio nacional, Portugal se mantém à margem.

É, portanto, já em plena guerra que Lúcia escreve sua terceira Memória. E começa por esclarecer: "O segredo consta de três coisas distintas, duas das quais vou revelar. A primeira foi, pois, a vista do inferno."[449]

LÚCIA E A NOVA FÁTIMA

Situando essa visão em julho — apesar de ela ser praticamente idêntica à que já descrevia Jacinta, em maio, que é uma cópia da descrição feita na *Missão Abreviada* que Maria Rosa costumava ler para a família —, Lúcia descreve:

> Nossa Senhora mostrou-nos um grande mar de fogo que parecia estar debaixo da terra. Mergulhados em esse fogo, os demónios e as almas, como se fossem brasas transparentes e negras ou bronzeadas, com forma humana, que flutuavam no incêndio levadas pelas chamas que delas mesmas saíam juntamente com nuvens de fumo, caindo para todos os lados, semelhante ao cair das faúlhas em os grandes incêndios, sem peso nem equilíbrio, entre gritos e gemidos de dor e desespero que horrorizava e fazia estremecer de pavor. Os demónios distinguiam-se por formas horríveis e asquerosas de animais espantosos e desconhecidos, mas transparentes e negros.[450]

Depois dessa "visão", que durou "um momento", a "Senhora" disse às três crianças, segundo a freira:

> Vistes o inferno, para onde vão as almas dos pobres pecadores; para as salvar, Deus quer estabelecer no mundo a devoção a Meu Imaculado Coração. Se fizerem o que Eu vos disser, salvar-se-ão muitas almas e terão paz. A guerra vai acabar. Mas, se não deixarem de ofender a Deus, no reinado do Pio XI começará outra pior. Quando virdes uma noite, alumiada por uma luz desconhecida, sabei que é o grande sinal que Deus vos dá de que vai a punir o mundo dos seus crimes, por meio da guerra, da fome e de perseguições à Igreja e ao Santo Padre. Para a impedir, virei pedir a consagração da Rússia a Meu Imaculado Coração e a comunhão reparadora nos primeiros sábados. Se atenderem a Meus pedidos, a Rússia se converterá e terão paz; se não, espalhará seus erros pelo mundo, promovendo guerras e perseguições à Igreja; os bons serão martirizados, o Santo Padre terá muito que sofrer, várias nações serão aniquiladas, por fim o Meu Imaculado Coração triunfará. O Santo Padre consagrar-me-á a Rússia, que se converterá, e será concedido ao mundo algum tempo de paz.[451]

Se ultrapassarmos a dificuldade óbvia de acreditar que uma criança de 10 anos seria capaz de guardar na memória todo esse discurso intricado durante 24 anos, a revelação de Lúcia, por mais profética que possa parecer, encerra ainda outros problemas. Primeiro, o anúncio de que uma guerra vai começar não é grande anúncio quando essa mesma guerra já está se desenrolando há dois anos. Depois, é incompreensível que o verdadeiro causador dessa guerra — Adolf Hitler — não tenha merecido nenhuma menção da "Senhora" (esse problema levou mesmo a que a divulgação oficial das primeiras partes do segredo, pelo Vaticano, em dois livros com o seu aval, em 1942, retirasse da mensagem a referência direta à Rússia, substituindo-a por conceitos mais vagos).[452] Terceiro, já sabíamos que a "aparição" tinha um problema com datas (errou ao anunciar o fim da Primeira Guerra), que aqui se mantém — a Segunda Guerra Mundial não começou no pontificado de Pio XI (até 10 de fevereiro de 1939), mas sim no de Pio XII, o que Lúcia descartou, dizendo que a anexação da Áustria, em 1938, fora "o verdadeiro início da guerra". E quanto à "luz desconhecida" que anunciaria o conflito mundial, a freira também sabia muito bem, quando escreveu essa memória, que os astrônomos tinham identificado sem nenhum problema a aurora boreal que se vira nos céus da Europa em janeiro de 1938. Mas Lúcia insiste: "Não sei. Parece-me que, se examinarem bem, verão que não foi nem podia ser, da forma que se apresentou, tal aurora."[453]

A mulher diz ainda que a segunda parte do segredo se refere "à devoção do Imaculado Coração de Maria".

Lúcia foi a Valença entregar esse documento ao bispo de Leiria e ao padre Galamba de Oliveira, e logo aí recebeu novas ordens para escrever mais. Era preciso escrever tudo o que se lembrasse sobre Francisco, algo mais sobre Jacinta, pormenorizar as aparições do Anjo e fazer "uma nova história das aparições".[454] O trabalho é concluído em 8 de dezembro.

Nessa quarta Memória, Lúcia apresenta um Francisco piedoso, que obedece a tudo o que ela diz, que é bondoso com os animais e adora tocar pífaro. A "aparição" de 1915 é agora apresentada como o mesmo "Anjo", que "não ousou, por então, manifestar-se de todo" e que é descrito "como (…) uma nuvem (…) com forma humana". Na sua segunda Memória, Lúcia escrevera, sobre a "aparição" do Anjo a ela e aos primos, em 1916: "Recomendei logo que era preciso guardar segredo e, desta vez, graças a Deus, fizeram-me a vontade."[455] Agora, na quarta Memória, a mulher escreve, sobre o mesmo caso: "Nesta aparição, nenhum pensou em falar nem em recomendar o segredo. Ela de si o impôs."[456]

A "nova história das aparições", que lhe pediram que contasse, assume também contornos inovadores. Agora, logo em maio, a "Senhora" já não se limita a dizer que aparecerá seis meses seguidos, acrescentando. "Depois voltarei aqui uma sétima vez." Uma frase que se ajusta ao fato de Lúcia afirmar, já adulta, que teve uma "visão" de Nossa Senhora na madrugada em que deixava a Cova da Iria para partir para o Porto. E, afinal, em maio, as crianças não sentiram medo da "Senhora", como sempre disseram, mas dos relâmpagos que, é bom que se diga, "também não eram propriamente relâmpagos, mas sim o reflexo duma luz que se aproximava".[457]

As conversas com a "Senhora" incorporam já as revelações que Lúcia foi fazendo nos escritos anteriores, mas também aqui há novidades, com a "aparição" dizendo, no fim de seu discurso sobre a consagração da Rússia: "Em Portugal se conservará sempre o dogma da Fé, etc."[458]

Agora, também a "Senhora" já não anuncia que aparecerá em outubro acompanhada de várias figuras celestiais, mas fala insistentemente ao longo dos meses do "milagre" que vai realizar nessa altura, e o anúncio sobre o fim da guerra também é devidamente retocado, sendo-lhe atribuída apenas a frase: "A guerra vai acabar e os militares voltarão em breve para suas casas."[459] Lúcia procura justificar a firmeza com que repetira, quando criança, que fora anunciado o fim da guerra para aquele dia, alegando: "Devido, talvez, a preocupar-me com a recordação das inúmeras graças que tinha para pedir a Nossa Senhora, houve o engano de entender que a guerra acabava no próprio dia 13."[460]

Lúcia escreveria ainda as *Memórias de Irmã Lúcia II*, que não têm a mínima importância quando comparadas com as quatro primeiras. De fato, escritas em uma época em que o santuário já adquirira a antiga casa de Maria Rosa e de António "Abóbora" dos Santos e pretendia transformá-la em um local de reflexão sobre a família, o único objetivo dessa Memórias da irmã Lúcia parece ser o de tentar reabilitar a imagem do pai e apresentar um quadro quase idílico da vida familiar dos Santos.

*

As revelações que Lúcia foi fazendo em suas Memórias foram, posteriormente, utilizadas por todos os escritores que se dedicaram ao tema de Fátima. Os apologistas usaram-nas praticamente como uma verdade absoluta, elogiando a memória prodigiosa da freira. Os críticos aproveitaram para realçar as contradições e deixarem publicamente muitas perguntas — que nunca foram cabalmente respondidas.

FÁTIMA: MILAGRE OU CONSTRUÇÃO?

Na Cova da Iria, à sombra de um regime favorável e empenhado em tornar Fátima o centro da fé portuguesa, o sonho que d. José começara a delinear ainda em 1920 vai-se concretizando, mas, em termos arquitetônicos, de forma lenta e nada isento de críticas.

Em junho de 1939, o jornalista João Paulo Freire vai a Fátima, a serviço do *Jornal de Notícias*, e suas impressões do local acabam por ser editadas em um pequeno livro. Nessa altura, Fátima tem "cerca de 500 fogos e 2.000 habitantes" e a Cova da Iria não é o local imponente que se esperava. Fora do Santuário, descreve o jornalista, "uma rua estreita, mal cuidada, com umas casinhotas manhosas" e à beira da estrada "barracas feitas de tábuas, já velhas pelo tempo, com um aspeto reles e sórdido".[461]

A primeira impressão do santuário também não é brilhante:

Desvio os meus olhos, enojado e revoltado. Olho agora a entrada do Santuário. Estou em frente dum muro de quinta com três portões gradeados. Colunas jónicas com uma cimalha que parece um aqueduto. Chama-se a isto pomposamente: a Colunata. Pífio. Muito pífio e muito pires. À esquerda e à direita, dois casinhotos com um letreiro que diz: *"Artigos religiosos à venda por conta do Santuário"*. E não tremeu a mão que escreveu isto![462]

A fonte não o impressiona ("podia muito bem ter sido mandada fazer pela companhia de águas de Lisboa", escreve), a capelinha parece-lhe "demasiadamente modesta, com um alpendre mais humilde ainda" e apenas o hospital lhe merece "a única nota agradável", levando-o, no conjunto, a concluir: "A mágoa e a tristeza oprimem-me o coração. Em 1939, Fátima é isto! Um amontoado de disparates, de incongruências, de desrespeito e de dinheiro mal gasto."[463]

João Paulo Freire conversa, no santuário, com d. José, que lhe garante ter sido tudo feito "às expensas do povo"[464] e se mostra satisfeito com a possibilidade de o trem parar ali, mas continua a sonhar alto: "O que nós precisamos em Fátima é dum campo de aterragem. E temos, aqui próximo, um, magnífico, para isso. (...) Mil e quinhentos metros, o máximo. Está a ver o que isso representava para Fátima. É o progresso. São as visitas internacionais. Eu quero ser um homem do meu tempo."[465]

O jornalista, que começa anunciando que, em Fátima, "sob o aspeto meramente religioso, ou se acredita ou não se acredita", admite que lutou contra os "livres-pensadores" que tinham classificado o caso de "intrujice", por uma questão de liberdade de cada um, mas também por não entender "a incompreensível cegueira dum facciosismo que tirava ou pretendia tirar, a uma região, até aí quase desconhecida, a maravilhosa oportunidade que o destino lhe dava, de se tornar, dum momento para o outro, um foco permanente de peregrinações e, portanto, sob o aspeto secular, de turismo e de comércio".[466] João Paulo Freire enxergara todo o potencial econômico de Fátima e, também por isso, saíra tão desgostoso do local ao perceber que 22 anos depois das "aparições" restava quase tudo por fazer na Cova da Iria.

Ainda assim, a obra avançava. As peregrinações — agora sob os auspícios do cardeal Cerejeira — continuavam a congregar milhares de crentes. A partir dos anos 1930, "a Cova da Iria tornou-se 'o epicentro da religiosidade nacional' e também 'o epicentro da autonomia do religioso', sem excluir a 'convergência de posições' entre a Igreja, que a tutelava, e o Estado, que nela via o altar por excelência do novo patriotismo católico do regime".[467] Em 1940, a Santa Sé e o Estado português assinam a Concordata, um documento que fazia esquecer em definitivo a Lei da Separação de Afonso Costa. E a partir de 1938, o jornal do regime, o *Diário da Manhã*, não se cansa de utilizar "um discurso recorrente no seu noticiário: a implantação do regime de Salazar teve a mão da Providência Divina".[468]

O presidente do Conselho manteve um relacionamento com Fátima "sempre indireto e mediado, recusando mostrar-se no Santuário, aparecer, ser fotografado ou participar nas peregrinações e celebrações solenes".[469] De fato, a única imagem de Salazar no Santuário é de 1967, quando da visita ao local do papa Paulo VI, como "peregrino". O que não quer dizer que não participasse indiretamente do que ali se passava, como é visível, por exemplo, na troca de correspondência com o cardeal Cerejeira sobre os preparativos de algumas celebrações ou na participação de vários membros do governo nas cerimônias, o que levou a pesquisadora Rita Almeida Carvalho a defender que "tudo leva a crer que estas participações eram acordadas entre Cerejeira e Salazar". Não foi certamente por acaso que Américo Tomás, o candidato presidencial da União Nacional às eleições de 8 de junho 1958, esteve na Cova da Iria em 13 de maio. Com Humberto Delgado apresentando-se como candidato da oposição e conseguindo o impressionante apoio popular que ficou gravado em fotografias da época, o almirante Américo Tomás aparece em Fátima e, mais do que isso, acompanha a bênção dos doentes, participando diretamente da cerimônia.[470]

Também Lúcia, logo em uma carta que envia, em 1940, a Pio XII, por ordem do bispo, não fala em Salazar, mas se refere a uma intervenção divina para manter Portugal fora da guerra, escrevendo: "Se é que na união da minha alma com Deus não sou enganada por alguma ilusão, Nosso Senhor promete, em atenção à consagração que os Ex.mos Prelados portugueses fizeram ao Imaculado Coração de Maria, uma proteção especial à nossa pequenina nação; e que esta proteção será a prova das graças que concederia às outras nações, se, como esta, se lhe tivessem consagrado."[471] E, cinco anos depois, em uma carta que envia ao cardeal Cerejeira, a freira escreve: "O Salazar é a pessoa por Ele (Deus) escolhida para continuar a governar a nossa Pátria... a ele é que será concedida a luz e graça para conduzir o nosso povo pelos caminhos da paz e da prosperidade."[472]

Afastado o antagonismo do Estado, não há razões para que Fátima não continue a crescer. Em 1942, as mulheres de Portugal mandam fazer uma coroa para a imagem da Capelinha das Aparições, em agradecimento por o país não ter participado da Segunda Guerra Mundial. Em ouro e cravejada de 2.650 pedras preciosas e 313 pérolas, pesa 1,2 quilo e é entregue ao bispo de Leiria em 13 de outubro daquele ano. No mesmo ano, o papa Pio XII consagra o mundo ao Imaculado Coração de Maria, mas com apenas uma referência velada à Rússia, comunicada pela rádio e em português (repetiria essa consagração, já com uma referência clara à Rússia, dez anos depois, em plena Guerra Fria).

Em 1944, d. José ordena a Lúcia que escreva a terceira parte do segredo. A freira deixa a indicação de que o documento não deve ser aberto antes de 1960 — o que vai suscitar, nessa década, muita especulação sobre a "catástrofe" que esse segredo revelaria —, mas, efetivamente, só em 2000 é que seria dado a conhecer o conteúdo do que Lúcia escrevera, depois de a carta ter seguido para o Vaticano, em 1957, tendo permanecido no Arquivo Secreto do Santo Ofício. E, em 1946, Lúcia regressa, finalmente, a Portugal, instalando-se no Colégio do Sardão, das irmãs doroteias, em Vila Nova de Gaia.

Nesse ano, a mulher volta a Aljustrel, onde se reencontra, pela última vez, com o cônego Manuel Nunes Formigão. É sob o pseudônimo feminino de Mira Ceti (utilizado na revista *Stella*) que ele vai descrever essa visita da "vidente", em maio de 1946, em uma peregrinação que serviu para que

LÚCIA E A NOVA FÁTIMA

Lúcia identificasse os locais exatos das "aparições" do "Anjo". Depois dessa visita a sua terra natal, Lúcia só voltaria a Fátima quatro vezes, sempre durante visitas papais — em 1967, com a visita do papa Paulo VI, e nas três peregrinações de João Paulo II, em 1982, 1991 e no ano 2000. A freira, que entrara no Carmelo de Coimbra em 1948, viveu ali até morrer, em 13 de fevereiro de 2005, em regime de clausura. Cerca de um ano depois, seu corpo foi trasladado para a Basílica de Fátima, onde já se encontravam os restos mortais de Jacinta (desde 1951) e Francisco (1952).

Os dois irmãos foram beatificados no ano 2000, depois de os responsáveis da Igreja terem aceitado como cientificamente inexplicável a cura de uma sexagenária de Leiria, Maria Emília dos Santos, que passara 22 anos acamada e sem andar.[473] A canonização dos dois pequenos pastores, que o padre Luís Kondor, figura essencial da beatificação, ainda procurou agilizar, entregando em Roma o processo de uma suposta cura inexplicável, continua por cumprir. É que o caso — um menino que se curou de diabetes depois de a mãe testemunhar que o ergueu em frente à televisão na qual assistia à peregrinação de 13 de maio de 2000, rezando — não foi considerado milagre, e enquanto outro não for analisado e aceito pela Igreja como tal, a canonização não avança.

Quanto à terceira parte do segredo, revelada também no ano 2000, acabaria por ser muito prosaica, depois de toda a especulação que se fizera ao longo de décadas. Lúcia escrevera que, depois de ver, com os primos, o Inferno e de ter ouvido a mensagem profética sobre a consagração da Rússia e a futura guerra, vira um anjo com uma espada de fogo dizendo "Penitência, Penitência, Penitência!", momento em que surgira "um bispo vestido de branco", que as crianças intuíram ser o Papa. Viram, então,

> vários outros Bispos, Sacerdotes, religiosos e religiosas subir uma escabrosa montanha, no cimo da qual estava uma grande Cruz de troncos toscos como se fora um sobreiro com a casca; o Santo Padre, antes de chegar aí, atravessou uma grande cidade meia em ruínas, e meio trémulo com andar vacilante, acabrunhado de dor e pena, ia orando pelas almas dos cadáveres que encontrava pelo caminho; chegado ao cimo do monte, prostrado de joelhos aos pés da grande Cruz foi morto por um grupo de soldados que lhe disparavam vários tiros e setas, e assim mesmo foram morrendo uns atrás outros os Bispos e Sacerdotes, religiosas e religiosas e várias pessoas seculares, cavalheiros e senhoras de várias classes e posições.[474]

FÁTIMA: MILAGRE OU CONSTRUÇÃO?

Em 13 de maio de 2000, em Fátima, o cardeal Ângelo Soldano, secretário de Estado do Vaticano, explicou, perante a multidão que ali se concentrava, como o papa João Paulo II sempre considerara que "uma mão materna" guiara a bala que o ferira durante o atentado de que fora vítima, precisamente 19 anos antes, em Roma,[475] livrando-o da morte. E estava feita a ligação: o "Bispo de Branco" da descrição de Lúcia, que morrera cravejado de balas e setas, não podia ser mais do que uma visão simbólica do atentado ao Papa, em 1981.

E, com isso, ficava tudo dito? Fátima estava estabelecida e tornara-se inatacável? Não. Fátima foi sempre alvo de críticas e continua a sê-lo. Mas, curiosamente, se em seus primórdios as acusações partiam de um regime profundamente anticlerical, nos anos mais recentes, as vozes que têm questionado todo o fenômeno da Cova da Iria têm saído de dentro da própria Igreja.

As críticas

Os primeiros grandes propagandistas de Fátima foram, ironicamente, os jornais republicanos que questionavam a veracidade de tudo o que se contava sobre a Cova da Iria nos meses que se seguiram ao início das "aparições". A conclusão é de António Teixeira Fernandes, autor de *O confronto de ideologias na segunda década do século XX*, que, em declarações ao *Público*, quando do lançamento do livro, constatou: "No fundo, os jornais que mais deram a conhecer Fátima foram os jornais republicanos." Estes, acrescentava, "eram cadeias fortes de propaganda, com uma grande adesão; atacando Fátima, deram a conhecer, expandiram o fenómeno".[476]

A verdade é que o ataque gratuito e as acusações a figuras concretas da Igreja, sem que nunca fossem apresentadas provas irrefutáveis, marcaram esses primeiros textos de oposição a Fátima, assim como marcariam alguns dos livros que, posteriormente, foram publicados sobre o tema.

Depois dessa onda de ataques — convenientemente silenciada após a implantação da ditadura, altura em que Fátima passa a merecer sobretudo artigos apologéticos da imprensa —, a primeira crítica séria a Fátima surgiu de um teólogo jesuíta belga, o padre Edouard Dhanis, que logo em 1944 apontou "sombras", "problemas", "dificuldades" e "dúvidas" em relação à mensagem de Fátima que Lúcia fizera nascer em suas Memórias.[477] Apesar de não questionar o valor das aparições ou a boa-fé das três crianças de Aljustrel, ele foi o primeiro a apontar a existência de uma Fátima I (resultante dos documentos originais, de 1917) e uma Fátima II (baseada nos escritos da Lúcia adulta), que seria posteriormente utilizada por vários autores. Em plena guerra mundial, e com uma mensagem que demonizava a Rússia, mas deixava imune o regime nazista, a nova mensagem de Fátima parece, aos olhos do teólogo, residente na Bélgica ocupada pelas tropas de Hitler, influenciada por fatores externos. "Somos levados a acreditar que, no decurso dos anos, certos acontecimentos exteriores e certas experiências espirituais de Lúcia foram enriquecendo o conteúdo original do segredo." E acrescenta: "O modo pouco objetivo como a provocação da Guerra [Mundial] é descrita no segredo [de Fátima] só pode explicar-se pela influência que a Guerra Civil espanhola exerceu sobre a maneira de pensar de Lúcia."[478]

Os textos críticos de Dhanis não foram traduzidos integralmente para o português, o que tornou seu trabalho convenientemente pouco conhecido em Portugal. Em nossa língua, a primeira obra de fôlego a criticar abertamente Fátima foi editada no Brasil, em 1955, e era do velho deputado republicano Tomás da Fonseca. Proibido em Portugal durante o regime de Salazar, o livro *Fátima (Cartas ao Cardeal Cerejeira)* seria, posteriormente, editado em terras portuguesas com o título *Na cova dos leões*, no qual são acrescentados alguns pormenores à primeira edição.

Tomás da Fonseca mantém a posição de que Fátima é "um embuste" e aponta responsáveis. Segundo ele, um capelão já falecido confidenciara a um "ilustre clínico de Lisboa", amigo do autor, uma conversa que ouvira e que ele recorda agora:

> E narrou o diálogo havido em Torres Novas, entre três sacerdotes: o pároco de Fátima, o fanático Benevenuto de Souza e outro cujo nome lhe esquecera. Perguntado o primeiro sobre como lhe corria a vida na paróquia, respondera: "Aquilo não dá nada. Região pouco produtiva, gente miserável, sem iniciativa..." Então, o que perguntara lembrou-lhe: "Tens uma maneira de enriquecer depressa: provoca uma aparição como a de La Salette ou a de Lourdes e cai-te lá o poder do mundo!". O de Fátima ouviu, pensou um bocado e replicou: "Pensas bem. E o meio presta-se para coisas dessas!" E logo ali combinaram promover, sem perda de tempo, a aparição, entrando os três no negócio.[479]

O autor diz que mostrou essa transcrição ao médico que lhe contara o caso e que este a considerou "exata", mas a verdade é que uma história alegadamente contada por um padre que já morrera é um argumento demasiado frágil (ainda que tentador para os que não acreditam nas "aparições") para atribuir responsabilidades sobre o que aconteceu em Fátima em 1917.

AS CRÍTICAS

O resto, defende Tomás da Fonseca, foi urdido pelos padres, com "ensaios (...) demorados", vantagens obtidas nas "trevas do (...) confessionário" e a conivência de Maria Rosa (que preparava os sobrinhos com a leitura da *Missão Abreviada*) e de Lúcia, que os manipulava a seu bel-prazer. Citando as palavras de Lúcia sobre a proximidade com o vigário de Olival, Tomás da Fonseca chama-o também a assumir responsabilidades em toda a história. "Esta Lúcia, como desde o início facilmente se adivinha, era a confidente do pároco e, como tal, a agente que atuava eficazmente junto dos primos, duma crendice e ingenuidade só compreensíveis naquele meio."[480] E, claro, o cónego Formigão também não escapa às críticas do velho republicano: "Foi então que apareceu um novo agente, o cónego Formigão, professor do Liceu de Santarém, com o encargo de bem definir e fixar no papel, a fim de correr mundo, a 'única', a 'verdadeira' história das aparições",[481] escreve.

Tomás da Fonseca defende ainda que a figura que as crianças primeiro viram junto da azinheira, em 13 de maio, era "uma formosa senhora, esposa dum oficial do exército, ali ao serviço do Estado".[482] O resto, diz, foi crendice e figuras "que a lanterna mágica projetava sobre a azinheira".[483]

A "explicação" para Fátima apresentada por Fonseca seria retomada, com algumas variantes, por João Ilharco no livro *Fátima desmascarada* (corajoso, em pleno Estado Novo, e que custaria ao autor, entre outras coisas, o emprego). A edição de autor foi um sucesso de vendas, mas "os processos honestos" pelos quais ele se propunha a restaurar "a verdade histórica" também carecem de provas.

João Ilharco coloca no papel principal de criadores dos fenómenos da Cova da Iria "alguns padres, entre os quais o vigário Faustino José Jacinto Ferreira e o prior de Fátima", dizendo também "crer" que o futuro bispo de Leiria tinha "conhecimento do que se projetava".[484] Tal como Tomás da Fonseca, Ilharco considera que Jacinta e Francisco em nada interferiram no processo. "Os dois irmãozitos, na peça representada na Cova da Iria, não foram mais que dois comparsas insignificantes", tendo sido sempre Lúcia "a única fonte".[485] A forma como tudo foi montado tem, na versão de Ilharco, novas *nuances*.

O autor defende que o que as crianças viram em maio de 1917 foi a imagem de um altar qualquer, escolhida pelos padres e colocada sobre a azinheira, e a voz que as meninas ouviram era de alguém escondido por perto. Graças a essa artimanha, defende Ilharco, "aos olhos dos três videntes, a primeira aparição foi real e verdadeira".[486] Tudo o que se passou depois foi resultado "das descrições que o padre Faustino fazia a Lúcia, a insuficiência mental de Francisco e a completa inconsciência de Jacinta".[487]

Tal como no caso anterior, faltam provas a toda a teoria montada por João Ilharco, que chega mesmo a inventar, como se se tratasse de uma citação, a primeira mensagem que teria sido transmitida às crianças e que justifica sua teoria:

> Eu voltarei aqui mais cinco vezes, no dia 13 de cada mês, mas vós não me tornareis a ver. Tudo o que vos quiser dizer ser-vos-á transmitido pelo senhor padre Faustino, que é um santo. Isto que me estais a ouvir constitui um segredo, que a ninguém pode ser revelado. Se o dissésseis a alguém, ou se deixásseis de obedecer em tudo ao senhor padre Faustino, viria imediatamente o diabo para vos levar vivas para as chamas do inferno.[488]

Onde o autor foi buscar essa citação? Ele não diz, e questões como essa serviram — e muito — para que órgãos afetos à Igreja, como o *Correio de Coimbra*, desferissem violentos ataques à credibilidade de seu trabalho.

Em nível internacional, o professor Prosper Alfaric, da Universidade de Estrasburgo, publica, no início dos anos 1970, *A fabricação de Fátima*, em que estabelece uma ligação clara entre os fenômenos da Cova da Iria e a situação política que Portugal vivia em 1917. O historiador diz que "uma política tão radical (...) tinha de provocar, como de facto provocou, uma profunda emoção, uma espécie de dilaceração das almas crentes que nada compreendiam das razões sociais e que viam em tudo isto apenas uma obra diabólica".[489] O resultado só podia ser um: "Estas épocas de perturbação nacional ou internacional são particularmente favoráveis às visões e às revelações."[490]

Para o autor, Jacinta e Francisco tinham por Lúcia "um respeito religioso, confiança e docilidade cândida",[491] enquanto esta é apresentada a uma luz bem diferente. Apresentando como única justificativa alguns retratos das crianças da época, Prosper Alfaric traça uma imagem nada abonadora da menina de 10 anos: "Máscara impassível, olhar frio, algo oblíquo, queixo rígido e alongado, aspeto duro, tudo isto denuncia um temperamento mais áspero do que terno, alma voluntariosa e não afetiva, mais fechada do que comunicativa."[492] No entanto, serão suficientes algumas meras fotografias para concluir tudo isso sobre uma pessoa? O retrato psicológico da jovem não é melhor. Diz Alfaric: "Lúcia sem dúvida que não tinha consciência de mentir e também — penso eu — não a tinha de estar a dizer toda a verdade. Para ela não havia distinções. Encontrava-se no estado de alma das pessoas enconchadas em si mesmas, que criaram o seu mundo privativo e que, ao fixar nele os seus olhares íntimos, o consideram como uma realidade."[493] Lúcia, defende o autor, criou um mundo próprio, alimentado de ilusões conforme seu desejo. "É a isto que se chama mitomania, a mania dos mitos, das ficções. (...) E foi isto que aconteceu à Lúcia",[494] conclui.

Seria preciso esperar por 1975 para que fosse publicada uma das obras mais interessantes dentre as críticas de Fátima. *Perguntas sobre Fátima a "Fátima Desmascarada"*, do padre João Oliveira Faria, coloca um pertinente conjunto de perguntas, destacando várias das contradições em que Lúcia foi caindo ao longo dos anos. Apesar de dizer não negar as aparições "nem as 'pré-aparições'", o padre dominicano questiona quase tudo o que Lúcia escreveu posteriormente nas suas Memórias. E não deixa de se referir a críticas de outros clérigos, como o suíço Charles Journet, que, em 1948, em um artigo publicado na revista dominicana francesa *La Vie Spirituelle*, defendia: "Sem Fátima, Salazar não teria sido possível. Ele não teria sido chamado ao Governo e ainda menos manter-se lá." O artigo terminava: "Falam-nos duma dança do Sol, duma chuva de flores e depois dizem-nos que o maior milagre, o milagre dos milagres, é a situação atual de Portugal. Por quem nos tomais, senhores?"[495]

Entre muitas outras coisas, o padre Oliveira Faria questiona "o progresso da interpretação de Lúcia" sobre as ditas aparições do Anjo, pergunta se Deus se compraz "em ver sofrer uma filha", em referência à corda que Lúcia disse ser usada pelos três, e questiona as mensagens da "Senhora" descritas pela mulher em suas Memórias, interrogando: "Aqueles termos não ficam melhor na boca da Lúcia freira do que nos ouvidos da Lúcia pastora?"[496]. Além disso — pergunta —, se a "Senhora" queria a devoção ao Seu Imaculado Coração e a consagração da Rússia para impedir a Segunda Guerra Mundial, por que "recomendou segredo?"[497] E, sobre o fato de as crianças não se desdizerem, mesmo quando ameaçadas, argumenta:

> A mentira não se aguenta com a morte à vista. Mas, suponhamos que, em vez de mentira, havia alucinação e consequente convicção invencível; repugnaria

aquela firmeza e persistência? (...) A falsa vidente da Ladeira do Pinheiro não foi só ameaçada, mas levou sua farta maquia de sovas, enxovalhos, apertões e prisões. Todavia, o seu aferro é cada vez mais fanático e obstinado, convencida como está da sua missão profética.[498]

Sem respostas que o satisfizessem, o padre Oliveira Faria voltaria ao tema 12 anos depois, com *Perguntas sobre "Fátima II"*, publicado em 1987, no qual intima os historiadores e teólogos de Fátima a questionarem-se mais. "Basta de aceitação cega de tudo o que diz a Irmã Lúcia como se fosse infalível!",[499] defende. Além disso, diz mais à frente: "Se ela mesma duvidou por vezes, com que direito vamos nós gabar-nos de 'certezas'?"[500]

Entre as várias questões que o dominicano alega continuarem sem resposta está o pedido insistente de Lúcia para que seja instituída a prática da comunhão reparadora dos cinco primeiros sábados — uma variante de algo que já existia —, que o leva a considerar: "Talvez o ignorasse Lúcia. Mas, que o ignorasse Nosso Senhor ou Nossa Senhora, isso é menos crível. Por isso se pergunta: Não seria a própria irmã a origem daquele pedido?"[501]

A partir da década de 1980, Fina d'Armada publica uma série de livros que se debruçam sobre a temática de Fátima, de uma perspectiva totalmente diferente da que fora analisada até o momento. A pesquisadora não nega que algo aconteceu na Cova da Iria em 1917, mas argumenta que a "aparição" que as crianças viram foi de um ser extraterrestre, e não de uma entidade divina. As palavras de várias testemunhas, que disseram ver bolas luminosas, figuras movimentando-se no céu e até o fato de a "Senhora", supostamente, ter comparecido na Cova da Iria quando as crianças estavam detidas em Vila Nova de Ourém (um erro incompreensível para uma divindade) são apontados pela autora, acompanhada por Joaquim Fernandes, em *Fátima nos bastidores do segredo*, como prova da origem extraterrestre dessas visitas.

Dentro da Igreja, nas últimas décadas, a voz mais crítica de Fátima tem sido a do padre Mário de Oliveira, que se descreve mesmo como "um convicto militante anti-Fátima".[502] Autor de vários livros sobre o tema e diretor do jornal *Fraternizar*, o padre lançou, em 1999, a obra *Fátima nunca mais*, que continua a ser seu trabalho mais conhecido, no qual critica violentamente a mensagem traduzida pelas *Memórias da Irmã Lúcia I*. Para ele, a mensagem que ali é defendida nada tem a ver com a de Jesus, pelo que, sustenta: "Fátima e a sua Senhora, mais do que toleradas, deverão ser teologicamente denunciadas e desmascaradas."[503]

As descrições dos sacrifícios e privações a que as crianças teriam se dedicado são apelidadas de "pormenores macabros" e capazes de justificar "só por si, o ateísmo, já que nos dão a imagem de um deus carrasco, que parece alimentar-se do sofrimento e do sangue de crianças",[504] argumenta o padre, defendendo que o Deus de Lúcia vive "à revelia do Evangelho, com mais de Demónio do que de Deus",[505] e que tem "tudo a ver com um deus sanguinário, que se compraz no sofrimento de inocentes, um deus criador de infernos para castigar aqueles que deixam de ir à missa aos domingos, ou dizem palavras feias, um deus ainda pior do que algumas das suas criaturas".[506]

Quanto às origens de Fátima, o padre compartilha da posição assumida por frei Bento Domingues, que, em entrevista ao jornal *Fraternizar*, citada nesta obra, defende:

> Fátima, em 1917, não trouxe nada de novo. Apenas edita o que existe então. Fátima foi o aproveitamento bem feito do Catolicismo popular existente nas paróquias, numa conjuntura entre as dioceses de Lisboa e Leiria, dois meios industriais anticlericais, num tempo de perseguição à Igreja, mas também já de uma certa abertura. Podemos dizer que em Fátima se catalisou a resposta do catolicismo que havia. O papel das três crianças é esse, serem os catalisadores da catequese, dos sermões, de tudo o que ouviam.[507]

Em 2000, seria a vez de o padre Salvador Cabral lembrar, no livro *Fátima nunca mais ou nunca menos*, que as "'visões' e 'aparições' enquanto experiências particulares não fazem parte do objeto de fé"[508] e que ninguém "é obrigado a aceitar a mensagem de qualquer vidente ou acreditar que Nossa Senhora apareceu aqui ou ali".[509] Muito crítico da postura assumida por muitos dos que vão a Fátima ("é preciso que em Fátima se cheire menos a velas e a incenso e se respire mais o Evangelho",[510] defende), diz que Lúcia, Jacinta e Francisco são "fruto do seu tempo, da mentalidade que havia naquela época, da religiosidade popular que era tradicional então e de imagens e figuras religiosas que faziam o seu ambiente e vivência religiosa",[511] atribuindo-lhes uma "imaginação mística (…) fulgurante".[512]

FÁTIMA: MILAGRE OU CONSTRUÇÃO?

Ao contrário do padre Mário de Oliveira, o padre Salvador Cabral não descarta Fátima, contudo, como algo que deva ser simplesmente desmontado e destruído. Libertada dos sacrifícios ainda hoje realizados por tantos peregrinos e que, diz, lhe dão a impressão de viverem "uma religião masoquista", e expurgada da vertente "religião-negócio", o padre diz acreditar que ainda há um lugar para Fátima, apesar de não acreditar nas "aparições". O clérigo a vê como uma manifestação popular, cabendo à Igreja educar quem vai até lá para transformar o local de culto em algo mais próximo dos Evangelhos.

Cem anos depois

Podemos dizer que Avelino de Almeida tinha razão. Acontecimentos como os da Cova da Iria em 1917 serão sempre vistos de duas maneiras: "Por uns como aviso e graça dos céus, por outros como sinal e prova de que o espírito supersticioso e fanático possui raízes profundas e custosas, senão impossíveis de arrancar".[513] Cem anos depois dos primórdios de Fátima, essa citação é tão verdadeira como quando foi escrita. Para os que querem acreditar, nada os demoverá da ideia de que, há quase cem anos, Nossa Senhora apareceu a três crianças de Aljustrel, tornando-as o recipiente para difundir a mensagem que trazia. Para os outros, isso nunca aconteceu, sendo muitas as explicações para o que pode, em alternativa, ter ocorrido.

A verdade é que é muito difícil acreditar que, à parte a crença de cada um, algum dia seja possível saber com certeza o que aconteceu na Cova da Iria em 1917. E, certamente, muito por culpa de quem, na época, poderia ter investigado o fenômeno. Se, em vez de se limitar a descartar Fátima com insultos, os jornalistas republicanos ou as autoridades tivessem investigado o caso a sério, teríamos hoje mais dados? Como se explica, por exemplo, que Avelino de Almeida não tenha feito qualquer referência a uma conversa que fosse com os protagonistas da história, apesar de ter estado na Cova da Iria em 13 de outubro? As três crianças foram fotografadas para *O Século* — sua imagem seria colocada na primeira página do jornal —, mas sobre uma entrevista com os menores, alguma pergunta que lhes tivesse sido feita, nem uma linha.

Os promotores do anticlericalismo da época foram extremamente incompetentes na gestão do fenômeno. Não só não o investigaram a fundo, como as peças insultuosas e acusatórias, sem provas, que publicaram na época, serviram para difundir e, eventualmente, aumentar a curiosidade e a vontade de acreditar em Fátima.

Dito isso, há muito sobre o que se tornou comum dizer a respeito de Fátima que hoje sabemos não ser verdade, graças, é bom que se diga, ao esforço do Santuário em publicar os documentos originais que tem em seu arquivo nos vários volumes da *Documentação crítica de Fátima*. Sabemos, por exemplo, que não é verdade que as crianças nunca tenham caído em contradições. Também não é verdade que Fátima tenha sido um fenômeno único e sem paralelo na história portuguesa — muito pelo contrário, Portugal está cheio de casos de "aparições" que tiveram, em um primeiro momento, a capacidade de atrair milhares de crentes. E também não é verdade que a Igreja tenha se mantido à margem de todo o processo até que uma investigação rigorosa lhe permitiu concluir pela veracidade das "aparições". Meses depois de chegar à diocese de Leiria e muitos anos antes de o relatório sobre as "aparições" estar concluído, o bispo d. José Alves Correia da Silva já coordenava toda a compra de terrenos e a construção de um santuário no local. E quanto ao relatório que sustentou sua provisão autorizando o culto, escrito exclusivamente pelo cônego Manuel Nunes Formigão, o mínimo que se pode dizer sobre ele é que é muito frágil.

Também está muito claro que a Igreja, logo nos primeiros meses após as aparições, foi polindo e adaptando Fátima na medida do que lhe era mais conveniente. Basta olhar para a imagem de Nossa Senhora de Fátima que está instituída e ler as descrições feitas pelas crianças sobre a "Senhora" que viam para perceber todas essas pequenas *nuances* que foram adaptando o fenômeno ao longo dos tempos. E veja-se também a forma como o erro intransponível da "aparição", ao profetizar o fim da Primeira Guerra naquele dia 13 de outubro de 1917, foi sendo suavizado e alterado, até se tornar enquadrável na mensagem.

Não sendo, obviamente, possível dizer sem sombra de dúvida que foi a Igreja que montou o fenômeno da Cova da Iria, é muito claro que ela participou dele e o moldou desde muito cedo. Não é, por isso, verdade o que escreveu o cardeal Manuel Cerejeira, em uma mensagem publicada em *Fátima, altar do mundo*: "Fátima não é uma invenção da Igreja ou do Clero, mas foi ela que se impôs à Igreja e ao Clero, assim como a Portugal e ao mundo inteiro."[514] Ela até pode não ter sido "uma invenção" da Igreja, mas se a Igreja não a tivesse acarinhado, moldado e construído como o fez, Fátima poderia ser hoje apenas mais uma das dezenas de "aparições" registadas em Portugal ao longo dos séculos, sem nada mais para lembrá-la do que uma modesta capela perdida entre relva e azinheiras.

Quanto à Fátima que foi posteriormente criada pelas Memórias da irmã Lúcia, ela se tornou, como vimos, ainda mais alvo de dúvidas do que os acontecimentos de 1917. E foi, também, muito mais criticada dentro da própria Igreja, com autores que, mostrando algum pudor em questionar as fundações do culto, não deixaram de apontar as fragilidades de uma nova visão do fenômeno, baseada exclusivamente nas palavras de uma freira encerrada dos olhares do mundo desde a adolescência. Luís Filipe Torgal, que tem investigado exaustivamente o caso de Fátima, publicou um artigo no *Público*, após a morte da irmã Lúcia, no qual questionava: "A quem cabe a responsabilidade da falsificação da história?"[515] A resposta do historiador vinha logo a seguir:

> Não creio que se possa atribuir a Lúcia, cuja vida pública e privada foi controlada e mesmo amordaçada desde 1921 (tinha então 14 anos). Pode e deve antes imputar-se a setores poderosos da hierarquia da Igreja Católica que oportunamente souberam utilizar a última das videntes de Fátima como precioso peão ao serviço de um ambicioso e permanente movimento de renascimento católico de dimensões nacional e mundial.[516]

Nem todos os autores que se debruçaram sobre o caso de Fátima parecem dispostos a afirmar, como Luís Filipe Torgal, que "Lúcia sairá inocente" do "julgamento divino" dos que se "assenhorearam deste culto de primitiva expressão popular — igual a tantos outros que existem no país — e depois construíram de modo premeditado um conjunto elaborado de representações místicas com o desígnio supremo de disciplinar, angariar e manipular fiéis".[517] Aurélio Lopes, por exemplo, diz que a revelação inicial de Lúcia de que a "Senhora" a mandara aprender a ler "é um mistério". "Só explicável, por exemplo, por uma qualquer pretensão de Lúcia em entrar para a escola, privilégio, nessa altura, apenas (e nem sempre) reservado aos rapazes."[518] A criança viu alguma coisa? Julgou ver alguma coisa? Tagarelou sobre "visões" e "mensagens" que alguém lhe transmitiu? E a Lúcia adulta escreveu suas Memórias livremente ou instruída por aqueles a quem devotava uma obediência cega?

Uma coisa parece certa — Fátima nunca esteve desligada de seu tempo. A evolução da mensagem acompanhou a evolução do contexto histórico no qual ia se desenrolando e não era inocentemente que o cardeal Cerejeira afirmava: "Fátima — Altar do Mundo opõe-se a Moscou — capital do reino do Anticristo."[519] E também não é, certamente, por acaso, que, findo o período da Guerra Fria, a mensagem de Fátima seja cada vez mais voltada para a paz.

*

13 de maio de 2017. Não é difícil imaginar o cenário na Cova da Iria. Um recinto apinhado de gente, sem espaço para mais ninguém. Para onde quer que se olhe, há pessoas comovidas, rezando, entoando cânticos religiosos. São os 100 anos das aparições e a presença anunciada há vários meses do papa Francisco atraiu milhares de peregrinos. Situe-se ali no meio, entre a basílica projetada segundo as ordens do primeiro bispo de Leiria do século XX e a Basílica da Santíssima Trindade, cujos custos estimados em 80 milhões de euros levam os mais inquisidores a perguntar quanto se acumulará nos cofres do santuário. Olhe ao redor e pense quanto do fenômeno de Fátima sabem aqueles que o rodeiam. Quantos conhecem as palavras das crianças nos interrogatórios iniciais, as contradições em que caíram tantas vezes e a forma como as "memórias" tardias de Lúcia, tão intimamente ligadas ao contexto histórico no qual se inseriam, mudaram praticamente tudo o que até então se associava às "aparições".

Quanto à irmã Lúcia, seu processo de beatificação foi aberto em 2008, depois de uma dispensa do papa Bento XVI para que decorressem os habituais cinco anos após a morte da pessoa visada. Se algum dia for "santa", como desejava a madre Eugénia Monfalim, das doroteias, deixará, certamente, milhões de crentes felizes. Mas, como tudo em Fátima, também deverá deixar outros tantos desgostosos, por verem que o "embuste" do início do século XX continua a dar frutos e continua por desmascarar. Ali, no Santuário de Fátima, 100 anos depois de três crianças de Aljustrel terem dito ter visto uma "Senhora" que as mandava rezar o terço, de que lado você se posicionará?

Bibliografia

ABRANTES, Joaquim Roque; PINTO, Manuel Serafim; CARVALHO, Maria Palmira. *Aljustrel:* Uma Aldeia de Fátima. Fátima: Santuário de Fátima, 1993.

ALFARIC, Prosper. *A fabricação de Fátima*. Edições Delfos, s/d.

ALONSO, Joaquín Maria. *O dr. Formigão:* Homem de Deus e Apóstolo de Fátima. Fátima: s/e, 1979.

AMARAL, Alberto Cosme do. *Fátima nos caminhos do homem*. Leiria: Documento Pastoral, 1973.

AMEAL, João (pseud., direção literária). *Fátima, altar do mundo I*. Porto: Ocidental Editora, 1953.

_____. *Fátima, altar do mundo II*. Porto: Ocidental Editora, 1954.

_____. *Fátima, altar do mundo III*. Porto: Ocidental Editora, 1955.

AZEVEDO, Carlos A. Moreira; CRISTINO, Luciano (Coord.). *Enciclopédia de Fátima*. Estoril: Princípia Editora, 2007.

BABO, Jorge; SIMÕES, José Formosinho. *A grande campanha anti-igreja em Portugal, do "Porque Não sou Cristão" à "Fátima Desmascarada"*. Coimbra: Coimbra Editora, 1972.

BARTHAS, Cónego C. *Fátima. Os testemunhos. Os documentos*. Lisboa: Editorial Aster, 1967.

BELÉM, Maria. *Uma família de Fátima*. Lisboa: Paulinas, 1996.

BORGES, Antunes. O processo canónico de Fátima à luz da crítica. *Fátima 50*, ano III, nº 29, 13 de setembro de 1969, p. 17–21.

BORGES, Aida. *Corpo sem chão*. Lisboa: Chiado Editora, 2013.

BRAGANÇA, M. Margarida Caupers de. *O que o Tio Marto me disse*. Lisboa/Fátima: s/e, 1957.

FÁTIMA: MILAGRE OU CONSTRUÇÃO?

BROCHADO, Costa. *Fátima à luz da história*. Lisboa: Portugália Editora, 1948.

CABRAL, Padre Salvador. *Fátima nunca mais ou nunca menos*. 2. ed. Vila Nova de Famalicão: Amores Perfeitos, 2000.

CAMPOS, Maria Augusta Saraiva Vieira de. *A minha peregrinação a Fátima*. Coimbra: Tipografia França Amado, 1917.

CARVALHO, António Carlos. O triângulo místico português. [Lisboa]: Liber, 1980.

CARVALHO, José. *Fátima e o Portugal do seu tempo*. Ponta Delgada: Publiçor, s/d.

CARVALHO, Manuel. *A guerra que Portugal quis esquecer*. Porto: Porto Editora, 2015.

CARVALHO, Patrícia. *Portugueses nos campos de concentração nazis*. Amadora: Vogais, 2015.

CASTRO, Alberto Osório de. *A "Missão Abreviada" do Padre Manuel Couto*. Chaves: Grupo Cultural Aquae Flaviae, 2002.

COELHO, M. Dias. *Exército Azul de Nossa Senhora de Fátima*. Fátima: Edição da Sede Internacional, 1956.

COIMBRA, Carmelo de. *Um caminho sob o olhar de Maria*. Coimbra: Edições Carmelo, 2013.

COUTO, Padre Manoel José Gonçalves. *Missão Abreviada*. Porto: Tipografia de Sebastião José Pereira, 1859.

_____. *Missão Abreviada*. 4. ed. Porto: Tipografia de Sebastião José Pereira, 1865.

_____. *Missão Abreviada*. 12. ed. Porto: Casa de Sebastião José Pereira, Editor, 1884.

CUNHA, Aurélio. *Um repórter inconveniente*. Lisboa: Chiado Editora, 2015.

D'AIRE, Teresa Castro. *Fátima: A procura de uma certeza*. Lisboa: Edições Temas da Atualidade, S.A. e Teresa Castro d'Aire, 1995.

D'ARMADA, Fina. *Fátima: O que se passou em 1917*. Lisboa: Livraria Bertrand, 1980.

_____. *Fátima e as profecias de Nostradamus*. Lisboa: Ésquilo Edições & Multimédia, 2012.

D'ARMADA, Fina e FERNANDES, Joaquim. *Fátima:* Nos bastidores do segredo. Lisboa: Âncora Editora, 2002.

D'OLIVEIRA, Carlos. *Os Cinc'Antónios e o Segredo de Fátima*. Amadora: Mundo Novo, 1971.

DOCUMENTAÇÃO CRÍTICA DE FÁTIMA I. Fátima: Santuário de Fátima, 1992.

DOCUMENTAÇÃO CRÍTICA DE FÁTIMA II. Fátima: Santuário de Fátima, 1999.

DOCUMENTAÇÃO CRÍTICA DE FÁTIMA III (1). Fátima: Santuário de Fátima, 2002.

DOCUMENTAÇÃO CRÍTICA DE FÁTIMA III (2). Fátima: Santuário de Fátima, 2004.

BIBLIOGRAFIA

DOCUMENTAÇÃO CRÍTICA DE FÁTIMA III (3). Fátima: Santuário de Fátima, 2005.
DOCUMENTAÇÃO CRÍTICA DE FÁTIMA IV (1). Fátima: Santuário de Fátima, 2006.
DOCUMENTAÇÃO CRÍTICA DE FÁTIMA IV (2). Fátima: Santuário de Fátima, 2007.
DOCUMENTAÇÃO CRÍTICA DE FÁTIMA IV (3). Fátima: Santuário de Fátima, 2007.
DOCUMENTAÇÃO CRÍTICA DE FÁTIMA IV (4). Fátima: Santuário de Fátima, 2009.
DOCUMENTAÇÃO CRÍTICA DE FÁTIMA V (1). Fátima: Santuário de Fátima, 2010.
DOCUMENTAÇÃO CRÍTICA DE FÁTIMA V (2). Fátima: Santuário de Fátima, 2010.
DOCUMENTAÇÃO CRÍTICA DE FÁTIMA V (3). Fátima: Santuário de Fátima, 2011.
DOCUMENTAÇÃO CRÍTICA DE FÁTIMA V (4). Fátima: Santuário de Fátima, 2011.
DOCUMENTAÇÃO CRÍTICA DE FÁTIMA V (5). Fátima: Santuário de Fátima, 2012.
DOCUMENTAÇÃO CRÍTICA DE FÁTIMA V (6). Fátima: Santuário de Fátima, 2013.

DUARTE, Marco Daniel Carrola. *Fátima e a criação artística (1917–2007)*. Vol. I, II, III e IV. Coimbra: Faculdade de Letras da Universidade de Coimbra, 2012.

FARIA, Padre Oliveira. *Perguntas sobre Fátima e "Fátima Desmascarada"*. Porto: P. O. Faria, 1975.

_____. *Perguntas sobre Fátima II*. 2. ed. s/e, 1987.

FERNANDES, António Teixeira. *O confronto de ideologias na segunda metade do século XX. À volta de Fátima*. Porto: Edições Afrontamento, 1999.

FIGUEIREDO, Antero de. *Fátima:* Graças, segredos e mistérios. 17. ed. Lisboa: Livraria Bertrand, 1949.

FISCHER, Luís. *Fátima, a Lourdes portuguesa*. Lisboa: Tipografia da União Gráfica, 1930.

_____. *Fátima à luz da autoridade eclesiástica*. Lisboa: Tipografia da União Gráfica, 1932.

FONSECA, Tomaz da. *Fátima (Cartas ao Cardeal Cerejeira)*. Rio de Janeiro: Germinal, 1955.

_____. *Na cova dos leões*. Lisboa: Antígona, 2009.

FREIRE, João Paulo. *Fátima*. Porto: Livraria Civilização, 1940.

FREIRE, José Geraldes. *O segredo de Fátima: a terceira parte é sobre Portugal?* 2. ed. ampliada. Fátima: Santuário de Fátima, 1978.

GENS, José Pereira. *Fátima como eu a vi e como a sinto*. Leiria: Oficinas da Gráfica de Leiria, 1967.

GIRÃO, Aristides de Amorim et al. *Fátima, terra de milagre*. Coimbra: Fundação do Instituto de Alta Cultura, 1958.

HAFFERT, John Mathias. *Encontro de testemunhas*. Fátima: Sede Internacional do Exército Azul, s/d.

FÁTIMA: MILAGRE OU CONSTRUÇÃO?

ILHARCO, João. *Fátima desmascarada*. 4. ed. Coimbra: Edição de Autor, 1971.

_____. *Fátima desmascarada. Polémica*. Coimbra: Edição do Autor, 1972.

JUNTA CENTRAL DA AÇÃO CATÓLICA PORTUGUESA. *A mensagem de Fátima*. Lisboa: Editorial Logos, 1961.

LOPES, Aurélio. *Videntes e confidentes:* um estudo sobre as aparições de Fátima. Chamusca: Edições Cosmos, 2009.

MAGALHÃES, Joaquim Romero. *Vem aí a República (1906–1910)*. Coimbra: Edições Almedina, 2009.

MARCHI, Padre João de. *Foi aos pastorinhos que a Virgem falou*. 5. ed. Cova da Iria: Seminário das Missões de Nossa Senhora de Fátima, 1958.

_____. *Era uma senhora mais brilhante que o sol*. 6. ed. Fátima: Edições Missões Consolata, 1966.

MARTINS, P. Dr. *António Maria:* memórias e cartas da Irmã Lúcia. Porto: Simões Guimarães, Filhos, Ld.ª, 1973.

_____. *António Maria — O Segredo de Fátima e o Futuro de Portugal*. Porto: Propriedade de L.E., 1974.

_____. *Documentos de Fátima*. Porto: Simões Guimarães, Filhos, Ld.ª, 1976.

_____. *Novos documentos de Fátima*. Porto: Livraria A. I., 1984.

MATOS, Alfredo de. *8 Dias com as videntes da Cova da Iria em 1917*. Leiria: s/e, 1968.

MENESES, Filipe Ribeiro de. *União Sagrada e sidonismo: Portugal em Guerra (1916-18)*. Lisboa: Edições Cosmos, 2000.

_____. *Salazar, uma biografia política*. Alfragide: D. Quixote, 2010.

MONTELO, Visconde de (pseud.). *Os episódios maravilhosos de Fátima*. Guarda: Empresa Veritas, 1921.

_____. *As grandes maravilhas de Fátima*. Lisboa: União Gráfica, Ld.ª, 1927.

_____. *Fátima, o Paraíso na Terra*. Lisboa: Tipografia da União Gráfica, 1928.

_____. *A Pérola de Portugal*. Lisboa: Tipografia da União Gráfica, 1929.

_____. *O que é Fátima*. Braga: Tip. da Oficina de S. José, 1936.

_____. *Fé e pátria*. S/e, 1937.

_____. *Fátima: os primeiros escritos (1917-1923)*. Lisboa: Alêtheia Editora, 2010.

MOURA, Maria Lúcia de Brito. *A "Guerra Religiosa" na I República*. 2. ed. Lisboa: Centro de Estudos de História Religiosa, Universidade Católica Portuguesa, 2010.

OLIVEIRA, Mário de. *Fátima nunca mais*. 10. ed. Porto: Campo das Letras, 2000.

_____. *Fátima, $.A*. Porto: Seda Publicações, 2015.

BIBLIOGRAFIA

OLIVEIRA, Padre José Galamba de. *Jacinta*. 8. ed. Leiria: Edição da Gráfica de Leiria, 1982.

RAMOS, Rui. A Segunda Fundação (1890-1926). In: MATOSO, José (Org.). *História de Portugal*. Maia: Círculo de Leitores, 2014.

REIS, Sebastião Martins dos. *O milagre do sol e o segredo de Fátima, inconsequências e especulações*. Porto: Edições Salesianas, 1966.

_____. *A vidente de Fátima dialoga e responde pelas aparições*. Braga: Editorial Franciscana, 1970.

RICHARD, Padre André. *Fátima Vaticano II sinais para o nosso tempo*. Lisboa: Círculo de Estudos Sociais Vetor, 1972.

RODRIGUES, Maria de Fátima Serafim. *Fátima:* poblemas geográficos de um centro de peregrinação. Lisboa: Centro de Estudos Geográficos da Universidade de Lisboa, 1974.

ROSAS, Fernando; ROLLO, Maria Fernanda (Coord.). *História da Primeira República Portuguesa*. Lisboa: Tinta-da-China, 2009.

S/A. *Teologia de Fátima*. Madri: Coculsa, 1961.

SANTOS, Gilberto dos. *Serões de inverno*. Porto: Tip. Sequeira, Limitada, 1924.

_____. *Os grandes fenómenos da Cova da Iria*. Lisboa: [s.n.], 1956.

SANTOS, Lúcia dos. *Memórias da Irmã Lúcia I*. 13. ed. Fátima: Secretariado dos Pastorinhos, 2007.

_____. *Memórias da Irmã Lúcia II*. Fátima: Secretariado dos Pastorinhos, 1999.

SILVA, M. Fernando. *Pastorinhos de Fátima*. Prior Velho: Paulinas Editora, 2015.

TORGAL, Luís Filipe. *As "Aparições de Fátima":* imagens e representações (1917-1939). Lisboa: Temas e Debates, 2002.

Separata do Correio de Coimbra — Desmascarado o Autor de "Fátima Desmascarada". Ed. ampliada. Coimbra: [s.n.], 1972.

Periódicos

Boletim Popular
Brotéria
A Capital
O Comércio do Porto
Correio da Manhã
Correio de Coimbra
Diário de Coimbra

FÁTIMA: MILAGRE OU CONSTRUÇÃO?

Diário da Manhã
Diário de Notícias
Diário Popular
O Debate
O Dia
A Guarda
Expresso
Fátima 50
História
Ilustração Portuguesa
Jornal de Leiria
Jornal de Notícias
O Liberal
Liberdade
A Manhã
O Mensageiro
Mensageiro de Bragança
A Monarquia
O Mundo
Notícias Magazine
A Ordem (Lisboa)
A Ordem (Porto)
O Ouriense
Portugal
O Povo de Ourém
A Propaganda
O Primeiro de Janeiro
Público
Raio de Luz
O Rebate
República
Restauração
O Século
Semana Alcobacense
Situação
Stella
Terra Estremecida
O Torrejano
Vanguarda
Visão
A Voz
A Voz da Justiça
Voz de Fátima
A Voz do Povo

Notas

1. *Documentação Crítica de Fátima (DCF) I*, Doc. 31, Santuário de Fátima, 1992.
2. *Ibidem.*
3. Lúcia dos Santos, *Memórias da irmã Lúcia I*, Secretariado dos Pastorinhos, 2007, p. 49-50.
4. *DCF I*, Doc. I, Santuário de Fátima, 1992.
5. *Ibidem.*
6. *Idem*, Doc. 31.
7. *Ibidem.*
8. *Ibidem.*
9. Maria Lúcia Brito Moura, *A "Guerra Religiosa" na I República*, Centro de Estudos de História Religiosa — Universidade Católica Portuguesa, 2010, p. 14.
10. *Idem*, p. 44.
11. *Idem*, p. 55-56.
12. Jorge Babo, "A tentativa de "canonização" laica do Dr. Afonso Costa", in *Do "Porque não sou cristão" à "Fátima Desmascarada"*, Coimbra Editora, 1972, p. 171.
13. David Pereira, "A sociedade", in *História da Primeira República Portuguesa*, Tinta-da-China, 2009, p. 89.
14. Maria Lúcia Brito Moura, op. cit., p. 86-87.
15. *Ibidem*, p. 95.
16. Jorge Babo, op. cit., p. 169.
17. David Pereira, op. cit., p. 89.
18. *Ibidem*, p. 80.
19. Joaquim Roque Abrantes et al., *Aljustrel, uma aldeia de Fátima*, Santuário de Fátima, 1993, p. 261, citando Joel Serrão e A. H. Oliveira Marques, *História de Portugal*, p. 519.
20. Maria Lúcia Santos, "Desenvolvimento da Cova da Iria". In: *Fátima, Terra de Milagre*, Fundação do Instituto de Alta Cultura, 1958, p. 33.
21. Joaquim Roque Abrantes, op. cit., p. 21.
22. *Idem*, p. 263.
23. Luís Filipe Torgal, *As "Aparições de Fátima" — Imagens e Representações (1917-1939)*, Temas e Debates, 2002, p. 65.
24. Cónego C. Barthas, *Fátima — Os testemunhos. Os documentos*, Editorial Aster, 1967, p. 13.

25. *Idem*, p. 13.
26. Maria de Belém, *Uma família de Fátima*, Edições Paulinas, 1996, p. 33.
27. Joaquim Roque Abrantes, op. cit., p. 357-358.
28. Maria de Belém, op. cit., p. 22-23.
29. Maria Lúcia de Brito Moura, op. cit., p. 322.
30. Joaquim Roque Abrantes, op. cit., p. 342.
31. *Idem*, p. 307.
32. Lúcia dos Santos, op. cit., p. 38.
33. *Idem*, p. 71.
34. Maria de Belém, op. cit., p. 14-15.
35. Padre Oliveira Faria, *Perguntas sobre Fátima e "Fátima Desmascarada"*, P. O. Faria, 1975, p. 111.
36. Lúcia dos Santos, op. cit., p. 39.
37. *Ibidem*.
38. DCF I, Doc. 11, Santuário de Fátima, 1992.
39. A *Missão Abreviada* teve 16 edições (a última é de 1904) e uma tiragem global que Alberto Osório de Castro, no estudo que fez sobre a obra, calcula, por baixo, em 140.000 exemplares. A história das aparições em La Salette aparece a partir da segunda (1861) até a nona edição (1873). O relato que aqui se faz foi retirado da quarta edição, mas acredita-se que a versão que existia na casa de Lúcia dos Santos era a quinta, pois consta em uma carta da época que o pároco de Fátima confirmara a existência do livro na casa de Maria Rosa, de onde ela lia na "instrução 12ª" a história daquelas aparições. A quinta edição é a única em que La Salette aparece na 12ª instrução. Na edição que usamos, a quarta, ela aparece como Instrução 14ª.
40. Padre Manoel Couto, *Missão Abreviada* (4ª ed.), Tipografia de Sebastião José Pereira, 1865, p. 456-460.
41. *O Século*, 3 de janeiro de 1917, p. 2.
42. Filipe Ribeiro de Meneses, *União Sagrada e sidonismo*, Edições Cosmos, 2000, p. 137-138.
43. Manuel Carvalho, *A guerra que Portugal quis esquecer*, Porto Editora, 2015, p. 46.
44. Cônego C. Barthas, op. cit., p. 36.
45. M. de Freitas, "*A tesoureira de Nossa Senhora de Fátima*", Revista *Stella*, nº 77, maio de 1943, p. 11.
46. DCF I, Doc. 2, Santuário de Fátima, 1992.
47. *Ibidem*.
48. Mário Godinho, "*Fátima de 1917 na pena e na objetiva do Eng.º Mário Godinho*", Revista *Stella*, nº 293, fevereiro de 1962, p. 10-11.
49. DCF III (1), Doc. 2, Santuário de Fátima, 2002.
50. José Pereira Gens, *Fátima como eu a vi e como a sinto*, Oficinas da Gráfica de Leiria, 1967, p. 2.
51. DCF III(1), Doc. 2, Santuário de Fátima, 2002.
52. José Pereira Gens, op. cit., p. 2.
53. Mário Godinho, op. cit., p. 11.
54. José Pereira Gens, op. cit., p. 3-4.
55. DCF I, Doc. 32, Santuário de Fátima, 1992.
56. *Idem*, Doc. 33.
57. *Idem*, Doc. 34.
58. DCF II, Doc. 4, Santuário de Fátima, 1999.

NOTAS

59. *Idem*, Doc. 3.
60. *Ibidem*.
61. *O Mensageiro*, 25 de julho de 1917, p. 2, reproduzindo uma notícia de *O Século* de 23 de julho de 1917.
62. *O Mundo*, 24 de julho de 1917, p. 3.
63. *Liberdade*, 25 de julho de 1917, p. 2, citado em *DCF III*, Santuário de Fátima, 2002.
64. *O Ouriense*, 29 de julho de 1917, p. 4, citado em *DCF III*, Santuário de Fátima, 2002.
65. Padre João M. de Marchi, *Era uma senhora mais brilhante que o sol*, Edição Missões Consolata, 1966, p. 131.
66. *Ibidem*.
67. *Ibidem*, p. 132-133.
68. *DCF I*, Doc. 31, Santuário de Fátima, 1992.
69. *DCF II*, Doc. 4, Santuário de Fátima, 1999.
70. *DCF I*, Doc. 31, Santuário de Fátima, 1992.
71. *DCF II*, Doc. 8, Santuário de Fátima, 1999.
72. *Idem*, D.
73. *Ibidem*
74. *DCF II*, Doc. 7, Santuário de Fátima, 1999.
75. Padre António Maria Martins, *Documentos de Fátima*, Simões Guimarães, Filhos, Ld.ª, 1976, p. 469.
76. Alfredo de Matos, *8 dias com as videntes*, s/e, 1968, p. 41.
77. Sebastião Martins dos Reis, *A vidente de Fátima dialoga e responde pelas aparições*, Editorial Franciscana, 1970, p. 42, nota de rodapé.
78. *República*, nº 7403, 20 de julho de 1951, p. 11.
79. *DCF I*, Doc. 33, Santuário de Fátima, 1992.
80. *Idem*, Doc. 35.
81. *DCF III (1)*, Doc. 290, Santuário de Fátima, 2002.
82. *DCF II*, Doc. 4, Santuário de Fátima, 1999.
83. *Raio de Luz*, 1 de setembro de 1917, p. 11-13, citado em *DCF III*, Santuário de Fátima, 2002.
84. *Ibidem*.
85. Expressão latina que significa "facilmente acreditamos naquilo que desejamos".
86. *DCF III (1)*, Doc. 7, Santuário de Fátima, 2002.
87. *O Mensageiro*, 22 de agosto de 1917, p. 2.
88. *DCF II*, Doc. 4, Santuário de Fátima, 1999.
89. *Ibidem*.
90. *DCF I*, Doc. 4, Santuário de Fátima, 1992.
91. *Ibidem*.
92. Aurélio Lopes, *Videntes e confidentes. Um estudo sobre as aparições de Fátima*, Edições Cosmos, 2009, p. 258-259.
93. *O Mundo*, 19 de agosto de 1917, p. 2.
94. *O Mundo*, 23 de agosto de 1917, p. 2.
95. *O Debate*, 23 de agosto de 1917, p. 1, citado em *DCF III*, Santuário de Fátima, 2002.
96. *Semana Alcobacense*, 26 de agosto de 1917, p. 1, citado em *DCF III*, Santuário de Fátima, 2002.
97. *O Mensageiro*, 22 de agosto de 1917, p. 2.
98. *DCF III (1)*, Doc. 14, Santuário de Fátima, 2002.

FÁTIMA: MILAGRE OU CONSTRUÇÃO?

99. *Semana Alcobacense*, 2 de setembro de 1917, p. 1, citado em *DFC III*, Santuário de Fátima, 2002.
100. *O Debate*, 13 de setembro de 1917, p. 1, citado em *DCF III*, Santuário de Fátima, 2002.
101. *DCF I*, Doc. 55, Santuário de Fátima, 1992.
102. *Ibidem*.
103. Rui Ramos, "A Segunda Fundação (1890-1926)", in *História de Portugal*, Círculo de Leitores, 2014, p. 623.
104. *DCF I*, Doc. 56, Santuário de Fátima, 1992.
105. *DCF II*, Doc. B, Santuário de Fátima, 1999.
106. Joaquín Maria Alonso, *O Dr. Formigão, homem de Deus e apóstolo de Fátima*, s/e, 1979, p. 33.
107. *DCF III (1)*, Doc. 26, Santuário de Fátima, 2002.
108. *DCF II*, Doc. 4, Santuário de Fátima, 1999.
109. *Ibidem*.
110. José Pereira Gens, op. cit., p. 15-16.
111. *DCF III (1)*, Doc. 29, Santuário de Fátima, 2002.
112. *DCF I*, Doc. 33, Santuário de Fátima, 1992.
113. *DCF II*, Doc. 4, Santuário de Fátima, 1999.
114. João Ameal, *Fátima, Altar do Mundo II*, Ocidental Editora, 1954, p. 91.
115. Cónego C. Barthas, op. cit., p. 102-103.
116. Padre João M. de Marchi, op. cit., p. 168.
117. Gilberto F. dos Santos, *Os grandes fenómenos da Cova da Iria*, s/e, 1956, p. 29.
118. *DCF I*, Doc. 5, Santuário de Fátima, 1992.
119. Alfredo de Matos, op. cit., p. 18.
120. *Idem*, p. 26.
121. *Idem*, p. 28.
122. *Idem*, p. 39.
123. *DCF I*, Doc. 44, Santuário de Fátima, 1992.
124. *Ibidem*.
125. *DCF III (3)*, Doc. 574, Santuário de Fátima, 2005.
126. Joaquín Maria Alonso, op. cit., p. 96-97.
127. *DCF I*, Doc. 7, Santuário de Fátima, 1992.
128. *Ibidem*.
129. *Ibidem*.
130. *DCF I*, Doc. 12, Santuário de Fátima, 1992.
131. *Idem*, Doc. 11.
132. *Ibidem*.
133. *Ibidem*.
134. *O Mensageiro*, 11 de outubro de 1917, p. 3.
135. *O Século*, 13 de outubro de 1917, p. 1, citado na DCF III (1), Santuário de Fátima, 2002.
136. *O Mensageiro*, 25 de outubro de 1917, p. 1.
137. Maria Augusta Saraiva Vieira de Campos, *A minha peregrinação a Fátima*, Tipografia França Amado, 1917.
138. *O Século*, 15 de outubro de 1917, p. 1-2.
139. *Ibidem*.
140. *Ibidem*.
141. *Ilustração Portuguesa*, 29 de outubro de 1917, p. 353-56.
142. *Diário de Notícias*, 15 de outubro de 1917, p. 2.

NOTAS

143. *O Mensageiro*, 25 de outubro de 1917, p. 1.
144. Maria Augusta Saraiva Vieira de Campos, op. cit.
145. José Pereira Gens, op. cit., p. 23-26.
146. Gilberto F. dos Santos, op. cit., p. 32-37.
147. *DCF I*, Doc. 56, Santuário de Fátima, 1992.
148. *DCF II*, Doc. 4, Santuário de Fátima, 1999.
149. *Ibidem*.
150. *Ibidem*.
151. *Ibidem*.
152. *DCF III (1)*, Doc. 73, Santuário de Fátima, 2002.
153. *Idem*, Doc. 74.
154. *Idem*, Doc. 69.
155. *A Ordem*, 25 de outubro de 1917, p. 1.
156. *DCF III (1)*, Doc. 70, Santuário de Fátima, 2002.
157. *Idem*, Doc. 117.
158. *Idem*, Doc. 129.
159. *Idem*, Doc. 93.
160. *Ibidem*.
161. Dr. Vieira Guimarães, *Tomar — Santa Iria*, p. 200-201, citado por João Ilharco. In: *Fátima desmascarada*, Edição de Autor, 1971, p. 136.
162. *Ibidem*.
163. *A Ordem*, 16 de outubro de 1917, p. 1.
164. *Ibidem*.
165. *A Ordem*, 17 de outubro de 1917, p. 1.
166. *A Ordem*, 23 de outubro de 1917, p. 1.
167. *DCF III (1)*, Doc. 166, Santuário de Fátima, 2002.
168. *Ibidem*.
169. *A Ordem*, 26 de outubro de 1918, p. 1.
170. *Ibidem*.
171. *DCF I*, Doc. 14, Santuário de Fátima, 1992.
172. *Ibidem*.
173. *DCF I*, Doc. 6, Santuário de Fátima, 1992.
174. *Idem*, Doc. 16.
175. *Ibidem*.
176. *Ibidem*.
177. *DCF I*, Doc. 15, Santuário de Fátima, 1992.
178. *Idem*, Doc. 17.
179. *Ibidem*.
180. *DCF I*, Doc. 29, Santuário de Fátima, 1992.
181. *Idem*, Doc. 30.
182. *Idem*, Doc. 21.
183. *Idem*, Doc. 26, Santuário de Fátima, 1992.
184. *Idem*, Doc. 28.
185. *Ibidem*.
186. *Jornal de Leiria*, 14 de outubro de 1917, p. 2.
187. *Ibidem*.
188. *República*, 20 de outubro de 1917, p. 1-2.
189. *O Mundo*, 22 de outubro de 1917, p. 2.

FÁTIMA: MILAGRE OU CONSTRUÇÃO?

190. *O Mensageiro*, 1 de novembro de 1917, p. 2.
191. *O Mundo*, 26 de outubro de 1917.
192. *DCF III (1)*, Doc. 165, Santuário de Fátima, 2002.
193. Idem, Doc. 244.
194. *A Ordem*, 8 de novembro de 1917, p. 2.
195. *O Mensageiro*, 15 de novembro de 1917, p. 2.
196. *O Mensageiro*, 21 de novembro de 1917, p. 2.
197. *O Mensageiro*, 29 de novembro de 1917, p. 2.
198. Ibidem.
199. Ibidem.
200. *DCF I*, Doc. 43, Santuário de Fátima, 1992.
201. *A Monarquia*, 8 de novembro de 1917, p. 1.
202. *O Mundo*, 18 de novembro de 1917, p. 1.
203. *A Ordem*, 17 de novembro de 1917, p. 2.
204. Ibidem.
205. Idem, p. 1.
206. Vítor Neto, "A questão religiosa: Estado, Igreja e conflitualidade sócio-religiosa". In: *História da Primeira República Portuguesa*, Tinta-da-China, 2009, p. 144–145.
207. *DCF III (1)*, Doc. 344, Santuário de Fátima, 2002.
208. *A Ordem*, 13 de dezembro de 1917, p. 3.
209. *O Mensageiro*, 3 de janeiro de 1918, p. 2.
210. *DCF III (1)*, Doc. 357, Santuário de Fátima, 2002.
211. *A Guarda*, 12 de janeiro de 1918, p. 2.
212. Ibidem.
213. *DCF III (1)*, Doc. 366, Santuário de Fátima, 2002.
214. *DCF III (2)*, Doc. 370, Santuário de Fátima, 2004.
215. Ibidem.
216. Idem, Doc. 377.
217. *DCF III (1)*, Doc. 334, Santuário de Fátima, 2002.
218. *DCF III (2)*, Doc. 372, Santuário de Fátima, 2004.
219. Idem, Doc. 377.
220. Idem, Doc. 378.
221. *A Guarda*, 28 de setembro de 1918, p. 2.
222. Idem, 5 de outubro de 1918, p. 2.
223. *A Guarda*, 23 de novembro de 1918, p. 3.
224. *Jornal de Leiria*, 5 de dezembro de 1918, p. 3.
225. Joaquim Roque Abrantes, op. cit., p. 377.
226. *DCF I*, Doc. 37, Santuário de Fátima, 1992.
227. *A Guarda*, 16 de agosto de 1919, p. 1.
228. *DCF III (2)*, Doc. 404, Santuário de Fátima, 2004.
229. Gilberto F. dos Santos, op. cit., p. 47.
230. Idem, p. 59.
231. *A Guarda*, 16 de agosto de 1919, p. 1.
232. *DCF III (1)*, Doc. 7, Santuário de Fátima, 2002.
233. *A Guarda*, 30 de agosto de 1919, p. 1.
234. *A Guarda*, 11 de outubro de 1919, p. 1–2.
235. *DC F III (2)*, Doc. 411, Santuário de Fátima, 2004.
236. *A Guarda*, 24 de abril de 1920, p. 2.

NOTAS

237. *DCF III (2)*, Doc. 421, Santuário de Fátima, 2004.
238. *Idem*, Doc. 431.
239. *Idem*, Doc. 422.
240. *Idem*, Doc. 426.
241. *Idem*, Doc. 431.
242. *Idem*, Doc. 437.
243. *Idem*, Doc. 440.
244. *Stella*, novembro de 1958, p. 13.
245. *A Guarda*, 5 de junho de 1920, p. 3.
246. Lúcia dos Santos, *Memórias da Irmã Lúcia II*, Secretariado dos Pastorinhos, 1999, p. 147-156.
247. *DCF III (2)*, Doc. 472, Santuário de Fátima, 2004.
248. *Idem*, Doc. 475.
249. *Ibidem*.
250. *DCF III (2)*, Doc. 476, Santuário de Fátima, 2004.
251. *Idem*, Doc. 487.
252. *Idem*, Doc. 488.
253. *Idem*, Doc. 493.
254. *Idem*, Doc. 498.
255. *Idem*, 497.
256. *Idem*, Doc. 501.
257. *A Guarda*, 19 de junho de 1920, p. 3.
258. *DCF III (2)*, Doc. 538, Santuário de Fátima, 2004.
259. *O Mensageiro*, 14 de maio de 1920, p. 2.
260. *DCF III (2)*, Doc. 507, Santuário de Fátima, 2004.
261. Gilberto F. dos Santos, op. cit., p. 85.
262. *Idem*, p. 89.
263. *DCF III (2)*, Doc. 526, Santuário de Fátima, 2004.
264. Gilberto F. dos Santos, ob. cit., p. 69.
265. *DCF III (2)*, Doc. 558, Santuário de Fátima, 2004.
266. *DCF III (3)*, Doc. 561, Santuário de Fátima, 2005.
267. Joaquín Maria Alonso, op. cit., p. 114.
268. Luís Filipe Torgal, op. cit., p. 179.
269. *DCF III (3)*, Doc. 565, Santuário de Fátima, 2005.
270. *Idem*, Doc. 569.
271. *Idem*, Doc. 575.
272. *Idem*, Doc. 578.
273. *DCF II*, Doc. 9, Santuário de Fátima, 1999.
274. *Ibidem*.
275. *DCF III (3)*, Doc. 584, Santuário de Fátima, 2005.
276. *Ibidem*.
277. *Idem*, Doc. 586.
278. *Idem*, Doc. 589.
279. *DCF V (1)*, Doc. 95, Santuário de Fátima, 2010.
280. *DCF III (3)*, Doc. 591, Santuário de Fátima, 2005.
281. *Idem*, Doc. 594.
282. *Idem*, Doc. 595.
283. *Idem*, Doc. 607.

284. *Idem*, Doc. 613.
285. *Idem*, Doc. 628.
286. *Idem*, Doc. 630.
287. *Idem*, Doc. 640.
288. *Idem*, Doc. 641.
289. *Ibidem*.
290. *DCF III (3)*, Doc. 661, Santuário de Fátima, 2005.
291. *Idem*, Doc. 665.
292. *Idem*, Doc. 662.
293. *Idem*, Doc. 669.
294. Lúcia dos Santos, *Memórias da Irmã Lúcia I*, 13ª ed., Secretariado dos Pastorinhos, 2007, p. 115.
295. *Idem*, p. 115-116.
296. *Idem*, p. 115.
297. *DCF III (3)*, Doc. 648, Santuário de Fátima, 2005.
298. *Ibidem*.
299. *Ibidem*.
300. *O Mensageiro*, 11 de março de 1922, p. 2.
301. *DCF III (3)*, Doc. 709, Santuário de Fátima, 2005.
302. *Idem*, Doc. 723.
303. *Idem*, Doc. 722.
304. *O Mensageiro*, 11 de março de 1922, p. 2.
305. *O Mensageiro*, 25 de março de 1922, p. 1.
306. *DCF III (3)*, Doc. 766, Santuário de Fátima, 2005.
307. *Ibidem*.
308. *A Guarda*, 13 de maio de 1922, p. 3.
309. *O Mensageiro*, 13 de maio de 1922, p. 1.
310. *DCF III (3)*, Doc. 667, Santuário de Fátima, 2005.
311. *DCF IV (1)*, Doc. 5, Santuário de Fátima, 2006.
312. *DCF II*, Doc. 2, Santuário de Fátima, 1999.
313. *Idem*, Doc. 4.
314. *Idem*, Doc. 7.
315. *Idem*, Doc. 8.
316. *Idem*, Doc. 7.
317. *Ibidem*.
318. *Idem*, Doc. 8, Santuário de Fátima, 1999.
319. *DCF IV (1)*, Doc. 21, Santuário de Fátima, 2006.
320. *Correio da Manhã*, 5 de maio de 2016, p. 8-9.
321. *Ibidem*.
322. *Correio da Manhã*, 6 de maio de 2016, p. 18.
323. *DCF IV (1)*, Doc. 146, Santuário de Fátima, 2006.
324. *Ibidem*.
325. *DCF III (3)*, Doc. 651, Santuário de Fátima, 2005.
326. *DCF IV (2)*, Doc. 233, Santuário de Fátima, 2007.
327. *DCF III (3)*, Doc. 651, Santuário de Fátima, 2005.
328. *DCF IV (2)*, Doc. 225, Santuário de Fátima, 2007.
329. *Idem*, Doc. 240, Santuário de Fátima, 2007.

NOTAS

330. Maria de Fátima Serafim Rodrigues, *Fátima: Problemas geográficos de um centro de peregrinação*, Centro de Estudos Geográficos da Universidade de Lisboa, 1974.
331. *Ibidem*.
332. Joaquim Roque Abrantes, op. cit., p. 204.
333. *DCF IV (1)*, Doc. 163, Santuário de Fátima, 2006.
334. *DCF IV (2)*, Doc. 254, Santuário de Fátima, 2007.
335. *Ibidem*.
336. *Ibidem*.
337. *O Mensageiro*, 19 de maio de 1923, p. 1.
338. *Idem*, 20 de outubro de 1923, p. 1.
339. *Voz de Fátima*, 13 de abril de 1923, p. 2.
340. *DCF IV (2)*, Doc. 268, Santuário de Fátima, 2007.
341. *Idem*, Doc. 270.
342. *Idem*, Doc. 314.
343. *Idem*, Doc. 328.
344. *Idem*, Doc. 318.
345. *Idem*, Doc. 409.
346. Tomaz da Fonseca, *Fátima (Cartas ao Cardeal Cerejeira)*, Editora Germinal, 1955, p. 365-377.
347. *Ibidem*.
348. *Ibidem*.
349. *DCF IV (3)*, Doc. 653, Santuário de Fátima, 2007.
350. *Idem*, Doc. 614.
351. *Idem*, Doc. 690. A ausência de pontuação que consta do documento original foi mantida.
352. *Idem*, Doc. 691.
353. *Ibidem*.
354. Padre António Maria Martins, *O Segredo de Fátima e o futuro de Portugal*, Propriedade de L. E., 1974, p. 165.
355. *Ibidem*.
356. *DCF IV (4)*, Doc. 735, Santuário de Fátima, 2009.
357. *Ibidem*.
358. *A Guarda*, 7 de abril de 1923, p. 1.
359. Visconde de Montelo, *A Pérola de Portugal*, Tipografia da União Gráfica, 1929, p. 26-27. O Tratado de Latrão, a que se refere o parágrafo, reconheceu oficialmente o Estado do Vaticano e contemplou uma indenização à Igreja, que, por sua vez, reconhecia Roma como capital da Itália. O documento estabeleceu ainda os termos das relações entre a Santa Sé e o reino da Itália, reconhecendo a religião católica como a oficial do país, abolindo o divórcio e concedendo diversas vantagens ao clero.
360. Maria Alice Samara, "*Sidonismo e Restauração da República. Uma 'encruzilhada de paixões contraditórias'*". In: *História da Primeira República Portuguesa*, Tinta-da-China, 2009, p. 379.
361. Luís Filipe Torgal, op. cit., p. 135-136.
362. *Idem*, p. 118.
363. *Idem*, p.118-119.
364. Luís Fischer, *Fátima, a Lourdes portuguesa*, Tipografia da União Gráfica, 1930, p. 15.
365. Luís Filipe Torgal, op. cit., p. 119.
366. *DCF V (1)*, Doc. 281, Santuário de Fátima, 2010.
367. *Idem*, Doc. 241.

368. *DCF IV (4)*, Doc. 862, Santuário de Fátima, 2009.
369. *Idem*, Doc. 914.
370. *DCF V (2)*, Doc. 464, Santuário de Fátima, 2010.
371. *DCF V (1)*, Doc. 365, Santuário de Fátima, 2010.
372. *Idem*, Doc. 2.
373. *Idem*, Doc. 365.
374. *Idem*, Doc. 370.
375. Padre Oliveira Faria, *Perguntas sobre Fátima e "Fátima Desmascarada"*, P. O. Faria, 1975, p. 65-67.
376. *DCF V (3)*, Doc. 1174, Santuário de Fátima, 2011.
377. *DCF II*, Doc. 10, Santuário de Fátima, 1999.
378. *Idem*, Doc. 9.
379. Luís Filipe Torgal, op. cit., p. 127-128.
380. *DCF II*, Doc. 9, Santuário de Fátima, 1999.
381. *Idem*, Doc. 11.
382. *A Ordem* (Porto), 9 de junho de 1917, p. 1.
383. *Ibidem*.
384. *A Ordem*, 23 de junho de 1917, p. 1.
385. *Idem*, 21 de julho de 1917, p. 2.
386. *Idem*, 28 de julho de 1917, p. 1.
387. *O Mundo*, 24 de julho de 1917, p. 3.
388. *A Ordem*, 17 de novembro de 1917, p. 2.
389. *Notícias Magazine*, 15 de maio de 2016, p. 26.
390. Aurélio Lopes, *Videntes e confidentes*, Edições Cosmos, 2009, p. 122.
391. *Idem*, p. 141.
392. *Público*, 12 de agosto de 2012, p. 14-16.
393. António Teixeira Fernandes, *O confronto de ideologias na segunda década do século XX*, Edições Afrontamento, 1999, p. 38.
394. *Público*, 12 de agosto de 2012, p. 14-16.
395. *DCF III (3)*, Doc. 588, Santuário de Fátima, 2005.
396. *Jornal de Notícias*, 2 de agostos de 1946, p. 3.
397. *Idem*, 30 de julho de 1946, p. 1.
398. *Ibidem*.
399. *Jornal de Notícias*, 2 de agosto de 1946, p. 3.
400. *Ibidem*.
401. Junho de 2016.
402. *O Comércio do Porto*, 12 de outubro de 1946, p. 1 e 4.
403. *Ibidem*.
404. *Ibidem*.
405. *Mensageiro de Bragança*, 17 de novembro de 1950, p. 1-2.
406. *Ibidem*.
407. *Ibidem*.
408. *Diário de Coimbra*, 17 de abril de 1951, p. 1 e 5.
409. *Idem*, 18 de abril de 1951, p. 1 e 5.
410. *Notícias Magazine*, 15 de maio de 2016, p. 31.
411. *Diário Popular*, 17 de julho de 1954, p. 1.
412. *Ibidem*.
413. António Carlos Carvalho, *O Triângulo Místico Português*, Liber, 1980, p. 108.

NOTAS

414. *Idem*, p. 109.
415. *DCF V (4)*, Doc. 1312, Santuário de Fátima, 2011.
416. Georgina Rocha, "*Cerejeira, Manuel Gonçalves*", in *Enciclopédia de Fátima*, Princípia Editora, 2007, p. 99.
417. Padre António Maria Martins, *Documentos de Fátima*, Simões Guimarães, Filhos, Ld.ª, 1976.
418. *DCF V (4)*, Doc. 1231, Santuário de Fátima, 2011.
419. *Idem*, Doc. 1236, Santuário de Fátima, 2011.
420. *DCF V (3)*, Doc. 924, Santuário de Fátima, 2011.
421. *DCF V (4)*, Doc. 1311, Santuário de Fátima, 2011.
422. *DCF V (5)*, Doc. 1486, Santuário de Fátima, 2012.
423. Lúcia dos Santos, *Memórias da Irmã Lúcia I*, 13ª ed., Secretariado dos Pastorinhos, 2007, p. 33.
424. Lúcia dos Santos, op. cit., p. 46.
425. *Idem*, p. 59-60.
426. *Idem*, p. 62.
427. Padre José Galamba de Oliveira, *Jacinta*, 8ª ed., Edição da Gráfica de Leiria, 1982, p. 24.
428. Padre Oliveira Faria, op. cit., p. 244.
429. Padre João M. de Marchi, op. cit., p. 350.
430. Lúcia dos Santos, op. cit., p. 66.
431. *Idem*, p. 78.
432. Padre António Maria Martins, *Novos Documentos de Fátima*, Livraria A. I., 1984, p. 355.
433. *Idem*, p. 368.
434. Lúcia dos Santos, op. cit., p. 79.
435. *Idem*, p. 82.
436. *Idem*, p. 94.
437. *Idem*, p. 35.
438. *Idem*, p. 99.
439. *Idem*, p. 100.
440. *Idem*, p. 111.
441. *Idem*, p. 120.
442. Padre António Maria Martins, *O Segredo de Fátima e o futuro de Portugal*, Propriedade de L. E., 1974, p. 167.
443. *Ibidem*.
444. *Ibidem*.
445. *Idem*, p. 170.
446. *Ibidem*.
447. *Idem*, p. 171.
448. José Manuel Sardica, "*Estado e Fátima*", in *Enciclopédia de Fátima*, Princípia Editora, 2007, p. 195.
449. Lúcia dos Santos, op. cit., p. 121.
450. *Ibidem*.
451. *Idem*, p. 121-122.
452. José Barreto, "*Edouard Dhanis, Fátima e a II Guerra Mundial*", in *Brotéria*, janeiro de 2003, p. 13-22.
453. Lúcia dos Santos, op. cit., p. 128.

454. *Idem*, p. 133.
455. *Idem*, p. 78.
456. *Idem*, p. 169.
457. *Idem*, p. 174.
458. *Idem*, p. 177.
459. *Idem*, p. 181.
460. *Idem*, p. 182.
461. João Paulo Freire, *Fátima*, Livraria Civilização, 1940, p. 56.
462. *Idem*, p. 57.
463. *Idem*, p. 58-63.
464. *Idem*, p. 72.
465. *Idem*, p. 78-79.
466. *Idem*, p. 23-23.
467. José Miguel Sardica, "*Estado e Fátima*", in *Enciclopédia de Fátima*, Princípia Editora, 2007, p. 190-199.
468. Rita Almeida Carvalho, "*Fátima e Salazar*". In: *História*, outubro de 2000, p. 29.
469. José Miguel Sardica, op. cit., p. 190-199.
470. Rita Almeida Carvalho, op. cit., p. 32.
471. Padre António Maria Martins, *O Segredo de Fátima e o futuro de Portugal*, Propriedade de L. E., 1974, p. 179.
472. *Público*, 20 de abril de 1999, p. 22-23.
473. *Público*, 29 de junho de 1999, p. 23.
474. Lúcia dos Santos, op. cit., p. 213.
475. *Idem*, p. 218.
476. *Público*, Suplemento P2, 8 de setembro de 2010, p. 8.
477. José Barreto, op. cit.
478. *Ibidem*.
479. Tomaz da Fonseca, *Fátima (Cartas ao Cardeal Cerejeira)*, Editora Germinal, 1955, p. 161-162. Na versão portuguesa, o "ilustre clínico" é identificado como o dr. Luís Cebola, psiquiatra, e o terceiro padre como Abel Ventura do Céu Faria, prior de Seiça.
480. *Idem*, p. 187.
481. *Idem*, p. 189.
482. Tomás da Fonseca, *Na cova dos leões*, Antígona, 2009, p. 246. Na p. 367, o autor identifica essa mulher como "a esposa do coronel Genipro".
483. *Idem*, p. 240.
484. João Ilharco, *Fátima desmascarada*, 4ª ed. Edição de Autor, 1971, p. 37.
485. *Idem*, p. 63.
486. *Idem*, p. 98.
487. *Idem*, p. 103.
488. *Idem*, p. 106.
489. Prosper Alfaric, *A fabricação de Fátima*, Delfos, s/d, p. 20-21.
490. *Idem*, p. 21.
491. *Idem*, p. 29.
492. *Idem*, p. 28.
493. *Idem*, p. 31.
494. *Idem*, p. 32.
495. Padre Oliveira Faria, op. cit., p. 9.
496. *Idem*, p. 43.

NOTAS

497. *Idem*, p. 74.
498. *Idem*, p. 231.
499. Padre Oliveira Faria, *Perguntas sobre "Fátima II"*, 2ª ed., s/e, 1987, p. 9.
500. *Idem*, p. 52.
501. *Idem*, p. 178.
502. Padre Mário de Oliveira, *Fátima nunca mais*, 10ª ed., Campo das Letras, 2000, p. 15.
503. *Idem*, p. 16.
504. *Idem*, p. 33.
505. *Idem*, p. 80.
506. *Idem*, p. 75.
507. *Idem*, p. 59.
508. Padre Salvador Cabral, *Fátima nunca mais ou nunca menos*, Amores Perfeitos, 2000, p. 55.
509. *Idem*, p. 58-59.
510. *Idem*, p. 65.
511. *Idem*, p. 132.
512. *Idem*, p. 135.
513. *O Século*, 13 de outubro de 1917, p. 1.
514. João Ameal, op. cit., p. 20.
515. *Público*, 21 de fevereiro de 2005, p. 29.
516. *Ibidem*.
517. *Ibidem*.
518. Aurélio Lopes, op. cit., p. 262.
519. João Ameal, op. cit., p. 16.

Créditos fotográficos do encarte

Arquivo Fotográfico do Santuário de Fátima (p. 1 topo, p. 3 topo, p. 4 e 6, p. 7 topo, p. 9 topo, p. 10, p. 11 topo, p. 12, 13, 15 e 16); A Terceira Dimensão — Fotografia Aérea <portugalfotografiaaerea.blogspot.pt/2012/05/santuario-de-fatima.html> (p. 11 base); *Biblioteca Nacional de Portugal* (p. 5, p. 8 base).
Agradecimentos: Biblioteca Municipal do Porto e Congregação das Irmãs Reparadoras de Nossa Senhora de Fátima.

Impresso no Brasil pelo
Sistema Cameron da Divisão Gráfica da
DISTRIBUIDORA RECORD DE SERVIÇOS DE IMPRENSA S.A.
Rua Argentina, 171 – Rio de Janeiro, RJ – 20921-380 – Tel.: (21) 2585-2000